Die Außenkompetenzen der EG im Bereich
des Internationalen Zivilverfahrensrechts

Katrin Wannemacher

Die Außenkompetenzen der EG im Bereich des Internationalen Zivilverfahrensrechts

Der räumliche Anwendungsbereich des Art. 65 EGV
am Beispiel der EuGVO und der EheVO

PETER LANG
Europäischer Verlag der Wissenschaften

Studien zum vergleichenden und internationalen Recht -
Comparative and International Law Studies

Herausgeber: Bernd von Hoffmann, Erik Jayme
und Heinz-Peter Mansel

Band 88

PETER LANG
Frankfurt am Main · Berlin · Bern · Bruxelles · New York · Oxford · Wien

Bibliografische Information Der Deutschen Bibliothek
Die Deutsche Bibliothek verzeichnet diese Publikation in der
Deutschen Nationalbibliografie; detaillierte bibliografische
Daten sind im Internet über <http://dnb.ddb.de> abrufbar.

Zugl.: Köln, Univ., Diss., 2003

Gedruckt auf alterungsbeständigem,
säurefreiem Papier.

D 38
ISSN 0930-4746
ISBN 3-631-51792-0

© Peter Lang GmbH
Europäischer Verlag der Wissenschaften
Frankfurt am Main 2003
Alle Rechte vorbehalten.

Das Werk einschließlich aller seiner Teile ist urheberrechtlich
geschützt. Jede Verwertung außerhalb der engen Grenzen des
Urheberrechtsgesetzes ist ohne Zustimmung des Verlages
unzulässig und strafbar. Das gilt insbesondere für
Vervielfältigungen, Übersetzungen, Mikroverfilmungen und die
Einspeicherung und Verarbeitung in elektronischen Systemen.

Printed in Germany 1 2 3 4 5   7

www.peterlang.de

Meinen Eltern

Vorwort

Diese Arbeit lag der Juristischen Fakultät der Universität zu Köln im Sommersemester 2003 als Dissertation vor. Die Disputation fand im Juni 2003 statt.
Der Stand der wissenschaftlichen Entwicklung wurde bis zum August 2003 berücksichtigt. Hinsichtlich der Beeinflussung der Außenkompetenzen durch den Verfassungsentwurf des Europäischen Konvents sei an dieser Stelle auch auf den Aufsatz von Jayme/Kohler in der IPRax 2003, 484 ff hingewiesen, der leider nicht mehr berücksichtigt werden konnte.
Mein tief empfundener Dank gilt meinem Doktorvater Herrn Prof. Dr. Heinz-Peter Mansel, der die Arbeit kontinuierlich, aufmerksam und unterstützend betreut hat und mir somit eine zügige Bearbeitung des Themas ermöglichte. Die Treffen mit ihm förderten den Fortgang der Arbeit nicht nur durch die vielen hilfreichen Ratschläge, sondern auch durch seine ständige Motivierung. Sehr gefreut hat mich insbesondere auch, dass meine Arbeit von ihm sowie den Herren Professoren Jayme und von Hoffmann in die Schriftenreihe „Studien zum vergleichenden und internationalen Recht" aufgenommen worden ist.
Herrn Prof. Dr. Jürgen F. Baur möchte ich für die Erstellung des Zweitgutachtens danken.
Besonders wertvoll empfand ich die ständige und rückhaltslose Unterstützung durch meine Familie sowie meinen Ehemann Michael Behrens.

Köln, im September 2003   Katrin Wannemacher

Inhaltsverzeichnis

Literaturverzeichnis XII
Abkürzungsverzeichnis XXXVI
A. Einleitung und Problemstellung 1
B. Gang der Untersuchung 2
I. Die Grundlagen der Außenkompetenz der EG 3
1. Völkerrechtsfähigkeit der Gemeinschaft 3
2. Die Kompetenzarten der Gemeinschaft 4
a) Ausschließliche Gemeinschaftskompetenzen 5
b) Konkurrierende Gemeinschaftskompetenzen 5
c) Parallele Gemeinschaftskompetenzen 5
3. Kriterien zur Ermittlung der Kompetenzen der Gemeinschaft 5
a) Prinzip der begrenzten Einzelermächtigung 6
b) Subsidiarität 6
c) Verhältnismäßigkeit 7
4. Vertragsabschlusskompetenz der Gemeinschaft 8
a) Die „implied powers" - Lehre in der Rechtsprechung des EuGH 9
aa) Das AETR - Urteil 9
bb) Das Kramer-Urteil 11
cc) Das Gutachten 1/76 12
dd) Das Gutachten 2/91 13
ee) Das Gutachten 1/94 15
ff) Das Gutachten 2/92 17
gg) Allgemeine Schlussfolgerung 18
b) Kritik an der Rechtsprechung des EuGH zu den Außenkompetenzen 18
aa) Implizite Außenkompetenzen und der EG-Vertrag 19
bb) Implizite Kompetenzen und Art. 308 EGV 19
cc) Ungeschriebene Kompetenzen und das Prinzip der begrenzten
Einzelermächtigung 20
dd) Implizite Vertragsschließungskompetenzen als verfahrensmäßige
Erweiterung der materiellen Rechtsetzungskompetenzen 21
c) Stellungnahme 22
II. Art. 65 EGV im System der EG-Kompetenzen 24
1. Übereinkommen auf der Grundlage von Art. 293 Spgstr. 1 und 4 EGV 24
a) Verhältnis zu den Rechtssetzungsbefugnissen der Gemeinschaft 25
b) Rechtsnatur der Übereinkommen 29
2. Rechtsangleichung unter Art. 95 EGV 29
a) Rechtsangleichung des internationalen Zivilverfahrensrechts
als Maßnahme zur Verwirklichung des Binnenmarktes 30
aa) Art. 95 EGV als finale Kompetenzbestimmung 30
bb) Einfluss des internationalen Zivilverfahrensrechts auf den Wettbewerb . 31
b) Bestimmungen über die Freizügigkeit als Bereichsausnahme für die EheVO .. 33
c) Angleichungsmaßnahme 34
d) Institutionelle Voraussetzungen 35

3. Justitielle Zusammenarbeit in Zivilsachen nach Art. 65 EGV ... 35
a) Entstehungsgeschichte des Art. 65 EGV ... 36
aa) Die justitielle Zusammenarbeit in Zivilsachen nach Titel VI
des EU-Vertrags von Maastricht ... 36
bb) Rechtliche Einordnung ... 36
cc) Rechtsnatur der Maßnahmen nach Art. K 3 EUV a.F. ... 38
dd) Sachlicher Anwendungsbereich ... 39
ee) Verhältnis zu Art. 293 EGV ... 39
ff) Bilanz der justitiellen Zusammenarbeit in Zivilsachen nach dem EU-Vertrag ... 40
b) Art. 65 EGV als Kompetenznorm mit bloßer Ergänzungsfunktion
betreffend den freien Personenverkehr ... 41
c) Funktionieren des Binnenmarktes ... 43
d) Form des Rechtsakts unter Art. 65 EGV ... 47
e) Sonderbestimmungen für Großbritannien, Irland und Dänemark ... 48
aa) Position Großbritanniens und Irlands ... 48
bb) Position Dänemarks ... 50
cc) Einbeziehung Dänemarks auf der Grundlage von Art. 293 EGV ... 51
f) Art. 65 EGV und das Subsidiaritätsprinzip ... 53
aa) Art. 65 EGV als ausschließliche Zuständigkeitsnorm ... 53
bb) Intergouvernementales Handeln als ausreichende Maßnahme ... 54
g) Institutionelle Ausgestaltung der justitiellen Zusammenarbeit nach Art. 65 EGV ... 57
aa) Der Rat ... 57
bb) Die Kommission ... 60
cc) Das Europäische Parlament ... 61
dd) Der Europäische Gerichtshof ... 61
(1) Auslegungsersuchen nach Art. 68 Abs. 3 EGV ... 62
(2) Vorlagepflicht der nationalen Gerichte ... 63
h) Abgrenzung zu Art. 95 EGV ... 65
III. Vertragsabschlusskompetenz der Gemeinschaft gegenüber Drittstaaten
im Bereich des internationalen Zivilverfahrensrechts ... 68
1. Übertragbarkeit der Rechtsprechung auf Art. 65 EGV ... 69
a) Vollendung des Justizraums ... 69
b) Bezug zur wirtschaftlichen Integration ... 70
2. Umfang der Außenkompetenz der Gemeinschaft nach Art. 65 EGV ... 71
3. Ausschließlichkeit der Außenkompetenz der Gemeinschaft ... 73
a) Verordnung über die gerichtliche Zuständigkeit und die Anerkennung
und Vollstreckung von Entscheidungen in Zivil- und Handelssachen ... 74
aa) Entstehungsgeschichte ... 74
bb) Inhalt der Verordnung ... 76
cc) Räumlich – persönlicher Anwendungsbereich ... 80
(1) Zuständigkeit ... 80
(1.1) Rechtsstreitigkeiten ohne Auslandsbezug ... 82
(1.2) Berührungspunkte zu mehreren Mitgliedstaaten als
Anwendungsvoraussetzung ... 85

(1.2.1) Ermittlung des Gemeinschaftsbezugs als Anwendungsvoraussetzung der EuGVO 87
(1.2.2) Entscheidung durch den EuGH 93
(1.3) Stellungnahme 96
(2) Anerkennung und Vollstreckung 98
(2.1) Entscheidungen aus Drittstaaten 99
(2.2) Stellungnahme 100
b) Verordnung über die Zuständigkeit und die Anerkennung und Vollstreckung von Entscheidungen in Ehesachen und Verfahren betreffend die elterliche Verantwortung für die gemeinsamen Kinder der Ehegatten 103
aa) Entstehungsgeschichte 104
bb) Inhalt der Verordnung 105
cc) Räumlich-persönlicher Anwendungsbereich 108
(1) Internationale Zuständigkeit 108
(1.1) Zuständigkeit in Sorgerechtssachen 111
(1.2) Stellungnahme 113
(2) Anerkennung und Vollstreckung 114
(2.1) Beschränkung auf stattgebende Entscheidungen 114
(2.2) Entscheidungen aus Drittstaaten 118
4. Auswirkung der Außenkompetenz der Gemeinschaft auf die Haager Konferenz für Internationales Privatrecht 121
a) Das weltweite Haager Zuständigkeits- und Vollstreckungsübereinkommen .. 122
aa) Inhalt des Übereinkommensentwurfs 123
bb) Zusammenarbeit zwischen den Mitgliedstaaten und der Gemeinschaft bei der Ausarbeitung des Übereinkommens 126
(1) Kritik an der Pflicht zur Zusammenarbeit 126
(2) Grundlage der Zusammenarbeit 127
cc) Mitgliedschaft der Gemeinschaft in der Haager Konferenz für Internationales Privatrecht 128
(1) Grundlage der Mitgliedschaft der Gemeinschaft 130
(2) Schwierigkeiten einer Mitgliedschaft der Gemeinschaft 131
dd) Zusammenarbeit bei selbständiger Mitgliedschaft der Gemeinschaft in der Haager Konferenz – gemischte Abkommen 136
(1) Gemeinschaftsrechtliche Bindung an gemischte Abkommen 137
(2) Aushandlung gemischter Abkommen 139
ee) Keine Mitgliedschaft der Gemeinschaft in der Konferenz 141
b) Das Haager Übereinkommen über die Zuständigkeit, das anzuwendende Recht, die Anerkennung, Vollstreckung und Zusammenarbeit auf dem Gebiet der elterlichen Verantwortung und der Maßnahmen zum Schutz von Kindern ... 144
c) Abschließende Stellungnahme 146
d) Die Einbeziehung Dänemarks 147
C. Schlussbetrachtung 148

Literaturverzeichnis

Akmann, Torsten	Die Zusammenarbeit in den Bereichen Justiz und Inneres als „3. Säule" des Maastrichter Unionvertrages in: JA 1994 S. 49 – 55
Appella, Andrea	Constitutional Aspects of Opinion 1/94 of the ECJ Concerning the WTO Agreement in: ICLQ 1996 S. 440 – 462
Arnold, Hans	Die Angleichung des Gesellschaftsrechts in der europäischen Wirtschaftsgemeinschaft in: AWD 1963 S. 221 – 225
Arnold, Rainer	Der Abschluss gemischter Verträge durch die Europäischen Gemeinschaften in: ArchVölkR 19 (1980/1981) S. 419 – 456 zit.: Arnold, ArchVölkR 19 (1980/1981)
Barents, René	The Internal Market Unlimited: Some Observations On The Legal Basis of Community Legislation in: CML Rev. 1993 S. 85 – 109
Basedow, Jürgen	Der Raum des Rechts – ohne Justiz in: ZEuP 2001 S. 437 – 440 zit.: Basedow, ZEuP 2001
Basedow, Jürgen	Was wird aus der Haager Konferenz für Internationales Privatrecht? in: Thomas Rauscher, Heinz-Peter Mansel (Hrsg.): Festschrift für Werner Lorenz zum 80. Geburtstag, München 2001 S. 463 - 482 zit.: Basedow, FS Lorenz
Basedow, Jürgen	Die Vergemeinschaftung des Kollisionsrechts nach dem Vertrag von Amsterdam in: Baur, Jürgen F./ Mansel, Heinz-Peter (Hrsg.), Systemwechsel im europäischen Kollisionsrecht Fachtagung der Bayer – Stiftung für deutsches und internationales Arbeits- und Wirtschaftsrecht am 17. und 18. Mai 2001 München 2002 S. 19 - 46 zit.: Basedow, in Baur/Mansel

Basedow, Jürgen	The Communitarization of the Conflict of Laws under the Treaty of Amsterdam in: CML Rev. 2000 S. 687 - 708 zit.: Basedow, CML Rev. 2000
Basedow, Jürgen	EC Regulations in European Private Law in: Jürgen Basedow, Isaak Meier, Schnyder Anton, Talia Einhorn, Daniel Girsberger (Hrsg.): Private Law in the International Arena - Liber Amicorum Kurt Siehr Den Haag 2000 S. 17 - 31 zit.: Basedow, FS Siehr
Basedow, Jürgen	Das BGB im künftigen europäischen Privatrecht: Der hybride Kodex in: AcP 200 (2000) S. 445 – 492 zit.: Basedow, AcP 200 (2000)
Basedow, Jürgen	Harmonisierung des Kollisionsrechts nach dem Vertrag von Amsterdam in: EuZW 1997, S. 609 zit.: Basedow, EuZW 1997
Basedow, Jürgen	Europäisches Internationales Privatrecht in: NJW 1996 S. 1921 - 1929 zit.: Basedow, NJW 1996
Basedow, Jürgen	Das forum conveniens der Reeder im EuGVÜ in: IPRax 1985 S. 133 – 137 zit.: Basedow, IPRax 1985
Basedow, Jürgen	Allgemeine Fragen des Europäischen Gerichtsstands- und Vollstreckungsübereinkommens GVÜ in: Handbuch des Internationalen Zivilverfahrensrechts Band 1 Kapitel II Europäisches Zivilprozessrecht Tübingen 1982 S. 99 - 181 zit.: Basedow, Handb. Int. ZivilverfR
Beaumont, Paul	European Court of Justice and Jurisdiction and Enforcement of Judgments in Civil and Commercial Matters in: ICLQ 1999 S. 223 – 229

Besse, Dirk	Die justitielle Zusammenarbeit in Zivilsachen nach dem Vertrag von Amsterdam und das EuGVÜ in: ZEuP 1999 S. 107 – 122
Bleckmann, Albert	Europarecht 6. Auflage Köln Berlin Bonn München 1997 zit.: Bleckmann, Europarecht
Bleckmann, Albert	The Mixed Agreements of the EEC in Public International Law in: David O'Keefe, Henry Schermers (Hrsg.): Mixed Agreements Antwerpen Boston London Frankfurt 1983 S. 155 – 165 zit.: Bleckmann, in O'Keefe/Schermers, S.
Bleckmann, Albert	Der gemischte Vertrag im Europarecht in: EuR 1976 S. 301 - 312 zit.: Bleckmann, EuR 1976
Bleckmann, Albert	Die Kompetenz der Europäischen Gemeinschaft zum Abschluss völkerrechtlicher Verträge in: EuR 1977 S. 109 – 121 zit.: Bleckmann, EuR 1977
Boeck, Ilka	Die Abgrenzung der Rechtsetzungskompetenzen von Gemeinschaft und Mitgliedstaaten in der Euro-päischen Union Baden-Baden 1999
Boele-Woelki, Katharina	Unification and Harmonization of Private International Law in Europe in: Jürgen Basedow, Isaak Meier, Schnyder Anton, Talia Einhorn, Daniel Girsberger (Hrsg.): Private Law in the International Arena - Liber Amicorum Kurt Siehr Den Haag 2000 S. 61 – 77 zit.: Boele-Woelki, FS Siehr
Borrás, Alegría	Erläuternder Bericht zu dem Übereinkommen über die Zuständigkeit und die Anerkennung und Vollstreckung von Entscheidungen in Ehesachen vom 28. Mai 1998 in: ABl. EG Nr. C 221 vom 16.7.1998 S. 27 – 64 zit.: Borrás-Bericht

von Borries, Reimer	Das Subsidiaritätsprinzip in der Europäischen Union in: EuR 1994 S. 263 – 300
Bothe, Michael	Die Stellung der Europäischen Gemeinschaften im Völkerrecht in: ZaöVR 37 (1977) S. 122 – 137
Callies, Christian	Subsidiaritäts- und Solidaritätsprinzip in der Europäischen Union 2. Auflage Baden-Baden 1999 zit.: Callies, Subsidiarität
Callies, Christian	Der Schlüsselbegriff der „ausschließlichen Zuständigkeit" im Subsidiaritätsprinzip des Art. 3 b II EGV in: EuZW 1995 S. 693 - 700 zit.: Callies, EuZW 1995
Callies Christian/ Ruffert, Matthias	Kommentar des Vertrages über die Europäische Union und des Vertrages zur Gründung der Europäischen Gemeinschaften - EUV/EGV 2. Auflage Neuwied 2002 zit.: Callies/Ruffert-*Bearbeiter*
Classen, Claus Dieter	Die Jurisdiktion des Gerichtshofs der Europäischen Gemeinschaften nach Amsterdam in: Peter-Christian Müller-Graff, Jürgen Schwarze (Hrsg.): Rechtsschutz und Rechtskontrolle nach Amsterdam EuR Beiheft 1/99 S. 73 – 90
Close, G.L.	Self-restraint by the EEC in the exercise of its External Powers in: YEL 1981 S. 45 – 68
Coester-Waltjen, Dagmar	Die Bedeutung des EuGVÜ und des Luganer Abkommens für Drittstaaten in: Andreas Heldrich, Uchida Takeyoshi (Hrsg.): Festschrift für Hideo Nakamura zum 70. Geburtstag Tokyo 1996 S. 89 – 115 zit.: Coester-Waltjen, FS Nakamura

Coester-Waltjen, Dagmar	Die Anerkennung gerichtlicher Entscheidungen in den Haager Übereinkommen in: RabelsZ 57 (1993) S. 263 – 302 zit.: Coester-Waltjen, RabelsZ 57 (1993)
Conze, Albrecht	Die völkerrechtliche Haftung der Gemeinschaft Baden-Baden 1987
Dashwood, Alan	The Limits of European Community Powers in: ELRev. 1996, S. 113 – 128
Dauses, Manfred	Die Beteiligung der Europäischen Gemeinschaften an multilateralen Völkerrechtsübereinkommen in: EuR 1979 S. 138 – 170
Di Fabio, Udo	Die „Dritte Säule" der Union In: DÖV 1997 S. 89 – 101
Dittrich, Alfred	Der Schutz der Unionsbürger durch die justitielle Zusammenarbeit in: Peter-Christian Müller-Graff (Hrsg.): Europäische Zusammenarbeit in den Bereichen Justiz und Inneres Baden-Baden 1996 S. 101 - 115
Dörner, Heinrich/ Staudinger, Ansgar	Internationale Zuständigkeit – Vertragsstaatenbezug, rügelose Einlassung und Gerichtsstandsklausel in: IPRax 1999 S. 338 – 342
Dörr, Oliver	Die Entwicklung der ungeschriebenen Außenkompetenzen der EG in: EuZW 1996 S. 39 – 43
Dörr, Oliver/ Mager, Ute	Rechtswahrung und Rechtsschutz nach Amsterdam in: AöR 125 (2000) S. 386 – 427
Drappatz, Thomas	Die Überführung des internationalen Zivilverfahrensrechts in eine Gemeinschaftskompetenz nach Art. 65 EGV Tübingen 2002
Ehlermann, Claus - Dieter	Engere Zusammenarbeit nach dem Amsterdamer Vertrag: Ein neues Verfassungsprinzip? in: EuR 1997 S. 362 – 397 zit.: Ehlermann, EuR 1997

Ehlermann, Claus - Dieter	Mixed Agreements: A List of Probems in: David O'Keefe, Henry Schermers (Hrsg.): Mixed Agreements Antwerpen Boston London Frankfurt 1983 S. 3 – 21 zit.: Ehlermann, in O'Keefe/Schermers
Eidenmüller, Horst	Europäische Verordnung über Insolvenzverfahren und zukünftiges deutsches internationales Insolvenzrecht in: IPRax 2001, S. 2 – 15.
Eisermann, Karl Stefan	Die Luftfahrtaußenkompetenz der Gemeinschaft in: EuZW 1995 S. 331 – 335
Everling, Ulrich	Abgrenzung der Rechtsangleichung zur Verwirklichung des Binnenmarktes nach Art. 100 a EWGV durch den Gerichtshof in: EuR 1991 S. 179 – 182 zit.: Everling, EuR 1991
Everling, Ulrich	Probleme der Rechtsangleichung zur Verwirklichung des europäischen Binnenmarktes in: Jürgen F. Baur, Klaus Hopt, Peter Mailänder (Hrsg.): Festschrift für Ernst Steindorff zum 70. Geburtstag Berlin New York 1990 S. 1155 – 1173 zit.: Everling, FS Steindorff
Frenz, Walter	Außenkompetenzen der Europäischen Gemeinschaften und der Mitgliedstaaten im Umweltbereich Berlin 2001
Fuß, Ernst-Werner	Die Befugnis der Europäischen Wirtschaftsgemeinschaft zum Abschluss völkerrechtlicher Verträge mit Drittstaaten in: DVBL 1972, S. 237 – 244
Gebauer, Martin	Drittstaaten- und Gemeinschaftsbezug im europäischen Recht der internationalen Zuständigkeit 2001 S. 943 – 962
Geiger, Rudolf	EUV/EGV Kommentar 3. Auflage München 2000 zit.: Geiger, Art. Rz.

Geiger, Rudolf	Vertragsabschlusskompetenzen der Europäischen Gemeinschaft und auswärtige Gewalt der Mitgliedstaaten in: JZ 1995 S. 973 - 982 zit.: Geiger, JZ 1995
Geimer, Reinhold	Salut für die Verordnung (EG) Nr. 44/2001 (Brüssel-I-VO) in: IPRax 2002 S. 69 - 74 zit.: Geimer, IPRax 2002
Geimer, Reinhold	Ungeschriebene Anwendungsgrenzen des EuGVÜ: Müssen Berührungspunkte zu mehreren Vertragsstaaten bestehen? in: IPRax 1991 S. 31 – 35 zit.: Geimer, IPRax 1991
Geimer, Reinhold/ Schütze, Rolf	Europäisches Zivilverfahrensrecht München 1997 zit.: Geimer/Schütze, Europäisches Zivilverfahrensrecht
Geimer, Reinhold/ Schütze, Rolf	Internationale Urteilsanerkennung Band I 1. Halbband München 1983 zit.: Geimer/Schütze, Int. Urteilsanerkennung
Gilsdorf, Peter	Die Außenkompetenzen der EG im Wandel in: EuR 1996 S. 145 – 166
Giuliano, Mario/ Lagarde, Paul	Bericht über das Übereinkommen über das auf vertragliche Schuldverhältnisse anzuwendende Recht BT-Drs. 10/503 1983 Bd. 296 S. 33 – 79 zit.: Giuliano/Lagarde
Grabitz, Eberhard	Die Einheitliche Europäische Akte: Rechtliche Bewertung in: Integration 1986 S. 95 – 100 zit.: Grabitz, Integration
Grabitz, Eberhard	Die Stellung der Gemeinschaft und ihrer Organe in internationalen Organisationen in: KSE Band 25: Die Außenbeziehungen der Europäischen Gemeinschaft Köln Berlin Bonn München 1974 S. 47 – 81 zit.: Grabitz, KSE Band 25

Grabitz, Eberhard/ Hilf, Meinhard	Das Recht der Europäischen Union Band 1 EUV/EGV (Amsterdamer Fassung) Loseblattsammlung Ergänzungslieferung 16 München Juli 2000 Altband 1 EUV/EGV (Maastrichter Fassung) Loseblattsammlung Ergänzungslieferung 14 München Oktober 1999 zit.: Grabitz/Hilf-*Bearbeiter*
von der Groeben, Hans/ Thiesing, Jochen/ Ehlemann, Claus-Dieter	Kommentar zum EU-/ EG-Vertrag Band 1 Art. Art. 1 - 84 EGV Art. A - F EUV 5. Auflage Baden-Baden 1997 Band 2/II Art. 88 - 102 EGV 5. Auflage Baden-Baden 1999 Band 5 Art. 210 - 248 EGV Art. H - S EUV 5. Auflage Baden-Baden 1997 zit.: GTE-*Bearbeiter*
Groux, Jean / Manin, Philippe	Die Europäischen Gemeinschaften in der Völkerrechtsordnung Luxemburg 1984
Gruber, Urs Peter	Die neue „europäische Rechtshängigkeit bei Scheidungsverfahren" in: FamRZ 2000 S. 1129 – 1135
Grundmann, Stefan	Zur internationalen Zuständigkeit der Gerichte von Drittstaaten nach Art. 16 EuGVÜ in: IPRax 1985 S. 249 – 254
Hailbronner, Kay	Die Neuregelung der Bereiche Freier Personenverkehr, Asylrecht und Einwanderung in: Waldemar Hummer (Hrsg.): Die Europäische Union nach dem Vertrag von Amsterdam Wien 1998 S. 179 – 196
Hailbronner, Kay/ Klein, Eckart/ Magiera, Siegfried/ Müller-Graff, Peter-Christian	Handkommentar zum Vertrag über die Europäische Union (EUV/ EGV) Ordner 2 Loseblattsammlung Lieferung 7 Köln Berlin Bonn München 1998 zit.: Hailbronner/Klein/Magiera/Müller-Graff – *Bearbeiter*

Hailbronner, Kay/ Thiery, Claus	Amsterdam- Vergemeinschaftung der Sachbereiche Freier Personenverkehr, Asylrecht und Einwanderung sowie Überführung des Schengen-Besitzstandes auf EU-Ebene in: EuR 1998 S. 583 – 615
Hartley, T.C.	The Foundations of European Community Law 3rd edition Oxford 1994
Hau, Wolfgang	Das System der internationalen Entscheidungszuständigkeit im europäischen Eheverfahrensrecht in: FamRZ 2000 S. 1334 – 1341 zit.: Hau, FamRZ 2000
Hau, Wolfgang	Durchsetzung von Zuständigkeits- und Schiedsvereinbarungen mittels Prozessführungsverboten im EuGVÜ in: IPRax 1996 S. 44 – 48 zit.: Hau, IPRax 1996
Hausmann, Rainer	Die Revision des Brüsseler Übereinkommens von 1968 Teil I: Internationale Zuständigkeit in: EuLF 2000/01 S. 40 - 49 zit.: Hausmann, EuLF 2000/01, 40
Hausmann, Rainer	Neues Internationales Eheverfahrensrecht in der Europäischen Union - Teil I in: EuLF 2000/01 S. 271 - 279 zit.: Hausmann, EuLF 2000/01, 271
Hausmann, Rainer	Neues Internationales Eheverfahrensrecht in der Europäischen Union - Teil II in: EuLF 2000/01 S. 345 - 353 zit.: Hausmann, EuLF 2000/01, 345
Hayder, Roberto	Neue Wege der Europäischen Rechtsangleichung in: RabelsZ 53 (1989) S. 622 – 698
Helms, Tobias	Die Anerkennung ausländischer Entscheidungen im Europäischen Eheverfahrensrecht in: FamRZ 2001 S. 257 – 266
Heß, Burkhard	Die Integrationsfunktion des Europäischen Zivilverfahrensrechts in: IPRax 2001 S. 389 - 396 zit.: Heß, IPRax 2001, 389

Heß, Burkhard	Urteilsfreizügigkeit und ordre public-Vorbehalt bei Verstößen gegen Verfahrensgrundrechte und Marktfreiheiten in: IPRax 2001 S. 301 - 306 zit.: Heß, IPRax 2001, 301
Heß, Burkhard	Aktuelle Perspektiven der europäischen Prozessrechtsangleichung in: JZ 2001 S. 573 - 583 zit.: Heß, JZ 2001
Heß, Burkhard	Die „Europäisierung" des internationalen Zivilprozessrechts durch den Amsterdamer Vertrag - Chancen und Gefahren in: NJW 2000 S. 23 - 32 zit.: Heß, NJW 2000
Hochbaum, Ingo	Kohäsion und Subsidiarität - Maastricht und die Länderkulturhoheit in: DÖV 1992 S. 285 – 292
von Hoffmann, Bernd	Internationales Privatrecht 7. Auflage München 2002 zit.: v Hoffmann, Internationales Privatrecht
von Hoffmann, Bernd	European Private International Law Nijmgen 1998 zit.: v Hoffmann, European Private International Law
von Hoffmann, Bernd	Richtlinien der Europäischen Gemeinschaft und Internationales Privatrecht in: ZfRVgl 1995 S. 45 – 54 zit.: v Hoffmann, ZfRVgl 1995
Ipsen, Hans-Peter	Europäisches Gemeinschaftsrecht Tübingen 1972 zit.: Ipsen, Europarecht
Ipsen, Knut	Völkerrecht 4. Auflage München 1999 zit.: Ipsen, Völkerrecht
Isensee, Josef	Subsidiarität und Verfassungsrecht Berlin 1968
Israel, Jona	Conflicts of Law and the EC after Amsterdam A Change for the Worse? in: MJ 2000 S. 81 – 98

Jarass, Hans	EG-Kompetenzen und das Prinzip der Subsidiarität nach Schaffung der Europäischen Union in: EuGRZ 1994 S. 209 - 219 zit.: Jarass, EuGRZ
Jarass, Hans	Die Kompetenzverteilung zwischen der Europäischen Gemeinschaft und den Mitgliedstaaten in: AöR 121 (1996) S. 173 - 199 zit.: Jarass, AöR
Jayme, Erik	Zum Jahrtausendwechsel: Das Kollisionsrecht zwischen Postmoderne und Futurismus in: IPRax 2000 S. 165 – 171
Jayme, Erik/ Hausmann, Rainer	Internationales Privat- und Verfahrensrecht Textausgabe 10. Auflage München 2000
Jayme, Erik/ Kohler, Christian	Europäisches Kollisionsrecht 2001: Anerkennungsprinzip statt IPR? in: IPRax 2001 S. 501 - 514 zit.: Jayme/Kohler, IPRax 2001
Jayme, Erik/ Kohler, Christian	Europäisches Kollisionsrecht 2000: Interlokales Privatrecht oder universelles Gemeinschaftsrecht? in: IPRax 2000 S. 454 - 465 zit.: Jayme/Kohler, IPRax 2000
Jayme, Erik/ Kohler, Christian	Europäisches Kollisionsrecht 1999 - Die Abendstunde der Staatsverträge in: IPRax 1999 S. 401 - 413 zit.: Jayme/Kohler, IPRax 1999
Jayme, Erik/ Kohler, Christian	Europäisches Kollisionsrecht 1998: Kulturelle Unterschiede und Parallelaktionen in: IPRax 1998 S. 417 - 429 zit.: Jayme/Kohler, IPRax 1998
Jayme, Erik/ Kohler, Christian	Europäisches Kollisionsrecht 1994: Quellenpluralismus und offene Kontraste in: IPRax 1994, 405 – 415 zit.: Jayme/Kohler, IPRax 1994

Jenard	Bericht zum Übereinkommen über die gerichtliche Zuständigkeit und die Vollstreckung gerichtlicher Entscheidungen in Zivil- und Handelssachen BT-Drs. VI/1973 S. 52 – 104 Deutscher Bundestag 1971 6. Wahlperiode Drucksachen Band 148 zit.: Jenard-Bericht
Juenger, Friedrich	Eine Haager Konvention über die Urteilsanerkennung in: Haimo Schack (Hrsg.): Gedächtnisschrift für Alexander Lüderitz München 2000 S. 329 – 345
Jung, Harald	Vereinbarungen über die Internationale Zuständigkeit nach dem EWG-Gerichtsstands- und Vollstreckungsübereinkommen und nach § 38 II ZPO Bochum 1980
Karpenstein, Ulrich	Der Vertrag von Amsterdam im Lichte der Maastricht-Entscheidung des BVerfG in: DVBL 1998 S. 942 – 952
Kerameus, Konstantinos	Angleichung des Zivilprozessrechts in Europa in: RabelsZ 66 (2002) s. 1 – 17 zit.: Kerameus, RabelsZ 66 (2002)
Kerameus, Konstantinos	Erweiterung des EuGVÜ – Systems und Verhältnis zu Drittstaaten in: Thomas Gottwald (Hrsg.), Die Revision des EuGVÜ und neues Schiedsverfahrensrecht Bielefeld 2000 S. 75 – 91 zit.: Kreameus, in Gottwald
Kennett, Wendy	The Brussels I Regulation in: ICLQ 2001 S. 725 – 737
Killias, Laurent	Die Gerichtsstandsvereinbarungen nach dem Lugano-Übereinkommen Zürich 1993
Koch, Harald	Kanadische Versicherungen gegen europäische Rückversicherer: Zuständigkeit nach EuGVÜ? in: NVersZ 2001 S. 60 – 61
Koenig, Christian/ Haratsch, Andreas	Einführung in das Europarecht Tübingen 1996

Kohler, Christian	Der europäische Justizraum für Zivilsachen und das Gemeinschaftskollisionsrecht in: IPRax 2003 S. 401 zit.: Kohler, IPRax 2003
Kohler, Christian	Status als Ware: Bemerkungen zur europäischen Verordnung über das internationale Verfahrensrecht für Ehesachen in: Heinz-Peter Mansel (Hrsg.): Vergemeinschaftung des Europäischen Kollisionsrechts Köln Berlin Bonn München 2001 S. 41 - 53 zit.: Kohler, in Mansel, Vergemeinschaftung des Europäischen Kollisionsrechts
Kohler, Christian	Europäisches Kollisionsrecht zwischen Amsterdam und Nizza Wien 2001 zit.: Kohler, Europäisches Kollisionsrecht
Kohler, Christian	Internationales Verfahrensrecht für Ehesachen in der Europäischen Union: Die Verordnung „Brüssel II" in: NJW 2001 S. 10 - 15 zit.: Kohler, NJW 2001
Kohler, Christian	Die Revision des Brüsseler und des Luganer Übereinkommens über die gerichtliche Zuständigkeit und die Vollstreckung gerichtlicher Entscheidungen in Zivil- und Handelssachen in: Thomas Gottwald (Hrsg.): Die Revision des EuGVÜ und neues Schiedsverfahrensrecht Bielefeld 2000 S. 1 - 35 zit.: Kohler, in Gottwald
Kohler, Christian	Interrogations sur les sources du droit international privé européen après le traité d' Amsterdam in: Rev. crit. Dr. internat. privé 1999 S. 1 – 30 zit.: Kohler, rev. crit. 1999
Kohler, Christian	L' article 220 du traité CEE et les conflits de juridiction en matière de relations familiales in: Riv.dir.Int.priv.proc. 1992 S. 221 – 240 zit.: Kohler, Riv.dir.Int.priv.proc. 1992

Kohler, Christian	Pathologisches im EuGVÜ: Hinkende Gerichtsstandsvereinbarungen nach Art. 17 Abs. 3 in: IPRax 1986 S. 340 – 345 zit.: Kohler, IPRax 1986
Kohler, Christian	Internationale Gerichtsstandvereinbarungen: Liberalität und Rigorismus im EuGVÜ in: IPRax 1983, S. 265 - 272 zit.: Kohler, IPRax 1983
Konow, Gerhard	Zum Subsidiaritätsprinzip des Vertrags von Maastricht in: DÖV 1993 S. 405 – 412
Kort, Michael	Zur europarechtlichen Zulässigkeit von Abkommen der Mitgliedstaaten untereinander in: JZ 1997 S. 640 – 647
Kotuby, Charles	External Competence of the European Community in the Hague Conference on Private International Law: Community Harmonization and Worldwide Unification in: NILR 2001, S. 1 – 30.
Kraußer, Hans-Peter	Das Prinzip begrenzter Ermächtigung im Gemeinschaftsrecht als Strukturprinzip des EWG-Vertrages Berlin 1991
Kreuzer, Karl-Friedrich	Die Europäisierung des Internationalen Privatrechts in: Peter-Christian Müller-Graff (Hrsg.): Gemeinsames Privatrecht in der Europäischen Gemeinschaft 2. Auflage Baden-Baden 1999 S. 457 – 542
Kröll, Stefan	Gerichtsstandsvereinbarungen aufgrund Handelsbrauchs im Rahmen des GVÜ in: ZZP 113 (2000) S. 135 – 159
Kropholler, Jan	Internationales Privatrecht 4. Auflage Tübingen 2001 zit.: Kropholler, Internationales Privatrecht
Kropholler, Jan	Europäisches Zivilprozessrecht 7. Auflage Heidelberg 2002 zit.: Kropholler, Europäisches Zivilprozessrecht

Kropholler, Jan	Problematische Schranken der europäischen Zuständigkeitsordnung gegenüber Drittstaaten in: Heldrich Andreas, Sonnenberger, Hans Jürgen (Hrsg.): Festschrift für Murad Ferid zum 80. Geburtstag Frankfurt am Main 1988 S. 239 – 250 zit.: Kropholler, FS Ferid
Kropholler, Jan	Internationale Zuständigkeit in: Handbuch des Internationalen Zivilverfahrensrechts Band I Kapitel III S. 183 - 533 Tübingen 1982 zit.: Kropholler, Hdb. Int. ZivilverfR
Kropholler, Jan	Internationales Einheitsrecht Tübingen 1975 zit.: Kropholler, Internationales Einheitsrecht
Krück, Hans	Völkerrechtliche Verträge im Recht der Europäischen Gemeinschaften Berlin Heidelberg New York 1977
Lambers, Hans-Jürgen	Subsidiarität in Europa - Allheilmittel oder juristische Leerformel? in: EuR 1993 S. 229 – 242
Lecheler, Helmut	Die Pflege der auswärtigen Beziehungen in der Europäischen Union in: ArchVölkR 1994 S. 1 – 23
Leible, Stefan	Kollisionsrechtlicher Verbraucherschutz im EVÜ und in EG-Richtlinien in: Hans Schulte-Nölke, Reiner Schulze (Hrsg.): Europäische Rechtsangleichung und nationale Privatrechte Baden-Baden 1999 S. 353 - 392
Leible, Stefan/ Staudinger, Ansgar	Die Europäische Verordnung über Insolvenzverfahren in: KTS 2000 S. 533 - 575 zit.: Leible/Staudinger, KTS 2000
Leible, Stefan/ Staudinger, Ansgar	Art. 65 EGV im System der EG-Kompetenzen in: EuLF (D) 2000/01 S. 225 - 235 zit.: Leible/Staudinger, EuLF 2000/01

Lenz, Carl-Otto	EG-Vertrag Kommentar 2. Auflage Köln Basel Genf München Wien 1999 zit.: Lenz-*Bearbeiter*
de Lind van Wijngaarden- Maack, Martina	Vorlage an den EuGH zur Vereinbarkeit von *antisuit injunctions* mit dem EuGVÜ in: IPRax 2003 S. 153 – 158
van Loon, Hans	The Hague Conference on Private International Law in a time of Globalisation: New Challenges and New Conventions in the fields of Civil Procedure and Applicable Law in: Baur, Jürgen F./Mansel, Heinz-Peter (Hrsg.): Systemwechsel im europäischen Kollisionsrecht Fachtagung der Bayer – Stiftung für deutsches und internationales Arbeits- und Wirtschaftsrecht am 17. und 18. Mai 2001 München 2002 S. 193 – 203
Lutter, Marcus	Die Angleichung des Gesellschaftsrechts nach dem EWG-Vertrag in: NJW 1966 S. 273 – 278
Maack, Martina	Englische antisuit injunctions im europäischen Zivilrechtsverkehr Berlin 1999
MacLeod, I./ Hendry, I.D./ Hyett, Stephen	The External Relations of the European Communities Oxford 1998
Mankowski, Peter	Rezension von Laurent Killias: Die Gerichtsstandsvereinbarungen nach dem Lugano-Übereinkommen in: ZZP 108 (1995) S. 272 – 279
Mansel, Heinz-Peter	Zum Systemwechsel im Europäischen Kollisionsrecht nach Amsterdam und Nizza in: Baur, Jürgen F./Mansel, Heinz-Peter (Hrsg.): Systemwechsel im europäischen Kollisionsrecht Fachtagung der Bayer – Stiftung für deutsches und internationales Arbeits- und Wirtschaftsrecht am 17. und 18. Mai 2001 München 2002 S. 1 - 15 zit.: Mansel, in Baur/Mansel, Systemwechsel im Europäischen Kollisionsrecht

Mansel, Heinz-Peter	Grenzüberschreitende Prozessführungsverbote (*antisuit injunctions*) und Zustellungsverweigerung in: EuZW 1996 S. 335 – 340 zit.: Mansel, EuZW 1996
Martiny, Dieter	Anerkennung nach multilateralen Staatsverträgen in: Handbuch des Internationalen Zivilverfahrensrechts Band III/2 Tübingen 1984 Kapitel II S. 2 – 211
Meng, Werner	Institutionen und Verfahren in der „Ersten Säule" der Europäischen Union nach dem Vertrag von Amsterdam in: Waldemar Hummer (Hrsg.): Die Europäische Union nach dem Vertrag von Amsterdam Wien 1998 S. 161 - 178
Merten, Detlef	Subsidiarität als Verfassungsprinzip in: Detlef Merten (Hrsg.): Die Subsidiarität Europas Berlin 1993 S. 76 – 96
Micklitz, Hans-W./ Rott, Peter	Vergemeinschaftung des EuGVÜ in der Verordnung (EG) Nr. 44/2001 in: EuZW 2001 S. 325 – 334 zit.: Micklitz/Rott, EuZW 2001 in: EuZW 2002 S. 15 – 24 zit.: Micklitz/Rott, EuZW 2002
Mittmann, Patrick	Die Rechtsfortbildung durch den Gerichtshof der Europäischen Gemeinschaften und die Rechtsstellung der Mitgliedstaaten der Europäischen Union Frankfurt a.M Brüssel New York Oxford Wien 2000
Monar, Jörg	Justice and Home Affairs in the Treaty of Amsterdam: Reform at the Price of Fragmentation in: ELRev 1998 S. 320 – 335

Müller-Graff, Peter-Christian	Die Europäische Zusammenarbeit in den Bereichen Justiz und Inneres (JIZ) in: Ole Due, Marcus Lutter, Jürgen Schwarze (Hrsg.): Festschrift für Ulrich Everling, Band II Baden-Baden 1995 S. 925 - 944 zit.: Müller-Graff, FS Everling
Müller-Graff, Peter-Christian	Binnenmarktauftrag und Subsidiaritätsprinzip? in: ZHR 159 (1995) S. 34 - 77 zit.: Müller-Graff, ZHR 159 (1995)
Müller-Graff, Peter-Christian/ Kainer, Friedemann	Die justitielle Zusammenarbeit in Zivilsachen in der Europäischen Union in: DRiZ 2000 S. 350 – 354
Münchener Kommentar	Kommentar zur Zivilprozessordnung Band 3 2. Auflage München 2001 zit.: Müko-*Bearbeiter*
Nakanishi, Yumiko	Die Entwicklung der Außenkompetenzen der Europäischen Gemeinschaft Frankfurt am Main 1998
Nanz, Klaus-Peter	Der „3. Pfeiler der Europäischen Union": Zusammenarbeit der Innen- und Justizpolitik in: Integration 1992 S. 126 – 140
Nettesheim, Martin	Horizontale Kompetenzkonflikte in der EG in: EuR 1993 S. 243 – 260
Neuwahl, Nanette	Joint Participation in International Treaties and the Exercise of Power by the EEC and its Member States: Mixed Agreements in: CML Rev. 1991 S. 717 – 740
Nicolaysen, Gert	Zur Theorie von den implied powers in den Europäischen Gemeinschaften in: EuR 1966 S. 129 – 142
North, Peter	Private International Law: Change or Decay? in: ICLQ 2001 S. 477 – 508
Oppermann, Thomas	Europarecht 2. Auflage München 1999

Palandt, Otto	Bürgerliches Gesetzbuch 62. Auflage München 2003 zit.: Palandt- *Bearbeiter*
Palsson, Lennart	The Lugano Convention in Sweden in: IPRax 1999 S. 52 – 58
Pechstein, Matthias/ Koenig, Christian	Die Europäische Union 3. Auflage Tübingen 2000
Pfeiffer, Thomas	Internationale Zuständigkeit und prozessuale Gerechtigkeit Frankfurt am Main 1995
Pieper, Stefan Ulrich	Subsidiaritätsprinzip - Strukturprinzip der Europäischen Union in: DVBL 1993 S. 705 - 712
Piltz, Burkhard	Vom EuGVÜ zur Brüssel-I-Verordnung in: NJW 2002 S. 789 – 794
Pirrung, Jörg	Europäische justitielle Zusammenarbeit in Zivilsachen – insbesondere das neue Scheidungsübereinkommen in: ZEuP 1999 S. 834 – 848 zit.: Pirrung, ZEuP 1999
Pirrung, Jörg	Die Einführung des EG-Schuldvertragsübereinkommens in die nationalen Rechte in: Christian von Bar (Hrsg.): Europäisches Gemeinschaftsrecht und Internationales Privatrecht Köln Berlin Bonn München 1991 S. 21 – 70 zit.: Pirrung, in v Bar
Puszkajler, Karl Peter	Das internationale Scheidungs- und Sorgerecht nach Inkrafttreten der Brüssel II – Verordnung in: IPRax 2001 S. 81 – 84
Rabe, H.J.	Das Verordnungsrecht der Europäischen Wirtschafts-gemeinschaft Hamburg 1963
Rauscher, Thomas	Internationales Privatrecht 2. Auflage Heidelberg 2002
Reich, Norbert	Binnenmarkt als Rechtsbegriff in: EuZW 1991 S. 203 – 210

Reithmann, Christoph/ Martiny, Dieter	Internationales Vertragsrecht 5. Auflage Köln 1996 zit.: Reithman/Martiny-*Bearbeiter*
Remien, Oliver	European Private International Law, the European Community and its Emerging Area of Freedom, Security and Justice in: CML Rev. 2001 S. 53 – 86
Rohe, Mathias	Notwehr gegen Europa? in: EuZW 1997 S. 491 – 498
Sack, Jörn	Die Europäische Gemeinschaft als Mitglied internationaler Organisationen in: Albrecht Randelzhofer, Rupert Scholz, Dieter Wilke (Hrsg.): Gedächtnisschrift für Eberhard Grabitz München 1995 S. 631 – 660
Saenger, Ingo	Internationale Gerichtsstandsvereinbarungen nach EuGVÜ und LugÜ in: ZZP 110 (1997) S. 477 - 498
Samtleben, Jürgen	Europäische Gerichtsstandsvereinbarungen und Drittstaaten - viel Lärm um nichts? in: RabelsZ 59 (1995) S. 670 - 712 zit.: Samtleben, RabelsZ 59 (1995)
Samtleben, Jürgen	Internationale Gerichtsstandsvereinbarungen nach dem EWG-Übereinkommen und nach der Gerichtsstandsnovelle in: NJW 1974 S. 1590 - 1596 zit.: Samtleben, NJW 1974
Schack, Haimo	Internationales Zivilverfahrensrecht 3. Auflage München 2002 zit.: Schack, Internationales Zivilverfahrensrecht
Schack, Haimo	Das neue Internationale Eheverfahrensrecht in Europa in: RabelsZ 65 (2001) S. 615 – 633 zit.: Schack, RabelsZ 65 (2001)
Schack, Haimo	Die EG-Kommission auf dem Holzweg von Amsterdam in: ZEuP 1999 S. 805 - 808 zit.: Schack, ZEuP 1999

Schack, Haimo	Perspektiven eines weltweiten Anerkennungs- und Vollstreckungsübereinkommens in: ZEuP 1993 S. 306 – 334 zit.: Schack, ZEuP 1993
Scheibeck, Florian	Die Außenkompetenzen der EG im internationalen Zivilluftverkehr Frankfurt am Main Berlin Bern Bruxelles New York 1999
Schelo, Sven	Rechtsangleichung im Europäischen Zivilprozeßrecht München 1999
Schlosser, Peter	Bericht zum Übereinkommen über den Beitritt des Königreichs Dänemark, Irlands und des Vereinigten Königreichs Großbritannien und Nordirland zum Übereinkommen über die gerichtliche Zuständigkeit und die Vollstreckung gerichtlicher Entscheidungen in Zivil- und Handelssachen sowie zum Protokoll betreffend die Auslegung dieses Übereinkommens durch den Gerichtshof BT-Drs. 10/61 1983 Bd. 292 S. 31 – 83 zit.: Schlosser-Bericht
Schmid, Christoph	Legitimitätsbedingungen eines Europäischen Zivilgesetzbuchs in: JZ 2001 S. 674 – 683
Schwartz, Ivo	Subsidiarität und EG-Kompetenzen Der neue Titel „Kultur" Medienvielfalt und Binnenmarkt in: AfP 1993 S. 409 - 421 zit.: Schwartz, AfP
Schwartz, Ivo	EG-Kompetenzen für den Binnenmarkt: Exklusiv oder konkurrierend/subsidiär? in: Ole Due, Marcus Lutter, Jürgen Schwarze (Hrsg.): Festschrift für Ulrich Everling Band II Baden-Baden 1995 S. 1331 - 1354 zit.: Schwartz, FS Everling
Schwarze, Jürgen	EU - Kommentar Baden - Baden 2000 zit.: Schwarze-*Bearbeiter*

Schweitzer, Michael	Staatsrecht III 6. Auflage Heidelberg 2000
Schweitzer, Michael/ Hummer, Waldemar	Europarecht 4. Auflage Neuwied 1996
Sedlmeier, Johannes	Internationales und europäisches Verfahrensrecht Neuere Entwicklungen bei der gegenseitigen Urteilsanerkennung in Europa und weltweit in: EuLF 2002 S. 35 – 46
Seidl-Hohenveldern, Ignaz/ Stein, Torsten	Völkerrecht 10. Auflage Köln Berlin Bonn München 2000
Seidl-Hohenveldern, Ignaz/ Loibl, Gerhard	Das Recht der Internationalen Organisationen einschließlich der Supranationalen Gemeinschaften 7. Auflage Köln Berlin Bonn München 2000
Siehr, Kurt	Internationales Privatrecht Heidelberg 2001
Smith, Lesley Jane	Antisuit Injunctions, Forum non Conveniens und International Comity in: RIW 1993 S. 802 – 809
Spellenberg, Ulrich	Das Europäische Gerichtsstands- und Vollstreckungsübereinkommen als Kern eines europäischen Zivilprozessrechts in: EuR 1980 S. 329 – 352
Staudinger, Ansgar	Vertragsstaatenbezug und Rückversicherungsverträge im EuGVÜ in: IPRax 2000 S. 483 – 488
Streinz, Rudolf	Der „effet utile" in der Rechtsprechung des Gerichtshofs der Europäischen Gemeinschaften in: Ole Due, Marcus Lutter, Jürgen Schwarze (Hrsg.): Festschrift für Ulrich Everling Band II Baden-Baden 1995 S. 1491 - 1510 zit.: Streinz, FS Everling
Streinz, Rudolf	Europarecht 5. Auflage Heidelberg 2001 zit.: Streinz, Europarecht

Stürner, Rolf	Prozesszweck und Verfassung in: Hanns Prütting (Hrsg.): Festschrift für Gottfried Baumgärtel zum 70. Geburtstag Köln Berlin Bonn München 1990 S. 545 – 552
Tebbens, Harry Duintjer	Ein Ziviljustizraum in der europäischen Union - auf Kosten einer Aushöhlung der internationalen Zusammenarbeit? in: Baur, Jürgen/Mansel, Heinz-Peter (Hrsg.), Systemwechsel im europäischen Kollisionsrecht Fachtagung der Bayer – Stiftung für deutsches und internationales Arbeits- und Wirtschaftsrecht am 17. und 18. Mai 2001 München 2002 S. 171 – 192
Thiele, Christian	*Antisuit injunctions* im Lichte europäischen Gemeinschaftsrechts in: RIW 2002 S. 383 – 386
Thomas, Heinz/ Putzo, Hans	Zivilprozessordnung 24. Auflage München 2002 zit.: Thomas/Putzo – *Bearbeiter*
Thorn, Karsten	Entwicklungen des Internationalen Privatrechts 2000 – 2001 in: IPRax 2002 S. 349 – 364
Thun - Hohenstein, Christoph	Der Vertrag von Amsterdam Wien 1997
Tomuschat, Christian	Völkerrechtliche Grundlagen der Drittlandsbeziehungen der EG in: Meinhard Hilf, Christian Tomuschat (Hrsg.): EG und Drittstaatenbeziehungen nach 1992 Baden-Baden 1991 S. 139 – 157 zit.: Tomuschat, in Hilf/Tomuschat
Tomuschat, Christian	Die auswärtige Gewalt der EWG erhält feste Konturen in: EuR 1977 S. 157 – 164 zit.: Tomuschat, EuR 1977
Vedder, Christoph Wilhelm	Die auswärtige Gewalt des Europa der Neun Göttingen 1980

Vogel, Hans-Josef	Internationales Familienrecht - Änderungen und Auswirkungen durch die neue EU - Verordnung in: MDR 2000 S. 1045 – 1046
Wagner, Rolf	Vom Brüsseler Übereinkommen über die Brüssel I-Verordnung zum Europäischen Vollstreckungstitel in: IPRax 2002 S. 75 – 95 zit.: Wagner, IPRax 2002
Wagner, Rolf	Die Anerkennung und Vollstreckung von Entscheidungen nach der Brüssel II - Verordnung in: IPRax 2001 S. 73 – 84 zit.: Wagner, IPRax 2001
Weiler, Joseph	The External Legal Relations of Non-Unitary Actors: Mixed Agreements and the Federal Principle in: David O'Keefe, Henry Schermers (Hrsg.): Mixed Agreements Antwerpen Boston London Frankfurt 1983 S. 35 – 83
Wieczorek, Bernhard/ Schütze, Rolf	Zivilprozessordnung Band 1 Teilband 1 3. Auflage Berlin New York 1994 zit.: Wieczorek/Schütze-*Bearbeiter*
Wolf, Manfred	Abbau prozessualer Schranken im europäischen Binnenmarkt in: Wolfgang Grunsky, Rolf Stürner, Gerhard Walter, Manfred Wolf (Hrsg.): Wege zu einem europäischen Zivilprozessrecht Tübinger Symposium zum 80. Geburtstag von Fritz Baur Tübingen 1992 S. 35 – 67
Wuermeling, Joachim	Kooperatives Gemeinschaftsrecht Kehl Straßburg Arlington 1988
Zöller, Richard	Zivilprozessordnung 23. Auflage Köln 2002 zit.: Zöller – *Bearbeiter*

Abkürzungsverzeichnis

a.A.	anderer Ansicht
ABl.	Amtsblatt der EG
Abs.	Absatz
AcP	Archiv für die civilistische Praxis
a.F.	alte Fassung
AfP	Archiv für Presserecht
ArchVölkR	Archiv des Völkerrechts
Art.	Artikel
AWD	Recht der Deutschen Außenwirtschaft
BGBl.	Bundesgesetzblatt
BT-Drs.	Bundestagsdrucksache
BverfG	Bundesverfassungsgericht
BverfGE	Entscheidungssammlung des Bundesverfassungsgerichts
CML Rev.	Common Market Law Review
DÖV	Die öffentliche Verwaltung
DriZ	Deutsche Richterzeitung
DVBL	Deutsches Verwaltungsblatt
EAG	Europäische Atomgemeinschaft
EG	Europäische Gemeinschaft
EGBGB	Einführungsgesetz zum Bürgerlichen Gesetzbuch
EGV	Vertrag zur Gründung der Europäischen Gemeinschaft
ELRev	European Law Review
EU	Europäische Union
EuGH	Europäischer Gerichtshof (= Gerichts-hof der Europäischen Gemeinschaften)
EuGRZ	Europäische Grundrechtszeitschrift
EuGVÜ	Europäisches Gerichtsstands- und Vollstreckungsübereinkommen
EuLF	European Legal Forum (D)
EuR	Europarecht
EUV	Vertrag über die Europäische Union
EuZW	Europäische Zeitschrift für Wirtschaftsrecht
EWG	Europäische Wirtschaftsgemeinschaft

EWGV	Vertrag zur Gründung der Europäischen Wirtschaftsgemeinschaft
f.	Folgende (Seite)
FamRZ	Zeitschrift für das gesamte Familienrecht
FN	Fußnote
FS	Festschrift
GG	Grundgesetz
Ggf.	Gegebenenfalls
GS	Gedächtnisschrift
Hrsg.	Herausgeber
IAO	Internationale Arbeitsorganisation
ICJ	International Court of Justice
ICLQ	International and Comparative Law Quaterly
IPRax	Praxis des Internationalen Privat- und Verfahrensrechts
Ivm	In Verbindung mit
JZ	Juristenzeitung
Kap	Kapitel
KSE	Kölner Schriften zum Europarecht
KTS	Zeitschrift für Insolvenzrecht Konkurs Treuhand Sanierung
Lit.	Littera
MDR	Monatsschrift für Deutsches Recht
MJ	Maastricht Journal of European and Comparative Law
n.F.	neue Fassung
NILR	Netherlands International Law Review
NJW	Neue Juristische Wochenschrift
Nr.	Nummer
NVersZ	Neue Zeitschrift für Versicherungsrecht
OECD	Organisation for Economic Co-operation and Development
ÖstJZ	Österreichische Juristen - Zeitung
RabelsZ	Rabels Zeitschrift
Rev. crit. dr. internat. privé	Revue critique de droit international privé
Riv.dir.Int.priv.proc.	Rivista di Diritto Internazionale Privato e Processuale
RIW	Recht der Internationalen Wirtschaft
Rs	Rechtssache

Rz.	Randziffer
S.	Seite
Slg.	Sammlung des Gerichtshofs der Europäischen Gemeinschaften
Spgstr.	Spiegelstrich
s.o.	Siehe oben
s.u.	Siehe unten
Tz.	Teilziffer
Vgl.	Vergleich
VO	Verordnung
WTO	World Trade Organization
WVK	Wiener Übereinkommen über das Recht der Verträge - Wiener Vertragsrechtskonvention
WVKIO	Wiener Übereinkommen über das Recht der Verträge zwischen Staaten und Internationalen Organisationen oder zwischen Internationalen Organisationen
YEL	Yearbook of European Law
ZEuP	Zeitschrift für Europäisches Privatrecht
ZfRV	Zeitschrift für Rechtsvergleichung
ZHR	Zeitschrift für das gesamte Handels- und Wirtschaftsrecht
zit.	Zitiert
ZPO	Zivilprozessordnung
ZZP	Zeitschrift für den Zivilprozess

A. Einleitung und Problemstellung

Der Vertrag von Amsterdam hat mit den Art. 61 und 65 EGV die justitielle Zusammenarbeit in Zivilsachen aus der sogenannten dritten Säule des Unionsvertrages, der Zusammenarbeit in den Bereichen Justiz und Inneres in Titel VI des EU-Vertrags von Maastricht, herausgelöst und wieder in die erste Säule, das Gemeinschaftsrecht, und damit in den Vertrag zur Gründung der Europäischen Gemeinschaft (EGV) überführt[1]. Die aus dieser Überführung resultierende ausdrückliche Ermächtigung der Gemeinschaft zum Erlass von Gemeinschaftsrechtsakten im Bereich der justitiellen Zusammenarbeit in Zivilsachen wurde von der Gemeinschaft bereits wahrgenommen - wobei die Geschwindigkeit des Vorgehens auffällt[2]. Neben der Zustellungsverordnung[3] und der Insolvenzverordnung[4] wurden auch die Verordnungen Brüssel I (EuGVO)[5] und Brüssel II (EheVO)[6] erlassen. Erstere vergemeinschaftet das Brüsseler EWG - Übereinkommen über die gerichtliche Zuständigkeit und die Vollstreckung gerichtlicher Entscheidungen in Zivil- und Handelssachen von 1968 (EuGVÜ)[7] und ist am 01. 03. 2002 in Kraft getreten. Mit der Brüssel II Verordnung, der Ehe-Verordnung (EheVO), die bereits seit 01.03.2001 in Kraft ist, sollte das System des EuGVÜ auf Entscheidungen in Ehesachen und auf Verfahren über die elterliche Sorge, die das EuGVÜ in Art. 1 Nr.1 ausdrücklich aus seinem Anwendungsbereich ausklammert, ausgedehnt werden[8].

Durch den Säulenwechsel ist es der Gemeinschaft nunmehr möglich, die zuvor nur punktuell, insbesondere in Richtlinien angesprochenen Zivilsachen nunmehr systematisch und gebietsübergreifend zu regeln. Damit stellt sich jedoch zwangsläufig auch die Frage nach der Außenkompetenz auf diesem „neuen" Gemeinschaftsgebiet. Insbesondere soll aufgrund des Tätigwerdens der Gemeinschaft vorliegend erörtert werden, inwieweit dadurch noch eine Abschlusskompetenz der Mitgliedstaaten für Verträge mit Drittstaaten in den durch die Verordnungen geregelten Bereichen besteht, z. B. über die Anerkennung von Urteilen auch aus Drittstaaten, oder ob nunmehr die Gemeinschaft allein abschlussbefugt ist. Wem steht die Vertragsabschlusskompetenz bezüglich Drittstaatenverhältnissen zu?

Diese Fragen der Außenkompetenz berühren den Kern nationaler Souveränität der Mitgliedstaaten. Die Beantwortung betrifft notwendig das Verhältnis zwischen fortschreitender Integration der Europäischen Union durch ein einheitliches Auftreten nach außen und der verblei-

---

[1] Besse, ZEuP 1999, 107 (108); Callies/Ruffert-*Brechmann*, Art. 61 EGV Rz. 1.
[2] Jayme/Kohler, IPRax 1999, 401 (402).
[3] Verordnung (EG) Nr. 1348/2000 vom 29.05.2000 über die Zustellung gerichtlicher und außergerichtlicher Schriftstücke in Zivil- und Handelssachen in den Mitgliedstaaten, ABl. EG 2000 L 160/37 in Kraft getreten am 31. 05. 2001; abgedruckt in Jayme/Hausmann, Nr. 224.
[4] Verordnung (EG) Nr. 1346/2000 vom 29.05.2000 über Insolvenzverfahren ABl. EG 2000 L 160/1 Inkrafttreten am 31.05.2002; abgedruckt in Jayme/Hausmann Nr. 260.
[5] Verordnung (EG) Nr. 44/2001 vom 22.12.2000 über die gerichtliche Zuständigkeit und die Anerkennung und Vollstreckung von Entscheidungen in Zivil- und Handelssachen, ABl. EG 2001 L 12/1. Abkürzungen nicht amtlich, einheitlicher Gebrauch hat sich bislang nicht durchgesetzt.
[6] Verordnung (EG) Nr. 1347/2000 vom 29.05.2000 über die Zuständigkeit und die Anerkennung und Vollstreckung von Entscheidungen in Ehesachen und Verfahren betreffend die elterliche Verantwortung für die gemeinsamen Kinder der Ehegatten, ABl. EG 2000 L 160/19; abgedruckt in Jayme/Hausmann Nr. 170. Abkürzungen nicht amtlich, einheitlicher Gebrauch hat sich bislang nicht durchgesetzt.
[7] Abgedruckt in Jayme/Hausmann Nr. 72.

benden Autonomie der Mitgliedstaaten[9]. Dementsprechend erklärt sich zum Beispiel auch der Widerstand der Mitgliedstaaten in internationalen Organisationen das Feld für die Gemeinschaft zu räumen. Seit dem Erlass der EuGVO ist auch die Ausarbeitung eines weltweiten Zuständigkeits- und Vollstreckungsüber-einkommens im Rahmen der Haager Konferenz für Internationales Privatrecht[10] von diesen Problemen betroffen. Bei wem liegt das Verhandlungsmandat? Bei den Mitgliedstaaten oder der Gemeinschaft? Hinsichtlich der Arbeiten der Haager Konferenz für Internationales Privatrecht ist allerdings zu beachten, dass dieser zurzeit nach Artikel 2 ihres Statuts[11] lediglich Staaten angehören können. Auch hinsichtlich des Haager Kindesschutzübereinkommens von 1996 (KSÜ), das zwar bereits von den Staaten der Konferenz vor dem Tätigwerden der Gemeinschaft im Rahmen des Art. 65 EGV beschlossen wurde, stellt sich nunmehr die Frage, ob die Mitgliedstaaten in ihrer Ratifikationsbefugnis nach dem Erlass der EheVO durch die Gemeinschaft eingeschränkt sind.

B. Gang der Untersuchung

Das Problem der Außenkompetenzen der Gemeinschaft im Bereich des Internationalen Zivilverfahrensrechts soll am Beispiel der EuGVO und der EheVO erläutert werden. Auf parallele Fragen der Außenkompetenz gegenüber Drittstaaten und der Erfassung von Drittstaatensachverhalten im Bereich des Internationalen Privatrechts, die sich aufgrund der geplanten Überführung des Europäischen Schuldvertrags-übereinkommens in eine Verordnung (Rom I) sowie dem von der Kommission vorgelegten Vorentwurf eines Vorschlags für eine Verordnung des Rates über das auf außervertragliche Schuldverhältnisse anzuwendende Recht (Rom II) vom 3.5.2002[12] ergeben, wird dabei nicht eingegangen.

Zunächst werden die Grundlagen der Außenkompetenzen der Gemeinschaft unter besonderer Berücksichtigung der Rechtsprechung des EuGH erörtert. Nachfolgend wird die Kompetenzgrundlage der beiden Verordnungen, Art. 65 EGV als neue Gemeinschafts-kompetenz, insbesondere im System der bisherigen zivilverfahrensrechtlichen Gemeinschaftskompetenzen dargestellt. Anschließend wird erörtert, inwiefern die bisher entwickelten Grundsätze zur Außenkompetenz der Gemeinschaft auch auf diesen neuen Kompetenztitel anwendbar sind und welche Auswirkungen sich daraus ergeben. Dabei wird auf die Arbeiten der Haager Konferenz eingegangen, vor allem auf die Frage, ob und ggf. wie die Gemeinschaft nunmehr an deren Arbeiten zu beteiligen sein wird.

Zunächst sollen jedoch die Grundlagen der Außenkompetenzen der Gemeinschaft aufgezeigt werden. Dabei ist eine Darstellung insbesondere der Rechtssprechung des EuGH zu den Außenkompetenzen der Gemeinschaft notwendige Voraussetzung zur Beantwortung der Frage, wem im sachlichen Anwendungsbereich der EuGVO und der EheVO letztendlich

---
[8] Erwägungsgrund Nr. 7 der VO; Heß, JZ 2001, 573 (575); Müko-*Gottwald*, Vor Art. 1 EheVO Rz. 3.
[9] Appella, ICLQ 1996, 440.
[10] Dazu Basedow, FS Lorenz, S. 463 ff.; Hau, IPRax 2001, 533.
[11] BGBl. 1959 Teil II 981 (982).
[12] Eine Zusammenfassung der Ergebnisse der Konsultation zum Vorentwurf ist abrufbar unter http://europa.eu.int/comm/justice_home/unit/civil/consultation/contributions_en.htm.

die Vertragsschlusskompetenz gegenüber Drittstaaten zukommt - der Gemeinschaft oder den Mitgliedstaaten?

I. Die Grundlagen der Außenkompetenz der EG

Notwendige Voraussetzung für eine Vertragsabschlusskompetenz der EG mit Drittstaaten ist die Fähigkeit gegenüber diesen, Träger von völkerrechtlichen Rechten und Pflichten zu sein. Die EG muss völkerrechtsfähig sein.

1. Völkerrechtsfähigkeit der Gemeinschaft

Die Europäische Gemeinschaft wird als supranationale Organisation, als Unterfall der internationalen Organisationen, angesehen[13]. Internationale Organisationen sind auf Dauer angelegte Verbindungen zwischen souveränen Staaten, die über mindestens ein willensbildendes Organ verfügen, das die im Gründungsvertrag festgelegten Ziele verwirklichen soll[14]. Die EG ist darüber hinaus dadurch gekennzeichnet, dass das willensbildende Organ, die Kommission, unabhängig von Weisungen der Mitgliedstaaten ist und dass Mehrheitsbeschlüsse des Rates überstimmte Mitgliedstaaten dennoch binden[15]. Sie verfügt über ein eigenes Gericht, ein parlamentarisches Organ, das Europäische Parlament, und sie ist zu ihrer Finanzierung nicht auf die Beiträge der Mitgliedstaaten angewiesen[16]. Das Gemeinschaftsrecht wirkt in den Mitgliedstaaten gegenüber den nationalen Rechten als höherrangig. Die Bindung der Mitgliedstaaten geht soweit, dass deren Staatsangehörige in bestimmten Fällen der EG direkt, ohne Zwischenschaltung staatlicher Durchführungsmaßnahmen, unterstehen[17]. Dieser hohe Grad Souveränitätseinschränkungen, den die Mitgliedstaaten im Rahmen der europäischen Gemeinschaft erbringen, rechtfertigt es, die Gemeinschaft als „stärker integrierte internationale Organisation", nämlich als supranationale Organisation, einzuordnen[18].

Die Völkerrechtsfähigkeit internationaler Organisationen ist seit dem *Reparations for Injuries Gutachten* des IGH[19] unbestritten. Internationale Organisationen sind danach völkerrechtsfähig, wenn sie durch ihre Mitgliedsstaaten mit Völkerrechtssubjektivität ausgestattet worden sind.

Im Verhältnis zu den Mitgliedstaaten ergibt sich die Völkerrechtsfähigkeit der Gemeinschaft aus Art. 281 EGV, wonach die Gemeinschaft Rechtspersönlichkeit besitzt. Im Umkehrschluss zu Art. 282 EGV, der die Rechts- und Geschäftsfähigkeit der Gemeinschaft im internen Bereich der Mitgliedstaaten regelt, folgt, dass Art. 281 EGV den Bereich völkerrechtlicher Rechtspersönlichkeit betrifft[20]. Diese abstrakte Zuweisung der Völkerrechtsfähigkeit in Art. 281 EGV wird durch die konkrete, punktuelle Übertragung völkerrechtlicher Kompeten-

---

[13] Ipsen, Völkerrecht § 6 Rz. 17; v Hoffmann, European Private International Law S. 16 f; Seidl-Hohenveldern/Loibl, Rz. 0115.
[14] Seidl-Hohenveldern/Stein, Rz. 800; Schweitzer, Rz. 684.
[15] Schweitzer/Hummer, Rz. 872.
[16] Seidl/Hohenveldern/Stein, Rz. 802.
[17] Schweitzer, Rz. 691.
[18] Seidl-Hohenveldern/Loibl, Rz. 0115; Schweitzer/Hummer § 4 Rz. 85.
[19] ICJ Reports 1949, 174.

zen auf die Gemeinschaft bestätigt, z.B. in Art. 111 Abs. 3 EGV für Abkommen im Bereich der Währungspolitik, in Art. 133 EGV für den Bereich der gemeinsamen Handelspolitik, in Art. 170 EGV für den Bereich Forschung und technologische Entwicklung, in Art. 174 Abs. 4 EGV im Bereich der Umweltpolitik, in Art. 181 EGV für Abkommen im Bereich der Entwicklungszusammenarbeit oder in Art. 310 EGV für Assoziierungsverträge.

Um allerdings Wirkungen gegenüber anderen Staaten oder internationalen Organisationen zu entfalten, ist die Anerkennung der Gemeinschaft als Völkerrechtssubjekt durch diese erforderlich. Diese Anerkennung kann ausdrücklich oder auch indirekt im Wege der Kontaktaufnahme, z.B. durch den Abschluss von Abkommen, erfolgen[21]. Insoweit ist die Gemeinschaft ein zunächst partikulares, d.h. nur im Verhältnis zu den Mitgliedstaaten wirksames, Völkerrechtssubjekt[22]. Aufgrund dieser Trägerschaft und Abhängigkeit von den Mitgliedstaaten kommt der Gemeinschaft keine originäre Völkerrechtsfähigkeit zu[23]. Diese bleibt Staaten vorbehalten. Allerdings tendiert die Entwicklung aufgrund der Anerkennung der Gemeinschaft als Völkerrechtssubjekt von mehr als 165 Staaten (zum Beispiel durch die Aufnahme diplomatischer Beziehungen oder Vertragsschlüsse mit der Gemeinschaft) auf eine universale Völkerrechtssubjektivität hin[24] - die völkerrechtliche Rechts- und Handlungsfähigkeit der Gemeinschaft steht „seit langem außer Zweifel"[25].

Die EG kann somit Verträge mit anderen Staaten schließen.

Wie noch aufzuzeigen sein wird, spricht der EuGH der Gemeinschaft Zuständigkeiten nach außen parallel zu den ihr im Vertrag zugewiesenen internen Zuständigkeiten zu. Insoweit sollen zunächst die internen Kompetenzen der Gemeinschaft hinsichtlich ihrer Art bzw. ihres Umfangs und ihrer Grundlage dargestellt werden.

2. Die Kompetenzarten der Gemeinschaft

Insbesondere die deutsche Literatur ordnet die vertikalen Kompetenzen der Gemeinschaft, d.h. die Kompetenzen, die sie gegenüber den Mitgliedstaaten besitzt, in ein System ein, das dem des deutschen Verfassungsrechts der Art. 70 ff GG entspricht[26]. Danach werden ausschließliche, konkurrierende und parallele Zuständigkeiten der Gemeinschaft unterschieden. Die vertraglichen Bestimmungen des EG-Vertrages nehmen selbst allerdings keine solche Kategorisierung vor. Nur in Art. 5 Abs. 2 EGV enthält der EG-Vertrag den Begriff der ausschließlichen Zuständigkeit, ohne jedoch dafür eine Legaldefinition zu geben. Auch der EuGH wird in seiner Rechtsprechung ein solches System der Kompetenzeinordnung nicht bewusst zugrunde gelegt haben. Das belegt insbesondere auch seine Rechtsprechung zu den Außenkompetenzen der Gemeinschaft, die nachfolgend erörtert wird, in der er zwischen

---
[20] Schwarze-*Krück*, Art. 281 EGV Rz. 1; Callies/Ruffert-*Ukrow*, Art. 281 EGV Rz. 1.
[21] Schwarze-*Krück*, Art. 281 EGV Rz. 6; Schweitzer/Hummer, § 5 Rz. 628.
[22] GrabitzHilf-*Simma/Vedder*, Art. 281 EGV Rz. 10; Ipsen, Völkerrecht § 6 Rz. 6 und 19.
[23] So aber Seyersted, Nordisk Tidsskrift; 1964, 1 (45/91).
[24] Callies/Ruffert-*Ukrow*, art. 281 EGV Rz. 7; Ipsen, Völkerrecht § 6 Rz. 19.
[25] Oppermann, § 26 Rz. 1681.
[26] Grabitz/Hilf-v. *Bogdandy/Nettesheim*, Art. 3b EGV (in der Fassung von Maastricht) Rz. 11; Schweitzer/Hummer, Rz. 342 ff; Streinz, Europarecht, § 3 Rz. 128 ff.

ausschließlichen und konkurrierenden Zuständigkeiten der Gemeinschaft unterscheidet[27]. Die Zuordnung der Gemeinschaftskompetenzen in nachfolgende Kategorien erfolgt dabei durch Interpretation der vertraglichen Zuständigkeitsnormen.

a) Ausschließliche Gemeinschaftskompetenzen

Ausschließliche Kompetenzen sind dadurch gekennzeichnet, dass eine vollständige Zuständigkeitsübertragung von den Mitgliedstaaten auf die Gemeinschaft in den Gründungsverträgen stattgefunden hat, so dass allein die Gemeinschaft, unabhängig von einem konkreten Tätigwerden, rechtsetzungsbefugt ist[28]. Ein Fall ausschließlicher Zuständigkeit ist zum Beispiel die gemeinsame Handelspolitik gem. Art. 133 EGV.

b) Konkurrierende Gemeinschaftskompetenzen

Bei konkurrierenden Gemeinschaftskompetenzen ist der EG zwar eine Zuständigkeit zugewiesen, die Mitgliedstaaten sind jedoch weiterhin rechtsetzungsbefugt, solange die Gemeinschaft von ihrer Kompetenz keinen oder keinen erschöpfenden Gebrauch gemacht hat. Sobald die Gemeinschaft in dieser Weise tätig geworden ist, entsteht eine nachträgliche Ausschließlichkeit, die ein Tätigwerden der Mitgliedstaaten sperrt[29]. Konkurrierende Gemeinschaftskompetenzen sind dabei in dem Kompetenzgefüge, das der Gemeinschaft zugrunde liegt, der Regelfall, ausschließliche Kompetenzen dagegen die Ausnahme.

c) Parallele Gemeinschaftskompetenzen

Diese Art von Gemeinschaftskompetenzen betrifft solche Materien, für die sowohl die Mitgliedstaaten als auch die Gemeinschaft Rechtsvorschriften erlassen dürfen, weil das Gemeinschaftsrecht und das nationale Recht diese Materien nicht nach den gleichen Gesichtspunkten beurteilen. Diese Regelungsbereiche können daher Gegenstand paralleler Verfahren vor den nationalen Behörden und den Gemeinschaftsorganen sein[30]. Beispiel dafür ist das Kartellrecht. Die Gemeinschaft regelt das Kartellrecht für den innergemeinschaftlichen Handel, während die nationalen Behörden für den innerstaatlichen Handel verantwortlich sind.

Sind die Arten der Gemeinschaftskompetenzen dabei oft nur schwer zu kategorisieren, da insbesondere die Verträge dazu keine substantiellen Aussagen machen, so finden sich die Grundlagen der Kompetenzen der Gemeinschaft ausdrücklich in den Verträgen selbst.

3. Kriterien zur Ermittlung der Kompetenzen der Gemeinschaft

Bei der Ermittlung der internen Gemeinschaftszuständigkeiten wird vor allem auf drei Grundsätze des Gemeinschaftsrechts zurückgegriffen: das Prinzip der begrenzten Einzelermächtigung, das Prinzip der Subsidiarität und das der Verhältnismäßigkeit.

---

[27] Callies, EuZW 1995, 693 (694).
[28] Callies, EuZW 1995, 693 (696); Schweitzer/Hummer, Rz. 343.
[29] Callies/Ruffert-*Callies*, Art. 5 EGV Rz. 32; Grabitz/Hilf-*v Bogdandy/Nettesheim*; Art. 3 b EGV (in der Fassung von Maastricht) Rz. 13.
[30] Callies/Ruffert-*Callies*,Art. 5 EGV Rz. 33; Schweitzer/Hummer, Rz. 345.

a) Prinzip der begrenzten Einzelermächtigung

Jedes rechtmäßige Handeln der Gemeinschaft setzt nach dem Prinzip der begrenzten Einzelermächtigung voraus, dass eine vertragliche Kompetenznorm besteht. Art. 5 Abs. 1 EGV lautet:

„Die Gemeinschaft wird innerhalb der Grenzen der ihr in diesem Vertrag zugewiesenen Befugnisse und gesetzten Ziele tätig."

Die Gemeinschaft besitzt somit keine „Kompetenz-Kompetenz", d.h. sie kann die Aufgaben und Befugnisse ihrer Organe nicht selbständig bestimmen[31]. Die Verträge sind für das sekundäre Gemeinschaftsrecht „Grundlage, Rahmen und Grenze"[32] der Rechtsetzungsbefugnis der EG. Sie besitzt weder eine Allzuständigkeit zur Vornahme von Rechtsakten noch eine eigene Kompetenz zur Vertragserweiterung. Diese Einschränkung ist durch die Supranationalität der Gemeinschaft begründet. Ein noch weitergehender Souveränitätsverlust der Mitgliedstaaten sollte vermieden werden. Die Kompetenzordnung der Gemeinschaft trägt daher entscheidend dazu bei, die richtige Balance zwischen europäischer Integration und mitgliedstaatlicher Eigenständigkeit zu gewährleisten.

Dieses Ziel des gewogenen Ausgleichs mitgliedstaatlicher und gemeinschaftlicher Zuständigkeiten wird auch mittels des Subsidiaritätsprinzips verfolgt.

b) Subsidiarität

„Subsidiarität" bedeutet generell, dass einer kleineren Einheit Vorrang im Handeln gegenüber der größeren Einheit nach Maßgabe ihrer Leistungsfähigkeit zukommt[33]. Im Dezember 1991 einigte sich der Europäische Rat von Maastricht auf eine konkrete Formulierung des Subsidiaritätsprinzips, das sodann durch den Maastrichter Vertrag zur Europäischen Union als Art. 3 b EGV a.F. (der inhaltsgleich mit Art. 5 Abs. 2 EGV n.F. ist) in den EG-Vertrag aufgenommen wurde. Dabei wird das Subsidiaritätsprinzip überwiegend unter dem Gesichtspunkt der Begrenzung gemeinschaftlicher Kompetenzen relevant. Es betrifft die Frage, ob Bedarf für ein gemeinschaftliches Handeln besteht, ob die Gemeinschaft tätig werden soll. Unterschieden werden dabei zwei Ebenen des Subsidiaritätsprinzips: Zum einen die in den Gemeinschaftsverträgen enthaltene, von den Vertragsautoren getroffene vertikale Kompetenzverteilung zwischen Gemeinschaft und Mitgliedstaaten; zum anderen die Nutzung bestehender Gemeinschaftsbefugnisse durch die Gemeinschaft im Sinne des Art. 5 Abs. 2 EGV. Danach wird die Gemeinschaft in den Bereichen, die nicht in ihre ausschließliche Zuständigkeit fallen, nach dem Subsidiaritätsprinzip nur tätig, sofern und soweit die Ziele der in Betracht gezogenen Maßnahmen auf Ebene der Mitgliedstaaten nicht ausreichend verfolgbar sind und daher wegen ihres Umfangs oder ihrer Wirkungen besser auf Gemeinschaftsebene erreicht werden können.

Nur bezüglich der vertikalen Aufteilung der Kompetenzen zwischen Gemeinschaft und Mitgliedstaaten kommt dem Subsidiaritätsprinzip auch eine kompetenzverteilende Funktion zu,

---

[31] von Borries, EuR 1994, 263 (267).
[32] EuGH Slg. 1978, 1771 Rs 26/78 Tz. 9/14 - INAMI/Viola.
[33] Isensee, S. 71.

die auch bei der künftigen Neugestaltung der Verträge beachtet werden muss[34]. Hinsichtlich der Nutzung bereits bestehender Gemeinschaftsbefugnisse wird das Subsidiaritätsprinzip dagegen ganz überwiegend[35] als Kompetenzausübungsregel verstanden.

Nach anderer Ansicht[36] wirkt es dagegen generell, also auch hinsichtlich der Ausübung bereits bestehender Befugnisse der Gemeinschaft, als Kompetenzverteilungsregel. Es bedeute, dass der unteren Ebene das, was sie selbst ordnungsgemäß zu leisten vermag, nicht entzogen und an die übergeordnete Ebene zugewiesen werde. Daher werde nicht eine an sich bestehende Kompetenz der höheren Ebene eingeschränkt, sondern die Kompetenz gehe, solange sie von der unteren Ebene ordnungsgemäß ausgeübt wird, erst gar nicht über[37].

Diese Ansicht verkennt jedoch, dass die Kompetenzen der EG bereits durch die Handlungsermächtigungen im Vertrag eindeutig festgelegt sind. Das Subsidiaritätsprinzip nimmt diese nicht zurück, sondern untersagt nur im Hinblick auf eine bestimmte Regelung ihre Ausübung[38]. Auch die Vertragsparteien des Amsterdamer Vertrages sehen im Subsidiaritätsprinzip eine Kompetenzausübungsregel. Es ist „eine Richtschnur dafür, wie diese Befugnisse auf Gemeinschaftsebene auszuüben sind"[39].

Eine weitere Voraussetzung für die Ausübung der ihr vertraglich zugewiesenen Zuständigkeiten durch die Gemeinschaft stellt die Einhaltung des Prinzips der Verhältnismäßigkeit dar.

c) Verhältnismäßigkeit

Der Grundsatz der Verhältnismäßigkeit im Gemeinschaftsrecht ist in Art. 5 Abs. 3 EGV vertraglich verankert. Art. 5 Abs. 3 EGV lautet:

„Die Maßnahmen der Gemeinschaft gehen nicht über das für die Erreichung der Ziele dieses Vertrags erforderliche Maß hinaus."

Das Verhältnismäßigkeitsprinzip ist unstreitig eine Kompetenzausübungsregel. Es betrifft also nicht die Frage des Bestehens einer Gemeinschaftskompetenz, sondern nur die Frage nach der Ausübung einer ihr vertraglich zugewiesenen Kompetenz. Das ergibt sich schon daraus, dass es gemäß Art. 5 Abs. 3 EGV im Gegensatz zum Subsidiaritätsprinzip auch im Bereich der ausschließlichen Gemeinschaftskompetenzen zur Anwendung kommt, wo sich die Frage, ob die Gemeinschaft überhaupt tätig werden soll, nicht stellt[40]. Durch das Verhältnismäßigkeitsprinzip werden Art und Umfang der Gemeinschaftsmaßnahmen bestimmt. Es betrifft die Intensität der Maßnahme hinsichtlich ihrer Reichweite und ihrer materiellen Regelungsdichte. Im Rahmen der bereits durch die Rechtsprechung entwickelten Kriterien der Geeignetheit, Erforderlichkeit und Angemessenheit dürfen die Gemeinschaftsorgane nur

---
[34] Boeck, S. 35; Krauser, S. 173; Lambers, EuR 1993, 229 (230).
[35] Callies/Ruffert-*Callies*, Art. 5 EGV Rz. 2; Müller-Graff, ZHR 159 (1995), 34 (65); Pieper, DVBL. 1993, 705 (707).
[36] Merten, S. 81.
[37] Merten, S. 81.
[38] Jarras, EuGRZ 1994, 209 (213); Pechstein/Koenig, Kap. 2 Rz. 159.
[39] Protokoll über die Anwendung der Grundsätze der Subsidiarität und der Verhältnismäßigkeit 1997 Nr. 3; so auch Schwarze-*Lienbacher*,Art. 5 EGV Rz. 32.
[40] Boeck, S. 41.

solche Maßnahmen treffen, die nicht über das Maß hinausgehen, welches für die Erreichung der Vertragsziele erforderlich ist[41]. Das Verhältnismäßigkeitsprinzip entspricht somit dem Grundsatz des Interventionsminimums.

Bevor die Gemeinschaft handeln kann, müssen somit drei Fragen positiv beantwortet werden:

1. die Kann - Frage: *Kann* die Gemeinschaft überhaupt handeln, d.h. besteht nach dem Prinzip der begrenzten Einzelermächtigung überhaupt eine Gemeinschaftszuständigkeit?

2. die Soll - Frage: *Soll* die Gemeinschaft handeln, d.h. ist nach dem Subsidiaritätsprinzip ein Handeln der Gemeinschaft erforderlich?

3. die Wie - Frage: *Wie* soll die Gemeinschaft nach dem Prinzip der Verhältnismäßigkeit tätig werden?

Art. 5 EGV wird demnach auch als „europäische Schrankentrias"[42] bezeichnet.

Ist somit die Kompetenzverteilung innerhalb der Gemeinschaft hinsichtlich interner Regelungen vertraglich festgelegt, so fehlen solche ausdrücklichen Zuweisungen für die Kompetenzen nach außen und damit auch für die Frage, wem die Vertragsabschlusskompetenz mit Drittstaaten zusteht.

4. Vertragsabschlusskompetenz der Gemeinschaft

Die Frage nach den Vertragsabschlusskompetenzen nach außen stellt sich insbesondere im Hinblick auf die EuGVO und der EheVO, da deren Regelungsinhalte gerade im Rahmen der Haager Konferenz für Internationales Privatrecht international durch globale Übereinkommen, wie das weltweite Zuständigkeits- und Vollstreckungsübereinkommen in Zivil- und Handelssachen oder das Haager Kindesschutzübereinkommen von 1996, Berücksichtigung finden. Hinsichtlich der Ausarbeitung der Übereinkommen im Rahmen dieser Konferenz gewinnt die Beantwortung der Frage, wem diesbezüglich die Verhandlungs- und Vertragsabschlusskompetenz zusteht, aktuell an Bedeutung. Daher soll zunächst die Grundlage des Kompetenzverteilungssystems nach außen im Anwendungsbereich des EG-Vertrages geklärt werden.

Der Vertrag selbst enthält keine ausdrückliche, generelle Zuweisung von Außenkompetenzen an die Gemeinschaft. Insbesondere Art. 281 EGV beinhaltet keine solche Zuweisung. Er beschränkt sich auf die Feststellung der abstrakten Völkerrechtsfähigkeit der Gemeinschaft[43]. Aus dieser Feststellung lassen sich jedoch keine konkreten Handlungsbefugnisse ableiten, insbesondere sagt sie nichts über den Umfang der Kompetenzen auf dem Gebiet der Außenbeziehungen aus. Auch Art. 300 EGV beinhaltet lediglich eine Verfahrensvorschrift für die Fälle, in denen der Gemeinschaft eine Vertragsabschlussbefugnis zusteht.

Der EuGH hat jedoch in seiner Rechtsprechung zur Außenkompetenz der EG die Reichweite der begrenzten Einzelermächtigungen unter Rückgriff auf sogenannte *implied powers*,

---
[41] Callies/Ruffert-*Callies*, Art. 5 EGV Rz. 45; Oppermann, § 6 Rz. 521.
[42] Merten, S. 78.
[43] Callies/Ruffert-*Ukrow*, Art. 281 EGV Rz. 5; Grabitz/Hilf-*Simma/Vedder*, Art. 281 EGV Rz. 3.

also ungeschriebene Kompetenzen der EG, ausgeweitet. Nach dieser, aus dem angloamerikanischen Rechtskreis stammenden Lehre kann einem Hoheitsträger eine ungeschriebene Kompetenz, die nicht durch Gesetz, Vertrag oder Verfassung bestimmt ist, zukommen, wenn und soweit dies erforderlich sein sollte, um eine ausdrücklich bestehende Kompetenz wirksam und sinnvoll umzusetzen[44]. Solche „Zuständigkeiten kraft Sachzusammenhangs" finden sich ebenso im deutschen Recht. Ungeschriebene, nicht im Zuständigkeitskatalog der Art. 70 ff GG ausdrücklich erwähnte Bundeszuständigkeiten sind auch dann gegeben, wenn eine ausdrücklich zugewiesene Kompetenz verständigerweise nicht geregelt werden kann, ohne dass gleichzeitig eine andere, nicht ausdrücklich zugewiesene Materie mitgeregelt wird[45]. Auch internationalen Organisationen werden unter Heranziehung dieser *implied-powers* – Theorie ungeschriebene Kompetenzen eingeräumt, wobei insbesondere der IGH[46] die Existenz dieser ungeschriebenen Kompetenzen als Bestandteil des Rechts der internationalen Organisationen festgestellt hat.

Die Rechtsprechung des EuGH zu den Außenkompetenzen der Gemeinschaft soll nachfolgend dargestellt werden.

a) Die „implied powers" - Lehre in der Rechtsprechung des EuGH

aa) Das AETR - Urteil

In diesem Urteil[47] ging es im Wesentlichen darum, festzustellen, wem die Befugnis zur Aushandlung und zum Abschluss des Europäischen Übereinkommens „über die Arbeitszeit der im internationalen Straßenverkehr beschäftigten Fahrzeugbesatzungen" (AETR[48]) zusteht: bei der Gemeinschaft oder den Mitgliedstaaten. Der Rat legte per Ratsbeschluss die Haltung der Mitgliedstaaten bezüglich der Verhandlungen über den Abschluss des Übereinkommens fest, wonach diese die Verhandlungen auch zu Ende führten. Die Kommission erhob Klage gegen diesen Beschluss über die Aushandlung und den Abschluss des AETR durch die Mitgliedstaaten, da die Gemeinschaft dafür zuständig sei.

In seinem darauf ergangenen Urteil hat der EuGH, nach der Feststellung der Völkerrechtsfähigkeit der Gemeinschaft nach Art. 210 EGV a.F. (Art. 281 EGV), der Gemeinschaft erstmals eine stillschweigende Außenkompetenz zuerkannt.

„Um im Einzelfall zu ermitteln, ob die Gemeinschaft zum Abschluß[49] internationaler Abkommen zuständig ist, muß auf das System und auf die materiellen Vorschriften des Vertrages zurückgegriffen werden. Eine solche Zuständigkeit ergibt sich nicht nur aus einer ausdrücklichen Erteilung durch den Vertrag..., sondern sie kann auch aus anderen Vertragsbestimmungen und aus in ihrem Rahmen ergangenen Rechtsakten der Gemeinschaftsorgane fließen"[50].

---

[44] Dörr, EuZW 1996, 39 (40); Ipsen, Völkerrecht § 6 Rz. 9.
[45] BverfGE 3, 407 (421).
[46] ICJ Reports 1949, 174 (182) – reparations for injuries; Reports 1954, 43 (56) – effect of awards.
[47] EuGH Slg. 1971, 263 Rs 22/70 - Kommission/Rat.
[48] In der Abkürzung des französischen Titels AETR, in der des englischen Titels ERTA.
[49] Zitate werden in der vom Zitierten verwendeten Rechtschreibung übernommen.
[50] EuGH Slg. 1971, 263 Rs 22/70 Tz. 15/19 - Kommission/Rat.

Der EuGH teilte damit die Ansicht der Kommission, die die interne Regelungsbefugnis der Gemeinschaft als eine weit gefasste, am Grundsatz der Effektivität des Gemeinschaftsrechts, dem *effet utile*, orientierte verstand.

"Art. 75 Absatz 1 Buchstabe c [EWG-Vertrag] sehe vor, daß zur Verwirklichung der Vertragsziele auf dem Gebiet der gemeinsamen Verkehrspolitik alle sonstigen zweckdienlichen Vorschriften zu erlassen seien. Die sehr weite Fassung des Vertrages lasse auch für vertragliche Gemeinschaftsmaßnahmen Raum. Für eine Beschränkung der Aktionsmöglichkeiten der Gemeinschaft auf einseitige Maßnahmen hätte es einer präzisen Bestimmung bedurft. ... Diese Auslegung von Artikel 75 Absatz 1 des Vertrages entspreche dem gesunden Menschenverstand, der *ratio legis* und dem Begriff der sinnvollen Wirkung (*effet utile*) von Vertragsvorschriften. Es wäre unvernünftig gewesen, wenn man eine gemeinsame Politik auf einem derart weitläufigen Gebiet ... vorgesehen hätte, ohne der Gemeinschaft die für den Bereich der Außenbeziehungen notwendigen Aktionsmittel an die Hand zu geben. Dies um so mehr, als es sich naturgemäß oft um grenzüberschreitenden, über den Rahmen der Gemeinschaft hinausgehenden Verkehr handele"[51].

Der Rat hatte demgegenüber den Standpunkt vertreten,

"... die Zuständigkeiten der Gemeinschaft beruhten auf Erteilung, eine Zuständigkeit zum Abschluss von Abkommen mit dritten Staaten könne daher nicht ohne ausdrückliche Vertragsvorschrift angenommen werden. Insbesondere betreffe Art. 75 nur innergemeinschaftliche Maßnahmen und könne nicht zum Abschluss internationaler Abkommen berechtigend ausgelegt werden"[52].

Des Weiteren erkannte der EuGH der Gemeinschaft insoweit eine ausschließliche Außenkompetenz zu, als sie durch einen Rechtsakt von ihrer Innenkompetenz Gebrauch gemacht hat.

„Insbesondere sind in den Bereichen, in denen die Gemeinschaft zur Verwirklichung einer vom Vertrag vorgesehenen gemeinsamen Politik Vorschriften erlassen hat, die in irgendeiner Form gemeinsame Rechtsnormen vorsehen, die Mitgliedstaaten weder einzeln noch selbst gemeinsam handelnd berechtigt, mit dritten Staaten Verpflichtungen einzugehen, die diese Normen beeinträchtigen. In dem Maße, wie diese Gemeinschaftsrechtsetzung fortschreitet, kann nur die Gemeinschaft mit Wirkung für den gesamten Geltungsbereich der Gemeinschaftsrechtsordnung vertragliche Verpflichtungen gegenüber dritten Staaten übernehmen und erfüllen. Daher kann bei Vollzug der Vorschriften des Vertrages die für die innergemeinschaftliche Maßnahme geltende Regelung nicht von der für die Außenbeziehungen geltenden getrennt werden"[53].

Fraglich blieb, wie diese beiden Aussagen zueinander stehen, ob also die Vertragsschlusskompetenz der Gemeinschaft gegenüber Drittstaaten erst entsteht, wenn die Gemeinschaft von ihrer Innenkompetenz durch Erlass eines Rechtsakts Gebrauch gemacht hat, oder ob

---

[51] EuGH Slg. 1971, 263 Rs 22/70 - Kommission/Rat, Berichterstattung über die Angriffs- und Verteidigungsmittel der Parteien, S. 269/270.
[52] EuGH Slg. 1971, 263 Rs 22/70 Tz. 9/11 - Kommission/Rat, Vorbringen des Rats zitiert in den Entscheidungsgründen des Urteils durch den EuGH.
[53] EuGH Slg. 1971, 263 Rs 22/70 Tz. 15/19 - Kommission/Rat.

dieses Gebrauchmachen lediglich zur Folge hat, dass eine konkurrierende ungeschriebene Außenkompetenz zu einer ausschließlichen wird, die ein Tätigwerden der Mitgliedstaaten sperrt[54]. Erstere Deutungsmöglichkeit hätte zur Folge, dass der Erlass eines Rechtsakts im Innenbereich konstitutiv für das Entstehen einer Außenkompetenz ist. Das würde jedoch einer Kompetenzkompetenz gleichkommen, die mit dem Prinzip der begrenzten Einzelermächtigungen nicht zu vereinbaren ist[55]. Der Erlass von sekundärem Gemeinschaftsrecht setzt eine Kompetenz der Gemeinschaft gerade voraus und kann sie daher nicht begründen[56]. Ein solches Verständnis des AERT – Urteils würde das System zwischen EG-Vertrag und Sekundärrecht, als erst durch den Vertrag ermächtigte Regelungen, umkehren. Des Weiteren kann ein solches Erfordernis, ein Sachgebiet erst intern zu regeln, bevor eine Außenkompetenz diesbezüglich entstehen kann, für die Gemeinschaft insoweit unzweckmäßig sein, als eine interne Regelung erst nach dem Abschluss eines Abkommens mit Drittstaaten sinnvoll zu treffen ist[57].

In Bezug auf die Ausschließlichkeit der externen Zuständigkeit der Gemeinschaft blieb des Weiteren offen, wann ein Tätigwerden der Gemeinschaft von den Mitgliedstaaten beeinträchtigt werden konnte, so dass ein ausschließliches, alleiniges Handeln der Gemeinschaft notwendig wurde. Reicht allein das Setzen eines internen Rechtsakts? Auf diese Unklarheiten hatte schon Generalanwalt Lamothe in seinen Schlussanträgen zum AETR-Urteil hingewiesen:

"Zunächst wäre es nach meiner Ansicht praktisch unmöglich, allen Gemeinschaftsverordnungen diese Wirkung (den selbsttätigen Zuständigkeitsübergang) beizumessen, da einige von ihnen Fragen regeln, die ihrer Natur nach nichts mit den Materien zu tun haben, die Gegenstand von Bestimmungen eines internationalen Vertrages sein können. Es müsste also ein die Unterscheidung zwischen den Verordnungen, die einen Übergang der Außenzuständigkeit bewirken, und denen, die dies nicht tun, ermöglichendes Merkmal gefunden werden. Welches Merkmal könnte dies sein? ... Man sieht, wie schwierig es wäre, ein Merkmal zu finden, das Mehrdeutigkeit und Rechtsunsicherheit vermiede."[58]

bb) Das Kramer-Urteil

Am 24. Januar 1959 wurde in London durch das Übereinkommen über die Fischerei im Nordostatlantik eine internationale Fischereikommission eingerichtet, die an die Vertragsstaaten des Übereinkommens Empfehlungen über Maßnahmen richten kann, die den Zielen des Übereinkommens dienen. Das Urteil in dieser Rechtssache Kramer[59] betraf unter anderem die Frage, ob für den Bereich der Festsetzung von Fangquoten durch die Empfehlung dieser Kommission die Gemeinschaft befugt ist, an deren Ausarbeitung mitzuwirken und in diesem Rahmen völkerrechtliche Verpflichtungen einzugehen.

---

[54] Geiger, JZ 1995, 973 (975).
[55] Bleckmann, EuR 1977, 109 (114); Dörr, EuZW 1996, 39 (41); Tomuschat, EuR 1977, 157 (158).
[56] Jarass, AöR 121 (1996), 173 (174).
[57] Lecheler, ArchVölkR 1994, 1 (12).
[58] EuGH Slg. 1971, 263 Rs 22/70 - Kommission/Rat S. 291.
[59] EuGH Slg. 1976, 1279 Rs 3,4 und 6/76 - Cornelis Kramer u.a..

Diesbezüglich hat der EuGH erklärt:

„Aus den Pflichten und Befugnissen, die das Gemeinschaftsrecht im Innenverhältnis den Gemeinschaftsorganen zugewiesen hat, ergibt sich daher die Zuständigkeit der Gemeinschaft, völkerrechtliche Verpflichtungen zur Erhaltung der Meeresschätze einzugehen. Steht somit die Zuständigkeit der Gemeinschaft fest, so bleibt zu prüfen, ob die Gemeinschaftsorgane die Aufgaben und Verpflichtungen ...auch tatsächlich übernommen haben"[60].

Der Gerichtshof begründete in diesem Urteil den Grundsatz von der Parallelität zwischen den Innen- und Außenkompetenzen der Gemeinschaft (*in foro interno, in foro externo*). Denn er legte die Außenkompetenz fest, bevor er prüfte, ob überhaupt von der Innenkompetenz durch Erlass eines Rechtsakts Gebrauch gemacht wurde. Er leitete die Außenkompetenz also direkt aus den Innenkompetenzen ab[61]. Damit wird das AERT - Urteil insoweit klargestellt, als dass ein Gebrauchmachen von einer Innenkompetenz für eine Außenkompetenz nicht konstitutiv ist, sondern lediglich die Ausschließlichkeit der Außenkompetenz betrifft. Wann diese Ausschließlichkeit der externen Zuständigkeit vorliegt, lässt der Gerichtshof jedoch offen. Dazu hatte Generalanwalt Trabucchi in seinen Schlussanträgen Stellung genommen:

„Wie hier im übrigen betont werden muß, reicht die Tatsache, daß ein Gebiet in allgemeiner Hinsicht Gegenstand einer Gemeinschaftsregelung geworden ist, nicht aus, um die Mitgliedstaaten von jedweder Eingriffsbefugnis ohne weiteres auszuschließen. Die Unvereinbarkeit einer Gemeinschaftsregelung mit einer mitgliedstaatlichen Regelungsbefugnis kann nicht abstrakt, sondern nur konkret unter Gegenüberstellung mit der betreffenden Regelung festgestellt werden. Was hier nach der Rechtsprechung des Gerichtshofs für die Befugnis der Mitgliedstaaten zum Erlass innerstaatlicher Vorschriften gilt, muß aus denselben Gründen auch für die Außenzuständigkeit der Mitgliedstaaten gelten"[62].

cc) Das Gutachten 1/76

Die Kommission beantragte im Jahre 1976 die Erstattung eines Gutachtens durch den Gerichtshof unter anderem über die Frage der Rechtsgrundlage eines geplanten Übereinkommens über die Errichtung eines Europäischen Stilllegungsfonds für die Binnenschifffahrt und die Rechtfertigung der diesbezüglichen Beteiligung einiger Mitgliedstaaten. Durch das geplante Übereinkommen sollte ein europäischer Stillegungsfonds für die Binnenschifffahrt eingerichtet werden, aus dem Entschädigungen an Verkehrsunternehmen gezahlt werden sollten, die in Zeiten konjunkturell bedingter Überkapazitäten an Transportmitteln in der Binnenschifffahrt der Stromgebiete Rhein und Mosel sowie der gesamten niederländischen Wasserstraßen freiwillig Schiffe aus dem Verkehr ziehen. Dadurch sollte ein übermäßiger Wettbewerb, der zu einem Zusammenbruch der Transportpreise zu führen drohte, verhindert werden.

---

[60] EuGH Slg. 1976, 1279 Rs 3,4 und 6/76 Tz. 30/33/34 - Cornelis Kramer u.a..
[61] Dörr, EuZW 1996, 39 (41); Nakanishi, S. 62; Tomuschat, EuR 1977 157 (158); Wyatt, ELRev 1977, 44.
[62] EuGH Slg. 1976, 1279 Rs 3,4 und 6/76 - Cornelis Kramer u.a. S. 1322.

In seinem darauf erteilten Gutachten 1/76[63] legte der EuGH die impliziten Vertragsschlusskompetenzen der Gemeinschaft weit aus. In Bezug auf das Bestehen einer stillschweigenden Außenzuständigkeit führt er aus:

„Diese Folgerung [die Ableitung einer Außenkompetenz bei Bestehen einer Innenkompetenz] drängt sich besonders in allen Fällen auf, in denen von der internen Zuständigkeit bereits Gebrauch gemacht worden ist, um Maßnahmen zur Verwirklichung einer gemeinsamen Politik zu treffen. Sie ist jedoch nicht auf diesen Fall beschränkt. Wenn die internen Maßnahmen der Gemeinschaft erst anlässlich des Abschlusses und der Inkraftsetzung völkerrechtlicher Vereinbarungen ergriffen werden,... dann ergibt sich die Befugnis, die Gemeinschaft gegenüber Drittstaaten zu verpflichten, dennoch stillschweigend aus den die interne Zuständigkeit begründenden Bestimmungen des Vertrages, sofern die Beteiligung der Gemeinschaft an der völkerrechtlichen Vereinbarung ... notwendig ist, um eines der Ziele der Gemeinschaft zu erreichen"[64].

Diese Aussage wurde teilweise so verstanden, dass sich aus bloßen Zielbestimmungen Handlungsbefugnisse ableiten ließen. Die Ergänzung der Innenkompetenz durch eine Außenkompetenz müsste lediglich zur Erreichung dieses Ziels erforderlich sein und nicht mehr zur wirksamen Umsetzung einer konkreten internen Zuständigkeitsnorm, die der Gemeinschaft zur Zielerreichung ausdrückliche Befugnisse verleiht[65].

dd) Das Gutachten 2/91

Aufgrund eines Kompetenzstreites zwischen Rat und Kommission hinsichtlich des Abschlusses des Übereinkommens Nr. 170 der Internationalen Arbeitsorganisation (IAO) über Sicherheit bei der Verwendung chemischer Stoffe bei der Arbeit ersuchte die Kommission den Gerichtshof um ein Gutachten insbesondere über die Zuständigkeit der Gemeinschaft für den Abschluss dieses Übereinkommens und die sich draus für die Mitgliedstaaten ergebenden Folgen.

Das erteilte Gutachten 2/91[66] unterscheidet zum ersten Mal deutlich zwischen der Herleitung gemeinschaftlicher Außenkompetenzen und ihrer Ausschließlichkeit.

„Vor der Prüfung der Fragen, ob das Übereinkommen Nr. 170 in die Zuständigkeit der Gemeinschaft fällt und ob diese Zuständigkeit gegebenenfalls ausschließlich ist, ist ein Hinweis darauf angebracht, daß sich die Zuständigkeit zur Eingehung völkerrechtlicher Verpflichtungen...nicht nur aus einer ausdrücklichen Verleihung im EWG-Vertrag ergeben, sondern auch stillschweigend aus seinen Bestimmungen folgen kann"[67].

Hinsichtlich der Begründung der externen Zuständigkeit bestätigte der Gerichtshof die Parallelität von Innen- und Außenkompetenzen bei Bestehen einer internen Regelungsbefugnis:

„Der Gerichtshof hat insbesondere festgestellt, daß die Gemeinschaft immer dann, wenn das Gemeinschaftsrecht ihren Organen im Hinblick auf ein bestimmtes Ziel im Innern eine

---

[63] EuGH Slg. 1977, 741 - Gutachten 1/76.
[64] EuGH Slg. 1977, 741 Tz. 4- Gutachten 1/76.
[65] Dörr, EuZW 1996, 39 (42).
[66] EuGH, Slg. 1993, I-1061 - Gutachten 2/91.

Zuständigkeit verleiht, befugt ist, die zur Erreichung dieses Ziels erforderlichen völkerrechtlichen Verpflichtungen einzugehen, auch wenn eine ausdrückliche Bestimmung diesbezüglich fehlt"[68].

Dadurch wurde auch klargestellt, dass der Grundsatz der Parallelität von Innen- und Außenkompetenz sich nur auf Fälle bezieht, in denen die Gemeinschaft intern kraft ausdrücklicher Zuständigkeitszuweisung zum Handeln befugt ist; eine bloße Zielbestimmung reicht nicht aus. Der Schluss von der Aufgabe auf eine Befugnis ist nicht zulässig, auch nicht bei ungeschriebenen Kompetenzen[69]. Die EG muss vielmehr ausdrücklich durch den Vertrag auf einem bestimmten Gebiet zumindest intern zum Handeln ermächtigt sein. Andernfalls würde das Prinzip der begrenzten Einzelermächtigung unterlaufen werden.

Die Voraussetzungen für eine ausschließliche Außenkompetenz der Gemeinschaft wurden verdeutlicht:

„Ob die Zuständigkeit der Gemeinschaft ausschließlich ist, bestimmt sich nicht nur nach dem EWG - Vertrag, sondern auch danach, in welchem Umfang die Gemeinschaftsorgane zur Durchführung des EWG-Vertrages Maßnahmen getroffen haben; aufgrund solcher Maßnahmen können die Mitgliedstaaten Zuständigkeiten verlieren, die sie zuvor übergangsweise ausüben konnten. Nach dem Urteil des Gerichtshofes ... in der Rechtssache 22/70 (...AETR...) können die Mitgliedstaaten außerhalb des Rahmens der Gemeinschaftsorgane keine Verpflichtungen eingehen, welche Gemeinschaftsrechtsnormen, die zur Verwirklichung der Ziele des EWG-Vertrages ergangen sind, beeinträchtigen oder in ihrer Tragweite andern können"[70].

„...Mögliche Schwierigkeiten bei der Rechtsetzung der Gemeinschaft, wie sie die Kommission anführt, können keine ausschließliche Zuständigkeit der Gemeinschaft begründen"[71].

Damit geht der Gerichtshof auf die bereits von den Generalanwälten Lamothe und Trabucchi geäußerten Bedenken ein, dass nicht schon der Erlass eines Rechtsakts an sich die Ausschließlichkeit einer externen Gemeinschaftskompetenz begründen kann. Ein Tätigwerden der Mitgliedstaaten ist nur insoweit gesperrt, als dadurch eine Beeinträchtigung oder Änderung von Gemeinschaftsmaßnahmen droht. Darüber hinaus stellt der Gerichtshof klar:

„Entgegen dem Vorbringen der Bundesrepublik Deutschland, des Königreichs Spaniens und Irlands gilt dies nicht nur für den Fall, daß die Gemeinschaft Gemeinschaftsrecht im Rahmen einer gemeinsamen Politik setzt. Artikel 5 EWG-Vertrag verpflichtet die Mitgliedstaaten vielmehr auf allen Gebieten, die den Zielen des EWG-Vertrags entsprechen, der Gemeinschaft die Erfüllung ihrer Aufgaben zu erleichtern und alle Maßnahmen zu unterlassen, welche die Verwirklichung der Ziele des EWG-Vertrags gefährden könnten. Die Aufgabe der Gemeinschaft und die Ziele des EWG-Vertrags werden aber auch gefährdet, wenn die Mitgliedstaaten völkerrechtliche Vereinbarungen eingehen könnten, deren Bestimmungen Rechtsnor-

---

[67] EuGH, Slg. 1993, I-1061 Tz. 7 - Gutachten 2/91.
[68] EuGH, Slg. 1993, I-1061 Tz. 7 - Gutachten 2/91.
[69] GTE-*Zuleeg*, Art. 3b EGV (in der Fassung von Maastricht) Rz. 3; Jarass, AöR 121 (1996), 173 (175).
[70] EuGH, Slg. 1993, I-1061 Tz. 9 - Gutachten 2/91.
[71] EuGH, Slg. 1993, I-1061 Tz. 20 - Gutachten 2/91.

men auf Gebieten beeinträchtigen oder in ihrer Tragweite ändern könnten, die nicht unter eine gemeinsame Politik fallen"[72].

Des Weiteren konkretisiert der Gerichtshof die Anforderungen, die an eine Beeinträchtigung durch die Mitgliedstaaten zu stellen sind.

„Ein Widerspruch zwischen dem Übereinkommen [Nr. 170] und den Richtlinien besteht nicht. Gleichwohl erfaßt Teil III des Übereinkommens Nr. 170 ein Gebiet, das weitgehend von Gemeinschaftsvorschriften erfaßt ist. ... Damit können die Verpflichtungen, die sich aus Teil III des Übereinkommens Nr. 170 ergeben, soweit sie das Gebiet der ... Richtlinien (die wie in Rz 22 erwähnt keine Mindestvorschriften enthalten) betreffen, das in diesen Richtlinien enthaltene Gemeinschaftsrecht beeinträchtigen; die Mitgliedstaaten können daher außerhalb des Rahmens der Gemeinschaftsorgane solche Verpflichtungen nicht eingehen"[73].

Ein Widerspruch zwischen Gemeinschaftsrecht und einem Tätigwerden der Mitgliedstaaten ist damit nicht unbedingte Voraussetzung für das Bestehen einer ausschließlichen Außenkompetenz. Vielmehr reicht bereits eine weitgehende „Gebietsbesetzung" durch die Gemeinschaft, die sich nicht lediglich in Mindestvorschriften, die ein weitergehendes Tätigwerden der Mitgliedstaaten erlauben, erschöpft.

ee) Das Gutachten 1/94

Auch bezüglich des Abschlusses des WTO – Abkommens und seiner Anhänge im Jahre 1994 beantragte die Kommission die Erstattung eines Gutachtens durch den Gerichtshof insbesondere zu den Fragen, ob der Europäischen Gemeinschaft die Zuständigkeit zum Abschluss aller Teile des Abkommens zur Errichtung der Welthandelsorganisation (WTO) in Bezug auf den Dienstleistungsverkehr (GATS) und auf die handelsbezogenen Aspekte der Rechte an geistigem Eigentum einschließlich des Handels mit nachgeahmten Waren (TRIPs) auf der Rechtsgrundlage des EG–Vertrages zusteht und welche Folgen dies für die Mitgliedstaaten hätte.

Hinsichtlich dieses Gutachtens 1/94 „WTO"[74] ist nicht eindeutig, ob der EuGH lediglich zur Ausschließlichkeit einer bestehenden Außenkompetenz Stellung genommen hat[75], oder ob er auch seine Rechtsprechung zur Begründung der Außenkompetenzen, insbesondere die Parallelität von Innen- und Außenkompetenzen, eingeschränkt hat[76]. Vertreter letzterer Auslegung[77] führen an, aus den Ausführungen des Gerichtshofs sei zu schließen, dass die implizite Außenzuständigkeit über das bloße Bestehen einer Innenkompetenz hinaus grundsätzlich an eine weitere Voraussetzung geknüpft sei, nämlich an das Vorliegen eines Rechtsakts, mit dem die Gemeinschaft bereits von der Innenkompetenz Gebrauch gemacht habe. Zwar habe der Gerichtshof in seinem Gutachten 1/76 entschieden, dass die auf die

---
[72] EuGH, Slg. 1993, I-1061 Tz. 10 und 11 - Gutachten 2/91.
[73] EuGH, Slg. 1993, I-1061 Tz. 25 und 26 - Gutachten 2/91.
[74] EuGH, Slg. 1994, I-5267 - Gutachten 1/94.
[75] So Ed. Comments CML Rev. 1995, 385 (386); wohl auch Emiliou, ELRev 1996, 294 (306) „the court considered the extent and nature of the Community's implied powers...the question of exclusivity".
[76] So Bourgeois, CML Rev. 1995, 763 (780); Dörr, EuZW 1996, 39 (43); Eisermann, EuZW 1995, 331 (333); Geiger, JZ 1995, 973 (979); Hilf, EuZW 1995, 7 (8).
[77] Die unter FN 76 angeführten.

interne Zuständigkeit der Gemeinschaft gestützte externe Zuständigkeit auch ausgeübt werden kann, ohne dass zuvor ein interner Rechtsakt erlassen ist. Diese Rechtsprechung beziehe sich jedoch nur auf den Fall, in dem der Abschluss einer völkerrechtlichen Vereinbarung erforderlich sei, um Ziele des Vertrages zu verwirklichen, die sich durch die Aufstellung autonomer Regelungen nicht erreichen lassen[78].

„Abgesehen von dem Fall, wo sie wirksam nur zugleich mit der externen Zuständigkeit ausgeübt werden kann, kann eine interne Zuständigkeit nur dann eine ausschließliche externe Zuständigkeit begründen, wenn sie ausgeübt wird"[79].

Es sollte jedoch bedacht werden, dass die Ausübung der Innenkompetenz lediglich die Frage der Ausschließlichkeit der Außenkompetenz betrifft, d.h., inwieweit ein Tätigwerden der Mitgliedstaaten nach außen gesperrt ist. Auch der EuGH spricht ausdrücklich von der ausschließlichen Außenkompetenz und nicht von der Begründung der impliziten Außenkompetenz an sich. Insbesondere die Eingrenzung des Gutachtens durch den Gerichtshof dahingehend, dass es um die grundlegende Frage der Kommission gehe, ob die Zuständigkeit der Gemeinschaft für den Abschluss des WTO - Abkommens eine ausschließliche sei oder nicht[80], bestätigt diese Auffassung. Ein anderes Verständnis dahingehend, dass der Erlass eines internen Rechtsakts für die Begründung der Außenzuständigkeit konstitutiv sei, steht zudem im Widerspruch zum Parallelitätsgrundsatz des EuGH und daher auch zum Prinzip der begrenzten Einzelermächtigungen. Denn allein danach beurteilt sich das Bestehen einer Gemeinschaftskompetenz, unabhängig von einem etwaigen Tätigwerden der Gemeinschaft. Nicht das Sekundärrecht, sondern die primärrechtliche Ermächtigungsnorm ist kompetenzbegründend[81]. Die auswärtige Handlungsbefugnis der Gemeinschaft ist damit in den Gemeinschaftsverträgen selbst angelegt, nicht erst in den Handlungen der Gemeinschaftsorgane. Steht der Gemeinschaft somit eine interne Rechtsetzungskompetenz zu, so ist sie auch befugt, diese nach außen hin auszuüben. Der Erlass eines internen Rechtsakts betrifft vielmehr die Frage, ob die konkurrierende Außenkompetenz zu einer ausschließlichen wird, denn dies hängt von der Regelungsdichte des getroffenen internen Rechtsaktes ab.

Allerdings betrifft diese Auslegungsfrage des Gutachtens nicht die vorliegende Untersuchung, denn die Gemeinschaft hat durch die beiden Verordnungen, die EuGVO und die EheVO, interne Rechtsakte erlassen. Selbst wenn man der Ansicht folgt, dass der Gemeinschaft ungeschriebene Außenkompetenzen erst dann zuwachsen, wenn von bestehenden Kompetenzen nach innen Gebrauch gemacht worden ist, ist diese Voraussetzung vorliegend durch den Erlass der EuGVO und der EheVO erfüllt.

Relevant sind jedoch die Ausführungen des EuGH zur Frage der Ausschließlichkeit der ungeschriebenen Außenkompetenzen.

„Nach dem Urteil AERT verlieren die Mitgliedstaaten, ob einzeln oder gemeinsam handelnd, das Recht zum Eingehen von Verpflichtungen gegenüber Drittstaaten nur in dem Maße, wie

---

[78] EuGH, Slg. 1994, I-5267 Tz. 85 - Gutachten 1/94.
[79] EuGH, Slg. 1994, I-5267 Tz. 89 - Gutachten 1/94.
[80] EuGH, Slg. 1994, I-5267 Tz. 14 - Gutachten 1/94.
[81] Grabitz/Hilf-*Vedder*, Art. 228 EGV (in der Fassung von Maastricht) Rz. 10; so auch Krück, S. 41, allerdings bezogen auf das AETR-Urteil des Gerichtshofs.

gemeinsame Rechtsnormen erlassen werden, die durch diese Verpflichtungen beeinträchtigt werden könnten. Nur in dem Maße, wie gemeinsame Vorschriften auf interner Ebene erlassen werden, wird die externe Zuständigkeit der Gemeinschaft zu einer ausschließlichen"[82].

„Hat die Gemeinschaft in ihre internen Rechtsetzungsakte Klauseln über die Behandlung der Angehörigen von Drittstaaten aufgenommen oder hat sie ihren Organen ausdrücklich eine Zuständigkeit zu Verhandlungen mit Drittstaaten übertragen, so erwirbt sie eine ausschließliche externe Zuständigkeit nach Maßgabe des von diesen Rechtsakten erfaßten Bereichs. Dies gilt - selbst in Ermangelung einer ausdrücklichen Klausel, mit der die Organe zu Verhandlungen mit Drittstaaten ermächtigt werden - auch dann, wenn die Gemeinschaft eine vollständige Harmonisierung ... verwirklicht hat, denn die insoweit gemeinsam erlassenen Rechtsnormen könnten im Sinne des Urteils AERT beeinträchtigt werden, wenn die Mitgliedstaaten die Freiheit zu Verhandlungen mit Drittstaaten behielten"[83].

Das Gutachten 2/91 wird dadurch insoweit klargestellt, als dass nun nicht mehr eine weitgehende Regelung eines Gebietes durch die Gemeinschaft bereits ein Tätigwerden der Mitgliedstaaten sperrt[84]. Vielmehr muss dieses Gebiet vollständig harmonisiert sein, oder der Gemeinschaft muss kraft ausdrücklicher Klauseln die externe Zuständigkeit zustehen. Das Tätigwerden der Mitgliedstaaten ist nach dem 1/94 Gutachten auch nur insoweit gesperrt, als gemeinschaftliche Rechtsvorschriften beeinträchtigt werden könnten. Eine bloße Änderung der Tragweite dieser Vorschriften, wie im Gutachten 2/91 ausdrücklich erwähnt, ist nun nicht mehr ausreichend. Wie auch schon im Gutachten 2/91 lässt der Gerichtshof die Wirksamkeit der Vertragsbestimmungen, den *effet utile*, nicht mehr genügen, um eine ausschließliche Kompetenz der Gemeinschaft zu begründen:

„[Es] ist zunächst hervorzuheben, daß die Schwierigkeiten, die bei der Durchführung des WTO - Abkommens und seiner Anhänge hinsichtlich der notwendigen Koordinierung zur Sicherstellung des einheitlichen Auftretens im Falle der gemeinsamen Teilnahme der Gemeinschaft und der Mitgliedstaaten auftreten würden, die Beantwortung der Zuständigkeitsfrage nicht ändern können. ... Wie der Rat betont hat, kann das Problem der Verteilung der Zuständigkeit nicht nach Maßgabe eventueller Schwierigkeiten geregelt werden, die bei der Durchführung auftreten können. Sodann ist darauf hinzuweisen, daß eine enge Zusammenarbeit zwischen den Mitgliedstaaten und den Gemeinschaftsorganen sowohl bei der Aushandlung und dem Abschluß eines Übereinkommens wie bei dessen Durchführung sicherzustellen ist, wenn sein Gegenstand teils in die Zuständigkeit der Gemeinschaft, teils in diejenige der Mitgliedstaaten fällt."[85].

ff) Das Gutachten 2/92

Beim Beitritt zum dritten revidierten Beschluss des Rates der Organisation für wirtschaftliche Zusammenarbeit und Entwicklung über die Inländerbehandlung (OECD) beantragte diesmal die belgische Regierung die Erstattung eines Gutachtens durch den Gerichtshof vor allem zu der Frage der Zuständigkeit der Gemeinschaft oder eines ihrer Organe beim Beitritt zu die-

---

[82] EuGH, Slg. 1994, I-5267 Tz. 77 - Gutachten 1/94.
[83] EuGH, Slg. 1994, I-5267 Tz. 95/96 - Gutachten 1/94.
[84] So ausdrücklich auch Gilsdorf, EuR 1996, 145 (154).

sem dritten Beschluss und, im Fall der Bejahung dieser Frage, ob dadurch die Zuständigkeit der Mitgliedstaaten ausgeschlossen sei oder ein „gemischter" Beitritt zulässig sei.

In seinem Gutachten 2/92 „*OECD*"[86] hat der EuGH seine Aussagen im 1/94 Gutachten bestätigt, indem er ausführt,

„... daß die ausschließliche externe Zuständigkeit der Gemeinschaft nicht ohne weiteres aus ihrer Befugnis zum Erlaß von Vorschriften auf interner Ebene erfolgt...Abgesehen von dem Fall, wo sie wirksam nur zugleich mit der externen Zuständigkeit ausgeübt werden kann, kann eine interne Zuständigkeit nur dann eine ausschließliche externe Zuständigkeit begründen, wenn sie ausgeübt wird...Demnach ist zu prüfen, ob der... erfaßte Bereich bereits Gegenstand interner Rechtsetzungsakte ist, die Klauseln über die Behandlung von Unternehmen unter ausländischer Kontrolle enthalten, den Organen ausdrücklich eine Zuständigkeit für Verhandlungen mit Drittstaaten übertragen oder eine vollständige Harmonisierung...verwirklichen. Nach der Rechtsprechung des Gerichtshof verfügt die Gemeinschaft nämlich in diesen Fällen über eine ausschließliche Zuständigkeit für den Abschluß internationaler Vereinbarungen"[87].

gg) Allgemeine Schlussfolgerung

Der EuGH hat somit in seiner Rechtsprechung zur Außenkompetenz der Gemeinschaft auf der einen Seite den Grundsatz der ungeschriebenen Außenkompetenz als Parallelität von Innen- und Außenzuständigkeit begründet: Wenn der Gemeinschaft durch den Vertrag intern Zuständigkeiten zugewiesen sind, so beinhaltet diese Zuständigkeitszuweisung zugleich die Befugnis der Gemeinschaft, die ihr zugewiesene Materie - allerdings auch auf diese beschränkt - nach außen zu regeln. Auf der anderen Seite begrenzte der Gerichtshof allerdings den Umfang dieser Außenbefugnisse, indem er insbesondere in seinem 1/94 Gutachten die Voraussetzungen für eine ausschließliche Außenkompetenz der Gemeinschaft eng auslegte. Ausschließliche Gemeinschaftsbefugnisse bleiben damit die Ausnahme. Der Gerichtshof hat insbesondere mit der Forderung der Zusammenarbeit von Gemeinschaft und Mitgliedstaaten verdeutlicht, dass die Erreichung eines einheitlichen Auftretens der Gemeinschaft nicht notwendigerweise die Zentralisierung aller Zuständigkeiten auf einer Ebene voraussetzt.

Allerdings ist dieser Rechtsprechung des Gerichtshofs in der wissenschaftlichen Diskussion nicht durchweg zugestimmt worden:

b) Kritik an der Rechtsprechung des EuGH zu den Außenkompetenzen

Die Kritik an der Rechtsprechung des Gerichtshofs konzentriert sich auf folgende vier Aspekte der Zulässigkeit von impliziten Vertragsschlusskompetenzen:

---

[85] EuGH, Slg. 1994, I-5267 Tz. 107/108 - Gutachten 1/94.
[86] EuGH, Slg. 1995, I-521 - Gutachten 2/92.
[87] EuGH, Slg. 1995, I-521 Tz. 31; 36; 33 - Gutachten 2/92.

aa) Implizite Außenkompetenzen und der EG-Vertrag

Teilweise[88] wird die Auffassung vertreten, die Verfasser des EG-Vertrages hätten die Außenzuständigkeit der Gemeinschaft in den Bereichen explizit geregelt, in denen ihr eine solche zukommen solle (Art. 133, 134, 310 EGV). Daraus sei ersichtlich, dass die Außenzuständigkeiten auf diese Fälle beschränkt sein sollten. Darüber hinaus seien im Bereich der Handels- und Zollpolitik die Innenkompetenzen getrennt von den Außenkompetenzen geregelt (Art. 26 ff EGV und Art. 133 ff EGV). Der Vertrag selbst unterscheide demnach in seiner Systematik klar zwischen den beiden Kompetenzen, was eine Herleitung der Außen- aus der Innenkompetenz „nicht gerade nahelege"[89]. Eine Zulässigkeit von ungeschriebenen Außenkompetenzen würde daher über den Willen der Vertragsautoren und der unterzeichnenden Mitgliedstaaten weit hinausgehen.

Dagegen ist jedoch einzuwenden, dass die Mitgliedstaaten selbst als „Herren der Gemeinschaftsverträge"[90] die Einschränkung ihrer Außenkompetenz durch die Rechtsprechung des EuGH in ihrer Erklärung Nr. 10 zum Vertrag von Maastricht ausdrücklich akzeptiert haben. Danach sollen verschiedene Vorschriften des Vertrages nicht die Grundsätze, die der EuGH im AERT – Urteil festgelegt hat, berühren. Darin kann eine vertraglich festgeschriebene Legitimation der Rechtsprechung des EuGH gesehen werden, die Zweifel an einer unzulässigen Rechtsfortbildung durch den Gerichtshof gegen den ursprünglichen Willen der Vertragsautoren widerlegt. Durch diese Erklärung haben sie implizit die ungeschriebenen Kompetenzen der Gemeinschaft im Völkerrecht, d.h. ihre ungeschriebenen Vertragsabschlusskompetenzen, anerkannt[91].

bb) Implizite Kompetenzen und Art. 308 EGV

Zudem wird die Auffassung vertreten[92], ein Rückgriff auf ungeschriebene Kompetenzen sei neben der Bestimmung des Art. 308 EGV als Vertragslückenschließungsverfahren nicht notwendig. Der EuGH habe damit eine vertragswidrige Kompetenzerweiterung vorgenommen, denn Art. 308 EGV beinhalte als Kompetenzergänzungsbestimmung die Lehre von den *implied powers*, er nehme deren Funktion wahr und verdränge damit etwaige stillschweigende Zuständigkeitsregeln.

Dem ist nicht zuzustimmen. Vielmehr haben implizite Kompetenzen Vorrang gegenüber Art. 308 EGV[93]. Durch das Vertragslückenschließungsverfahren des Art. 308 EGV wird der Rat ermächtigt, in Fällen, in denen ein Tätigwerden der Gemeinschaft zwingend erforderlich ist, für das jedoch weder ausdrücklich noch implizit eine Befugnis aufgrund des Prinzips der begrenzten Einzelermächtigung besteht, die geeigneten Vorschriften zu erlassen. Insoweit werden durch Art. 308 EGV neue Kompetenzen begründet[94]. Im Gegensatz dazu knüpfen die impliziten Kompetenzen an bestehende vertragliche Kompetenzbestimmungen an. Sie

---

[88] Schlussanträge des Generalanwalts Lamothe in EuGH, Slg. 1971, 263 Rs 22/70 - Kommission/Rat S. 293/294; Mittmann, S. 16.
[89] Mittmann, S. 16; ebenso Fuß, DVBL 1972, 237 (242).
[90] BVerfGE 75, 223 (242).
[91] GTE- *Zuleeg*, Art. 3 b EGV (in der Fassung von Maastricht) Rz. 10.
[92] Mittmann, S. 18 und S. 133/134; Rabe, S. 157; wohl auch Koenig/Haratsch, S. 57 Rz. 42.
[93] Callies/Ruffert-*Rossi*, Art. 308 EGV Rz. 44; Streinz, FS Everling S. 1503.
[94] Schweitzer/Hummer, § 4 Rz. 339.

sind somit selbst „im Vertrag vorgesehene Befugnisse"[95]. Ein Rückgriff auf Art. 308 EGV ist daher erst zulässig - allerdings dann auch notwendig - wenn sowohl ausdrückliche als auch implizite Befugnisse der Gemeinschaft fehlen. Art. 308 EGV setzt zudem nicht voraus, dass *ausdrückliche* im Vertrag vorgesehene Befugnisse der Gemeinschaft fehlen, sondern lediglich, dass „im Vertrag vorgesehene Befugnisse fehlen". Art. 308 EGV gewährleistet damit eine Elastizität der Gemeinschaft zur Bewältigung neuer Aufgaben, für die die Auslegung mittels stillschweigender Zuständigkeit nicht ausreichen würde[96]. Die impliziten Außenkompetenzen stehen somit neben Art. 308 EGV und werden nicht durch diesen verdrängt.

cc) Ungeschriebene Kompetenzen und das Prinzip der begrenzten Einzelermächtigung

Das BVerfG hat in seinem *Maastricht- Urteil*[97] im Hinblick auf das in Art. 5 Abs. 1 EGV verankerte Prinzip der begrenzten Einzelermächtigungen eine restriktive Handhabung ungeschriebener Kompetenzen im Gemeinschaftsrecht gefordert.

„Wenn eine dynamische Erweiterung der bestehenden Verträge sich bisher ... auf den Gedanken der inhärenten Zuständigkeiten (*implied powers*) ... gestützt hat,... so wird in Zukunft bei der Auslegung von Befugnisnormen durch Organe und Einrichtungen der Gemeinschaften zu beachten sein, daß der Unionsvertrag grundsätzlich zwischen der Wahrnehmung einer begrenzt eingeräumten Hoheitsbefugnis und der Vertragsänderung unterscheidet, seine Auslegung deshalb in ihrem Ergebnis nicht einer Vertragserweiterung gleichkommen darf..."[98]

Teilweise[99] wird diese Urteilspassage dahingehend verstanden, dass ungeschriebene Kompetenzen nicht zu den „in diesem Vertrag zugewiesenen Befugnisse(n)" gem. Art. 5 Abs. 1 EGV gehörten. Sinn und Zweck dieser Vorschrift sei es vielmehr, die Gemeinschaft allein auf die ihr ausdrücklich zugewiesenen Befugnisse zu beschränken.

Unabhängig davon, ob diese Auslegung dem Urteil des BVerfG entnommen werden kann, spricht gegen diese Auffassung, dass die impliziten Kompetenzen der EG lediglich durch Auslegung der ausdrücklich vertraglich genannten Kompetenzen hergeleitet werden. Insofern sind sie gerade Bestandteil dieser zugewiesenen Befugnisse und damit von Art. 5 Abs. 1 EGV mitumfasst[100]. Die Verknüpfung mit einer vertraglich ausdrücklich zugewiesenen Zuständigkeit bewirkt, dass das Prinzip der begrenzten Einzelermächtigungen nicht durchbrochen wird[101]. Ungeschriebene Kompetenzen statuieren insofern gerade keine Allzuständigkeit. Darüber hinaus spricht Art. 5 Abs. 1 EGV lediglich von „in diesem Vertrag zugewiesenen Kompetenzen", nicht jedoch von „in diesem Vertrag *ausdrücklich* zugewiesenen Kompetenzen". Der Bereich der Gemeinschaftskompetenzen ist durch das Prinzip der begrenzten

---
[95] GTE- *Schwartz*, Art. 235 EGV (in der Fassung von Maastricht) Rz. 90.
[96] Ipsen, Europarecht 20/45; Nicolaysen, EuR 1966, 129 (136).
[97] BVerfGE 89, 192.
[98] BVerfGE 89, 192 (210).
[99] Nach Callies, der diesem Verständnis inhaltlich zwar nicht zustimmt, impliziere das Maastricht-Urteil des BVerfG diese Auslegung, Callies/Ruffert-*Callies*, Art. 5 EGV Rz. 15.
[100] v. Borries, EuR 1994, 263 (268).
[101] GTE-*Zuleeg*, Art. 3 b EGV (in der Fassung von Maastricht) Rz. 3; Kraußer, S. 59-62.

Einzelermächtigungen daher so definiert, als dass zwar nicht alle Einzelbefugnisse der Gemeinschaft ausdrücklich in den Gemeinschaftsverträgen enthalten, sie jedoch aus ihnen ableitbar sein müssen.

Insofern steht auch das Prinzip der begrenzten Einzelermächtigungen des Art. 5 Abs. 1 EGV der Rechtsprechung zur impliziten Außenkompetenz nicht entgegen.

Allerdings bedeutet dieses Prinzip der begrenzten Einzelermächtigungen in Verbindung mit dem Grundsatz der Parallelität von Innen- und Außenkompetenzen, dass die EG auch im Außenbereich eine Materie nur in dem Ausmaß regeln darf, wie ihr eine entsprechende Innenkompetenz zusteht[102].

dd) Implizite Vertragsschließungskompetenzen als verfahrensmäßige Erweiterung der materiellen Rechtsetzungskompetenzen

Von anderen[103] wird der Rückgriff auf die *implied powers* - Lehre zur Herleitung der Außenkompetenzen der Gemeinschaft mit dem Argument abgelehnt, dass *implied powers* eine materielle Erstreckung der bestehenden Kompetenz auf ein weiteres Sachgebiet darstellten. Indem der EuGH aus internen Regelungsbefugnissen der Gemeinschaft entsprechende Vertragsschlusskompetenzen ableite, würde dadurch allerdings nicht der sachliche Bereich der gegebenen Regelungsbefugnis erweitert, sondern diese würde lediglich um eine Vertragsschließungsbefugnis materiell gleichen Regelungsinhalts ergänzt. Nur der materielle Inhalt einer Befugnis, nicht aber der verfahrensrechtliche Aspekt, mit welcher Handlungsform diese verwirklicht wird, könne jedoch mit Hilfe der *implied powers* – Lehre erweitert werden.

Diese rein verfahrensmäßige Auffassung der Außenkompetenzen der Gemeinschaft stößt auf Bedenken[104]. Die Außenzuständigkeiten der Gemeinschaft rein verfahrensrechtlich zu verstehen bedeutet, sie auf eine bloße Handlungsmodalität zu reduzieren, die den Katalog der zulässigen Handlungsformen der Gemeinschaft erweitert. Auch wenn der sachliche Geltungsbereich von Innen- und Außenkompetenzen gerade aufgrund des Parallelitätsgrundsatzes gleich ist, so wird durch die Verpflichtung von Drittstaaten, die außerhalb des Wirkungsbereichs der internen Gemeinschaftsmaßnahmen liegen, eine Internationalisierung der betreffenden Regelungsmaterie erreicht. Diese Internationalisierung der sachlichen Regelungsbefugnis verdeutlicht jedoch gerade, dass die Außenzuständigkeit der Gemeinschaft nicht nur eine verfahrensrechtliche Komponente ihrer Innenkompetenz ist. Insofern ist der Parallelitätsgrundsatz des EuGH nicht als bloße verfahrensmäßige Erweiterung einer Regelungsbefugnis zu verstehen, so dass auch der Einordnung dieser Außenkompetenzen als *implied-powers* diese Bedenken nicht entgegenstehen. Darüber hinaus bejaht auch die vorstehend erläuterte Auffassung, die die Rechtsprechung des EuGH nicht als Fall der *implied-powers* verstanden wissen will, die Existenz ungeschriebener Außenkompetenzen der Gemeinschaft im EG-Vertrag. Diese ergäben sich aus dem antezipierten Vorrang des Gemeinschaftsrechts: Um eine Handlungsunfähigkeit der Gemeinschaft nach außen zu vermeiden, folge aus der Auslegung des Vertrages die antezipierte Vorrangregel, dass auf Gebieten, die

---
[102] Bleckmann, Europarecht Rz. 1398.
[103] Grabitz/Hilf-*Vedder*, Art. 228 EGV (in der Fassung von Maastricht) Rz. 6; Vedder, S. 116 – 118.

die Gemeinschaft intern zu regeln befugt ist, diese auch nach außen vertragsschließungskompetent sei[105]. Lediglich die Herleitung dieser Vertragsschließungskompetenz als inhaltliche Ausdehnung einer Kompetenz, als *implied-power*, wird abgelehnt. Damit unterscheidet sich diese Auffassung im Ergebnis nicht von der vorliegenden Auslegung des Parallelitätsgrundsatzes des EuGH, wonach zwar in den Bereichen, in denen der Gemeinschaft eine interne Regelungskompetenz zugewiesen ist, diese auch befugt ist, den Bereich nach außen zu regeln und somit auch zum Gegenstand völkerrechtlicher Vereinbarungen zu machen, allerdings inhaltlich beschränkt auf den Umfang der ihr intern zugewiesenen Befugnis. Eine inhaltliche Ausdehnung findet nicht statt. Eine Vertragsschließungskompetenz zur Regelung einer Materie auch gegenüber dritten Staaten besteht daher nur insoweit, als die interne Kompetenz nicht nur Regelungen mit Wirkungen für und gegen die Mitgliedstaaten zulässt, sondern auch das Verhältnis zu dritten Staaten betrifft[106].

Die aufgezeigten Kritikpunkte in der Literatur an der Rechtsprechung des Gerichtshofs zu den Außenkompetenzen der Gemeinschaft stehen somit der Anwendung dieser Rechtsprechung als Grundlage der Ermittlung der Außenkompetenzen auf dem Gebiet des Internationalen Zivilverfahrensrechts nicht entgegen.

c) Stellungnahme

Bezüglich der Rechtsprechung des EuGH zu den Außenkompetenzen der Gemeinschaft ist zu berücksichtigen, dass auch die Ausübung ungeschriebener, durch Auslegung ermittelter Kompetenzen dem Subsidiaritäts- und dem Verhältnismäßigkeitsprinzip unterliegt[107], so dass eine Anerkennung solcher ungeschriebener Kompetenzen der Gemeinschaft keine Erweiterung der Gemeinschaftskompetenzen „durch die Hintertür" bedeutet. Auch der Abschluss völkerrechtlicher Übereinkommen als Handlungsform der Gemeinschaft unterliegt diesen Kompetenzausübungsschranken. Teilweise[108] wird in diesem Zusammenhang die Auslegung des Parallelitätsgrundsatzes, wonach bei Bestehen einer Innenkompetenz automatisch auch das Bestehen der entsprechenden Außenkompetenz bejaht wird, insoweit abgelehnt, als zu dem bloßen Bestehen der Innenkompetenz noch weitere Voraussetzungen, wie die Notwendigkeit bzw. Erforderlichkeit einer Maßnahme zur Erreichung eines Zieles, hinzutreten müssten, um auch das Bestehen der impliziten Außenkompetenz bejahen zu können. Damit werden jedoch lediglich die Kompetenzausübungsschranken der Subsidiarität und der Verhältnismäßigkeit angesprochen, die, wie beim Gebrauch der Innenkompetenzen der Gemeinschaft, auch hinsichtlich der – zum Teil ungeschriebenen - Außenkompetenzen beachtet werden müssen. Das grundsätzliche Bestehen der entsprechenden Außenkompe-

---

[104] Arnold, ArchVölkR 19 (1980/1981), 419 (430), der im Ergebnis jedoch auch die Anwendung der *implied powers* – Lehre ablehnt.
[105] Vedder, S. 124.
[106] Bleckmann, EuR 1977, 109 (113); Vedder, S. 139; S.u. Punkt III.2.
[107] Gilsdorf, EuR 1996, 145 (150/151); anders dagegen Grabitz/Hilf-*Vedder*, Art. 228 EGV (in der Fassung von Maastricht) Rz. 6, allerdings ohne Begründung: „Im Gegensatz zu Art. 235 EGV, der eine echte Kompetenznorm ist, hängt die Inanspruchnahme der aus dem allgemeinen System und den materiellen Vorschriften des Gemeinschaftsrechts abgeleiteten impliziten Vertragsschließungskompetenzen nicht davon ab, dass der Abschluss eines konkreten Abkommens notwendig ist, um die Ziele einer bestimmten Politik zu verwirklichen".
[108] Scheibeck, S. 262.

tenz parallel zu der jeweiligen Innenkompetenz vermag diese Kompetenzausübungsregeln nicht zu negieren.

Darüber hinaus stellt der Parallelitätsgrundsatz auch eine Begrenzung der Zuständigkeit der Gemeinschaft nach außen in sachlicher Hinsicht dar: Nur wenn der Gemeinschaft die Regelung eines Sachgebietes intern für das Gemeinschaftsgebiet durch Vertrag zugeteilt ist, ist sie befugt, diese Materie auch nach außen mit Drittstaaten in dem ihr intern zugewiesenen Umfang zu regeln.

Aufgrund dieser engen Anlehnung der Außenkompetenzen an die Innenkompetenzen, die sich auch in der entsprechenden Kompetenzbegrenzung realisiert, wird bereits gefordert, die ungeschriebenen Außenkompetenzen der Gemeinschaft ebenso wie das ehemals umstrittene, vom EuGH entwickelte Prinzip der unmittelbaren Wirkung von Richtlinien, als Teil des EG-Vertrags anzuerkennen[109]; zumal die Existenz ungeschriebener Außenkompetenzen der Gemeinschaft in der überwiegenden wissenschaftlichen Literatur sowie den Organen der Gemeinschaft[110] anerkannt ist.

Es ist somit zunächst festzuhalten, dass nach die Rechtsprechung des EuGH zu den Außenkompetenzen der Gemeinschaft keine unzulässige richterliche Rechtsfortbildung darstellt. Die Bejahung von Zuständigkeiten der Gemeinschaft nach außen wird danach vom parallelen Bestehen interner, vertraglicher Zuständigkeiten abhängig gemacht. Der Umfang der Außenzuständigkeiten bestimmt sich zum einen nach der sachlichen Reichweite der internen Rechtsetzungsbefugnis, zum anderen nach den strengen Voraussetzungen einer erschöpfenden internen Regelung oder zumindest einer ausdrücklichen ausschließlichen Zuständigkeitszuweisung innerhalb der internen Gemeinschaftsrechtsakte. In diesen engen Grenzen stellt die Rechtsprechung des EuGH daher eine zulässige Vertragsauslegung dar, die das vertraglich festgelegte Kompetenzgefüge zwischen Gemeinschaft und Mitgliedstaaten auch nach außen hin aufrecht erhält.

Zu fragen ist jedoch, ob diese Rechtsprechung des EuGH zu den Vertragsabschlusskompetenzen der Gemeinschaft auch auf den Kompetenzbereich des Art. 65 EGV übertragbar ist. Können die vorstehend erläuterten Urteile, die sich ausschließlich auf den Wirtschaftsraum, die Waren- und Dienstleistungsfreiheit, bezogen haben, auch auf die justitielle Zusammenarbeit in Zivilsachen zur Errichtung eines einheitlichen Rechtsraums angewendet werden? Auf diese Frage soll jedoch erst eingegangen werden, nachdem die Stellung des Art. 65 EGV im System der Gemeinschaftskompetenzen erläutert wurde. Denn die Tragfähigkeit des Art. 65 EGV als Kompetenzgrundlage der EuGVO und der EheVO ist in der Literatur nicht unumstritten. Manche sehen darin sogar eine „Entmündigung der Mitgliedstaaten"[111], die Kommission befinde sich auf dem „Holzweg von Amsterdam"[112]. Eine Diskussion über eine etwa bestehende Ausschließlichkeit der Außenkompetenz der Gemeinschaft aufgrund des Erlasses dieser beiden Verordnungen würde sich daher insoweit erübrigen, als sich herausstellte, dass die beiden Verordnungen mangels richtiger bzw. tragfähiger Kompetenz-

---

[109] Dashwood, ELRev. 1996, 113 (126); im Ergebnis ebenso Vedder.
[110] ABl. EG 1978 C 239 S. 16, französische Fassung, zur Stellung der EG im Völkerrecht.
[111] Schack, RabelsZ 65 (2001), 615 (618).
[112] Schack, ZEuP 1999, 805.

grundlage nichtig wären. Deshalb soll vorab untersucht werden, ob Art. 65 EGV eine tragfähige Kompetenzgrundlage für die beiden Verordnungen bildet.

Der durch den Amsterdamer Vertrag neu geschaffene Gemeinschaftskompetenztitel des Art. 65 EGV soll zunächst hinsichtlich seiner Stellung im System der Gemeinschaftskompetenzen erläutert werden.

II. Art. 65 EGV im System der EG-Kompetenzen

Der Rat stützt den Erlass der EuGVO und der EheVO vorliegend auf Art. 65 EGV (so ausdrücklich Erwägungsgrund Nr. 3 der beiden Verordnungen). Dieser ermächtigt den Rat zum Erlass von „Maßnahmen im Bereich der justitiellen Zusammenarbeit in Zivilsachen mit grenzüberschreitenden Bezügen, ... soweit sie für das reibungslose Funktionieren des Binnenmarkts erforderlich sind".

Rechtsetzungskompetenzen der Gemeinschaft für das internationale Zivilverfahrensrecht, also auch für die Regelung der gerichtlichen Zuständigkeit und der Anerkennung und Vollstreckung von Entscheidungen, können sich jedoch nicht nur aus Art. 65 EGV, sondern auch aus der allgemeinen Binnenmarktkompetenz zur Angleichung von Rechtsvorschriften, Art. 94/95 EGV, ergeben. Des Weiteren besteht in Art. 293 Spgstr. 4 EGV die staatsrechtliche Befugnis der Mitgliedstaaten, für den Bereich der gegenseitigen Anerkennung und Vollstreckung richterlicher Entscheidungen völkerrechtliche Verträge auszuhandeln. Es fragt sich somit, ob der Rat den Erlass der EuGVO und der EheVO auf Art. 65 EGV stützen konnte oder ob dem die übrigen Kompetenzvorschriften im Bereich des internationalen Zivilverfahrensrechts entgegenstehen.

1. Übereinkommen auf der Grundlage von Art. 293 Spgstr. 1 und 4 EGV

Nach Art. 293 Spgstr. 1 und 4 EGV leiten die Mitgliedstaaten, soweit erforderlich, untereinander Verhandlungen ein, um zugunsten ihrer Staatsangehörigen sowohl den Schutz der Personen sowie den Genuss und den Schutz der Rechte zu den Bedingungen, die jeder Staat seinen eigenen Angehörigen einräumt, sicherzustellen, als auch die Vereinfachung der Förmlichkeiten für die gegenseitige Anerkennung und Vollstreckung richterlicher Entscheidungen und Schiedssprüche sicherzustellen. Auf dieser Grundlage (Art. 220 EWGV, der inhaltlich unverändert in Art. 293 EGV fortbesteht) wurde am 27. September 1968 das Übereinkommen über die gerichtliche Zuständigkeit und die Vollstreckung gerichtlicher Entscheidungen in Zivil- und Handelssachen erlassen. Das Ziel der Vereinheitlichung der Regeln über die gerichtliche Zuständigkeit wird allerdings nicht ausdrücklich vom Wortlaut des Art. 293 Spgstr. 4 EGV umfasst, weshalb zum Teil[113] darauf hingewiesen wird, dass das EuGVÜ über den Regelungsauftrag des Art. 293 Spgstr. 4 EGV hinausgehe. Allerdings ist diese einheitliche Regelung der gerichtlichen Zuständigkeiten zusammen mit der Urteilsanerkennungs- und Vollstreckung für die in der Gemeinschaft geforderte Gleichstellung aller Bürger unerlässlich. Die nationalen Prozessordnungen lassen allerdings sachlich unangemessene und weitreichende Gerichtsstände, sogenannte exorbitante Zuständigkeiten, namentlich bei Klagen der eigenen Staatsangehörigen oder Einwohner gegenüber Ausländern oder im Ausland wohnhaften Personen, zu, so zum Beispiel der Vermögensgerichtsstand (§ 23 ZPO) oder der Klägergerichtsstand, nach dem jeder Franzose in Frankreich Klage erheben kann (Art. 14 Code Civil). Angesichts der angestrebten Gleichstellung aller Gemeinschaftsbürger, die den nationalen Zuständigkeitssystemen, die auf Protektion und Bevorzugung der eigenen Bürger ausgerichtet sind, ohnehin entgegensteht, entschied man sich daher bei der Ausarbeitung des EuGVÜ für eine einheitliche Regelung auch der gerichtlichen Zuständigkeit[114].

Insbesondere der Sachverständigenausschuss vertrat bei der Ausarbeitung des EuGVÜ die Ansicht, dass innerhalb der EWG die Schaffung gemeinsamer Zuständigkeitsregeln die Rechtssicherheit erhöhe, da sich die Zuständigkeit überall in gleicher Weise direkt aus dem Übereinkommen ableite. Dadurch würden auch Diskriminierungen vermieden und letztendlich die angestrebte Freizügigkeit gerichtlicher Entscheidungen gefördert werden[115].

Auch nach der Rechtsprechung des EuGH bezweckt die Vorschrift des Art. 220 Spgstr. 4 EGV a.F. (Art. 293 Spgstr. 4 EGV),

„das Funktionieren des Gemeinsamen Marktes durch den Erlaß von Zuständigkeitsregeln für die damit zusammenhängenden Rechtsstreitigkeiten und soweit wie möglich [durch] die Beseitigung der Schwierigkeiten in bezug auf die Anerkennung und Vollstreckung der Urteile im Gebiet der Vertragsstaaten zu erleichtern"[116].

Darüber hinaus stellen einheitliche Gerichtsstände, die dem verstärkten Rechtsschutz der in der Gemeinschaft ansässigen Personen dienen (so das erklärte Ziel in der Präambel des EuGVÜ), auch den Genuss und den Schutz der Rechte gemäß Art. 293 Spgstr. 1 EGV sicher, so dass zumindest danach eine ausreichende Grundlage für die Regelung der gerichtlichen Zuständigkeit besteht[117]. Die Grenzen des Art. 293 EGV wurden demnach durch das Übereinkommen nicht überschritten.

Klärungsbedürftig ist allerdings das Verhältnis des Art. 293 EGV zu den Rechtsetzungsbefugnissen der Gemeinschaft.

a) Verhältnis zu den Rechtssetzungsbefugnissen der Gemeinschaft

Diesbezüglich fragt sich, ob Art. 293 EGV in den bezeichneten Gebieten einen Vorbehalt für völkerrechtliche Vereinbarungen der Mitgliedstaaten untereinander darstellt und der Erlass solcher Vereinbarungen ein nachfolgendes und abweichendes gemeinschaftliches Tätigwerden sperren kann. Relevant wird diese Frage vorliegend vor allem durch den Abschluss des EuGVÜ bereits im Jahre 1968.

Einer Ansicht[118] nach hält Art. 293 EGV die völkerrechtliche Befugnis der Mitgliedstaaten aufrecht, in den dort bezeichneten Bereichen Vereinbarungen untereinander zu treffen - und zwar parallel zu den jeweiligen bestehenden Handlungsermächtigungen der Gemeinschaft auf den Gebieten, die sich mit dem Anwendungsbereich des Art. 293 EGV überschneiden.

---

[113] Basedow, Hdbuch. Int. ZivilverfR, Band 1 Kap. II Rz. 7; Spellenberg, EuR 1980, 329 (332).
[114] Spellenberg, EuR 1980, 329 (332).
[115] Jenard-Bericht, Kap. 2 C, S. 57.
[116] EuGH Slg. 1994, I-467 Rs. C 398/92 Tz. 11 - Mund & Fester/Hatrex.
[117] GTE-*Schwartz*, Art. 220 EGV (in der Fassung von Maastricht) Rz. 104.
[118] GTE-*Schwartz*, Art. 220 EGV (in der Fassung von Maastricht) Rz. 43; Kreuzer, S. 534.

Ohne diese Aufrechterhaltung der völkerrechtlichen Vertragsabschlussbefugnis der Mitgliedstaaten untereinander würde die Übertragung von Befugnissen an die Gemeinschaft Befugnisse der Mitgliedstaaten auf diesem Gebiet beschränken. Indem und soweit die Mitgliedstaaten durch die Gründungsverträge Hoheitsrechte auf die Organe der Gemeinschaft übertragen haben, haben sie sich dieser zwar nicht quasi dinglich begeben[119]; ihre Staatenqualität bleibt dadurch unangetastet; sie verlieren nicht ihre Hoheitsrechte. Sie haben die Ausübung dieser Hoheitsrechte im Verhältnis zu der Gemeinschaft jedoch eingeschränkt. Sie haben auf ihre Befugnis verzichtet, die Ziele, die sie im Gemeinschaftsvertrag festgelegt haben, im Wege völkerrechtlicher Verträge unter sich zu verwirklichen. Durch „gemeinsames Handeln" sollen nach der Präambel des EG-Vertrags die Ziele der Gemeinschaft verwirklicht werden, wobei nach Art. 7 EGV diese Aufgaben von den Organen der Gemeinschaft wahrgenommen werden. Gemeinsames Handeln bedeutet daher nicht völkerrechtliches Handeln, sondern Handeln durch die Gemeinschaftsorgane[120]. Auch wenn Abkommen der Mitgliedstaaten untereinander im Zuständigkeitsbereich der Gemeinschaft zwar völkerrechtlich aufgrund ihrer Staatenqualität möglich sind, so verstoßen sie doch gegen Gemeinschaftsrecht, insbesondere gegen die Pflicht zur Gemeinschaftstreue gemäß Art. 10 EGV.

Nach anderer Ansicht[121] haben die Mitgliedstaaten durch Abschluss der Gemeinschaftsverträge nicht ihre völkerrechtliche Handlungsfähigkeit eingeschränkt, so dass völkerrechtliche Abkommen der Mitgliedstaaten untereinander auch außerhalb von Art. 293 EGV möglich seien. Art. 293 EGV sei insofern nicht abschließend zu verstehen. Zwar hätten die Mitgliedstaaten aufgrund des Prinzips der Gemeinschaftstreue die Kompetenzen der Gemeinschaft zu respektieren, ein Verstoß gegen Gemeinschaftsrecht und somit die Unzulässigkeit völkerrechtlicher Verträge der Mitgliedstaaten liege aber nur vor, soweit der Gemeinschaft ausschließliche Kompetenzen übertragen sind oder gemeinschaftsrechtliche Regeln schon erlassen sind[122]. Diese Ansicht entspricht in diesem Ansatzpunkt zwar der bereits erörterten Rechtsprechung des EuGH zu den Außenkompetenzen der Gemeinschaft, wonach ein völkerrechtliches Tätigwerden der Mitgliedstaaten nach außen nur dann gesperrt ist, wenn die Gemeinschaft innergemeinschaftlich bereits tätig geworden ist (es sei denn gerade das Auftreten nach außen dient der Umsetzung der Innenkompetenz) und die Zuständigkeit der Gemeinschaft zu einer ausschließlichen Kompetenz erstarkt ist[123]. Allerdings verkennt diese Ansicht, dass diese Rechtsprechung der Gemeinschaft sich vor allem auf die ungeschriebenen (Außen)kompetenzen der Gemeinschaft bezieht, die eben, gerade weil sie das Prinzip der begrenzten Einzelzuständigkeit zu Ungunsten der Mitgliedstaaten ausweiten, einer Einschränkung bedürfen. Im Bereich der explizit zugewiesenen Innenzuständigkeiten der Gemeinschaft bedarf es dieser Einschränkung jedoch nicht.

Gegen diese Ansicht spricht vor allem auch, dass durch eine solche generelle Zuständigkeit der Mitgliedstaaten, auf allen von nicht-ausschließlichen Gemeinschaftskompetenzen erfass-

---

[119] Grabitz/Hilf-*Simma/Vedder*, Art. 281 EGV Rz. 37; Krück, S. 117.
[120] Schwartz, FS Everling, S. 172 f.
[121] Kort, JZ 1997, 640 (642); so wohl auch Oppermann, § 6 Rz. 611, der von einer jederzeitigen Zulässigkeit völkerrechtlicher Abkommen der Mitgliedstaaten untereinander ausgeht. Art. 293 EGV weise lediglich auf diese Möglichkeit hin.
[122] Hailbronner/Klein/Magiera/Müller-Graff-*Klein*, Art. 220 EGV (in der Fassung von Maastricht) Rz. 4.
[123] Diese Parallele zieht insbesondere Hartley, S. 104.

ten Sachgebieten Übereinkommen untereinander abzuschließen, die Zuständigkeit der Gemeinschaft auf Dauer zurückgedrängt und „ausgefranst"[124] würde. Anstelle der Integration innerhalb der Gemeinschaft träte wieder die Staatenkooperation. Dadurch könnten sich die Mitgliedstaaten den gemeinschaftlichen integrativen Rechtsetzungsmechanismen, wie Mehrheitsentscheidungen im Rat und der Befugnis der Gemeinschaft zu unmittelbarer Rechtsetzung, entziehen. Die Mitgliedstaaten haben durch die Gründung der Europäischen Gemeinschaft jedoch eine supranationale Organisation mit eigenen Zuständigkeiten, eigenen Organen und eigenem Recht gegründet[125]. Sie haben damit die Ausübung ihrer Hoheitsrechte als Völkerrechtssubjekte zugunsten einer verstärkten Integration in die Gemeinschaft eingeschränkt. Eine umfassende generelle Befugnis der Mitgliedstaaten zum Abschluss von Übereinkommen untereinander außerhalb des Anwendungsbereichs des Art. 293 EGV stünde daher im Widerspruch zu diesem erklärten Ziel der verstärkten Integration[126]. Der Bestand als auch die weitere Entwicklung des Gemeinschaftsrechts würden durch den Rückgriff auf intergouvernementale Handlungsformen der Mitgliedstaaten untereinander gefährdet. Art. 293 EGV hält somit die völkerrechtliche Befugnis der Mitgliedstaaten neben den Gemeinschaftszuständigkeiten auf den dort abschließend aufgezählten Gebieten aufrecht, allerdings nur soweit erforderlich: Art. 293 EGV verlangt, dass ein Übereinkommen der Mitgliedstaaten untereinander erforderlich sein muss: „Soweit erforderlich, leiten die Mitgliedstaaten untereinander Verhandlungen ein". Diese Vorbehaltsklausel verlangt dabei nicht eine Prüfung dahingehend, ob die Errichtung und das Funktionieren des Binnenmarkts, deren Erleichterung Zweck des Art. 293 EGV ist[127], überhaupt die Regelung einer der in Art. 293 EGV aufgezählten Gebiete erforderlich macht, ob also ein faktisches Bedürfnis zum Tätigwerden besteht[128]. Dieses Bedürfnis ergibt sich bereits aus dem Inhalt des Art. 293 EGV. Durch Art. 293 EGV wird klargestellt, dass der gemeinsame Markt und insbesondere die Personenfreizügigkeit eine Gleichstellung der Staatsangehörigen aller Mitgliedstaaten bezüglich der dort genannten Bereiche auf Gemeinschaftsebene erfordern. Der freie Personenverkehr soll nach Art. 293 EGV unter anderem durch eine Gleichstellung der Staatsangehörigen hinsichtlich ihrer Rechte, ihres Schutzes und ihrer Stellung vor Gericht gefördert werden. Dadurch wird das allgemeine Vertragsziel der Personenfreizügigkeit konkretisiert, so dass das Merkmal „soweit erforderlich" nicht eine Prüfung des materiellen Bedürfnisses der Verwirklichung dieser Vertragsziele beinhalten kann[129]. Diese Frage ist bereits durch die Aufnahme der in Art. 293 EGV aufgezählten Sachbereiche in den EG-Vertrag positiv entschieden worden. Das Erforderlichkeitskriterium des Art. 293 EGV betrifft vielmehr die Regelungsbefugnis der Mitgliedstaaten: Nur solange noch keine Regelung durch den Vertrag selbst, durch den Erlass von Sekundärrecht oder durch ein bereits bestehendes völkerrechtliches Übereinkommen vorliegt, können die Mitgliedstaaten nach Art. 293 EGV untereinander Übereinkommen treffen.

---

[124] Schwartz, FS Everling, S. 173.
[125] S.o. unter I.1.
[126] Schwartz, FS Everling, S. 173/174.
[127] EuGH Slg. 1994, I-467 Rs. C 398/92 Tz. 11 - Mund & Fester/Hatrex.
[128] So aber Hailbronner/Klein/Magiera/Müller-Graff-*Klein*, Art. 220 EGV (in der Fassung von Maastricht) Rz. 5; Würmeling, S. 27.
[129] Arnold, AWD 1963, 221; GTE-*Schwartz*, Art. 220 EGV (in der Fassung von Maastricht) Rz. 30 -33.

Dementsprechend kommt nach überwiegender Ansicht[130] Art. 293 EGV lediglich subsidiäre Bedeutung im Verhältnis zu den Befugnissen der Gemeinschaft zu. Es werde eine umgekehrte Subsidiarität zugunsten der Gemeinschaft begründet. Selbst wenn die Zuständigkeiten der Gemeinschaft, die sich mit dem Anwendungsbereich des Art. 293 EGV überschneiden, nur konkurrierender Natur sind, so lege Art. 293 EGV doch fest, dass sie primären Charakter haben[131]. In erster Linie seien also die Gemeinschaftsorgane zuständig. Die Verhandlungsbefugnis der Mitgliedstaaten nach Art. 293 EGV ist demgegenüber subsidiär.

Nach anderer Ansicht[132] ist Art. 293 EGV lex specialis gegenüber den Gemeinschaftsbefugnissen. In seinem Anwendungsbereich habe die mitgliedstaatliche Zuständigkeit Vorrang und schließe folglich Gemeinschaftsmaßnahmen auf der Grundlage anderer Vertragsvorschriften aus. Insbesondere sei gerade das intergouvernementale Vorgehen der Mitgliedstaaten durch Art. 293 EGV bezweckt. Die Bevorzugung dieses Verfahrens dürfe jedoch nicht durch die Annahme einer Subsidiarität des Art. 293 EGV gegenüber den Befugnisnormen der Gemeinschaft, nach denen das gemeinschaftliche Rechtsetzungsverfahren zur Anwendung gelangen würde, unterlaufen werden. Die Zuweisung der Regelungszuständigkeit für die Bereiche des Art. 293 EGV an die Mitgliedstaaten, und eben gerade nicht an die Gemeinschaft, mache den Regelungsgehalt des Art. 293 EGV aus.

Dagegen spricht jedoch bereits der Wortlaut des Art. 293 EGV. Aus Art. 293 EGV lässt sich nicht entnehmen, dass die Vertragsautoren die dort erwähnten Bereiche der staatsvertraglichen Zusammenarbeit der Mitgliedstaaten untereinander vorbehalten wollten und dadurch die Gemeinschaftszuständigkeiten auf diesem Gebiet einschränken wollten. Sinn und Zweck der Regelung ist es vielmehr, die übrigen Bestimmungen des Vertrages für den Fall zu ergänzen, dass die Gemeinschaft ihre Befugnisse in den von Art. 293 EGV aufgezählten Gebieten nicht ausübt. Art. 293 EGV ist daher eine Auffangvorschrift „für alle Fälle"[133]. Dieser subsidiäre, ergänzende Charakter der Vorschrift wird auch durch ihre Stellung im Vertrag im sechsten Teil „Allgemeine und Schlussbestimmungen" bestätigt. Art. 293 EGV soll in dem Fall auffangend eingreifen, dass eine Gemeinschaftstätigkeit nicht stattfindet, er soll jedoch eine solche nicht verhindern. Nimmt die Gemeinschaft allerdings ihre Kompetenzen wahr, so haben die Mitgliedstaaten gemäß Art. 10 EGV der Gemeinschaft die Erfüllung ihrer Aufgaben zu erleichtern und daher von einem Rückgriff auf Art. 293 EGV abzusehen. Dabei hindern auch bereits bestehende Übereinkommen der Mitgliedstaaten die Gemeinschaft nicht an der Ausübung der ihr zugewiesenen Befugnisse.

Durch den Abschluss dieser Übereinkommen hat sich an den Rechtsetzungsbefugnissen der Gemeinschaft nichts geändert. Sie stehen deren späterer Ausübung nicht entgegen[134].

---

[130] Basedow, NJW 1996, 1921 (1922); Grabitz/Hilf-*Schweitzer*, Art. 293 EGV Rz. 2; Kreuzer, S. 534; Lenz-*Röttinger*, Art. 293 EGV Rz. 3.
[131] GTE-*Schwartz*, Art. 220 EGV (in der Fassung von Maastricht) Rz. 5.
[132] Lutter, NJW 1966, 273 (276/277); Pirrung, in v Bar S. 35; Wuermeling, S. 20/21.
[133] GTE-*Schwartz*, Art. 220 EGV (in der Fassung von Maastricht) Rz. 39/40.
[134] Bleckmann, Europarecht § 26 Rz. 2160; Hailbronner/Klein/Magiera/Müller-Graff-*Klein*,Art. 220 EGV (in der Fassung von Maastricht) Rz. 6; aA: Kort, JZ 1997, 640 (641) nach dessen Ansicht ein Tätigwerden der Gemeinschaft in den Bereichen des Art. 293 EGV nur solange und soweit möglich bleibt, als eine Rechtsangleichung noch nicht durch Verträge der Mitgliedstaaten auf der Grundlage von Art. 293 EGV erreicht worden ist.

Art. 293 EGV verhindert damit nicht ein Tätigwerden der Gemeinschaft auf der Grundlage der ihr zugewiesenen Befugnisse; er statuiert keine ausschließliche Zuständigkeit der Mitgliedstaaten, sondern hält lediglich deren völkerrechtliche Handlungsfähigkeit ergänzend zu den Gemeinschaftsbefugnissen aufrecht.

b) Rechtsnatur der Übereinkommen

Die auf der Grundlage des Art. 293 EGV geschlossenen Übereinkommen sind weder primäres noch sekundäres Gemeinschaftsrecht, sondern in Ausführung primären Gemeinschaftsrechts, nämlich des Art. 293 EGV, vereinbartes Völkerrecht[135]. Trotz des „Zusammenhangs"[136] mit dem EG-Vertrag werden sie nicht zu Gemeinschaftsrecht. Insbesondere begründet Art. 293 EGV auch keine Gemeinschaftszuständigkeit, denn die Gemeinschaft handelt durch ihre Organe, nicht durch die Mitgliedstaaten[137].

Allerdings kommt den Gemeinschaftsorganen bezüglich Art. 293 EGV rechtsanwendende Funktion zu. Gemäß Art. 211 und 220 EGV haben die Kommission und der Gerichtshof die Anwendung der Verträge zu überwachen, also auch die Anwendung des Art. 293 EGV. Darüber hinaus regelt Art. 293 EGV nicht das Verfahren, nach dem die Mitgliedstaaten untereinander die Verhandlungen einleiten und abschließen. Sie sind somit in der Verfahrensgestaltung frei, die daher auch eine Beteiligung der Gemeinschaftsorgane vorsehen kann. So wurde zum Beispiel auch das EuGVÜ im Rahmen und unter Beteiligung der Kommission ausgearbeitet und im Rahmen des Rates unterzeichnet, um den engen Zusammenhang des Übereinkommens mit der Europäischen Wirtschaftsgemeinschaft zum Ausdruck zu bringen[138]. Dadurch werden konsensfähige Lösungen erarbeitet, die auch eine spätere Ausübung der Gemeinschaftsbefugnisse auf diesem bereits staatsvertraglich geregelten Gebiet erleichtern, wenn nicht sogar beschleunigen.

Eine Zuständigkeit der Gemeinschaft im Bereich des internationalen Zivilverfahrensrechts kann sich dagegen aus der Rechtsangleichungsbefugnis nach Art. 95 EGV ergeben.

2. Rechtsangleichung unter Art. 95 EGV

Insbesondere da Art. 220 EGV a.F. (Art. 293 EGV) die Rechtsetzungsbefugnisse der Gemeinschaft unberührt lässt, stellt sich vorliegend die Frage, ob das internationale Zivilverfahrensrecht, und vor allem das EuGVÜ, nicht auch von der Gemeinschaft hätte geregelt werden können. Nach Art. 95 Abs. 1 EGV erlässt der Rat zur Angleichung der Rechtsvorschriften der Mitgliedstaaten Maßnahmen, die die Errichtung und das Funktionieren des Binnenmarktes zum Gegenstand haben. Es fragt sich, ob die Gemeinschaft dadurch nicht auch schon vor Inkrafttreten des Vertrages von Amsterdam und dessen Art. 65 EGV die Möglichkeit hatte, das internationale Zivilverfahrensrecht, also auch die Regelungsgegenstände der EuGVO und der EheVO, durch Gemeinschaftsmaßnahmen auf der Grundlage von Art. 100 a EGV a.F. (der dem Art. 95 EGV entspricht) abzudecken, oder ob es dazu der Einführung

---
[135] GTE-*Schwartz*, Art. Art. 220 EGV (in der Fassung von Maastricht) Rz. 12; Oppermann, § 6 Rz. 613.
[136] EuGH Slg. 1994, I-467, Rs. C 398/92 Tz. 22 - Mund &Fester/Hatrex.
[137] Lenz-*Röttinger*, Art. 293 EGV Rz. 2.
[138] Denkschrift zum Übereinkommen BT-Drs. VI/1973 S. 44.

des Art. 65 EGV als neuer Kompetenzzuweisung bedurfte. Ausschlaggebend dafür ist auch der sachliche Anwendungsbereich des Art. 100 a EGV a.F./Art. 95 EGV.

a) Rechtsangleichung des internationalen Zivilverfahrensrechts als Maßnahme zur Verwirklichung des Binnenmarktes

Art. 95 EGV ermächtigt die Gemeinschaft, vorbehaltlich der Bereichsausnahmen des Abs. 2 und der Subsidiarität gegenüber spezielleren Vertragsvorschriften, zum Erlass von Maßnahmen, die „die Errichtung und das Funktionieren des Binnenmarktes zum Gegenstand haben" (Art. 95 Abs. 1 Satz 2 EGV). Damit ist der Anwendungsbereich des Art. 95 EGV nicht sachlich, sondern funktional bestimmt.

aa) Art. 95 EGV als finale Kompetenzbestimmung

Im Gegensatz zu sachlich-gegenständlichen Kompetenztiteln, bei denen die Rechtsetzungsbefugnis der Gemeinschaft an einem konkreten Teilbereich des EG-Vertrages festgemacht wird[139], erfassen finale Kompetenztitel den gesamten Anwendungsbereich des EG-Vertrages unter einer bestimmten Zielsetzung. Art. 95 EGV z.B. betrifft die Zielsetzung eines Marktes ohne Binnengrenzen. Der Anwendungsbereich des Art. 95 EGV wird somit nach Maßgabe eines funktionellen Kriteriums festgelegt, das sich querschnittsartig auf sämtliche zur Verwirklichung des Binnenmarkts bestimmte Maßnahmen erstreckt[140]. Der Zuständigkeitsbereich des Art. 95 EGV ist dadurch ausschließlich durch Bezugnahme auf das angegebene Ziel bestimmt, nicht nach einer sachlichen Regelungsmaterie. Dennoch reicht allein der Umstand, dass der Binnenmarkt betroffen ist, für die Anwendbarkeit des Art. 95 EGV nicht aus[141]. Vielmehr müssen Maßnahmen, die auf der Grundlage des Art. 95 EGV erlassen werden, dazu geeignet sein, einen wesentlichen, konkreten und substantiellen Beitrag zur Errichtung des Binnenmarktes zu leisten. Es genügt nicht, wenn „der zu erlassende Rechtsakt nur nebenbei eine Harmonisierung der Marktbedingungen"[142] bewirkt. Ebensowenig können Maßnahmen auf Art. 95 EGV gestützt werden, die keinen konkreten Bezug zur Verwirklichung oder Sicherung des Binnenmarktes haben, selbst wenn sie einen positiven Einfluss auf die Homogenität der wirtschaftlichen und sozialen Rahmenbedingungen des einheitlichen Binnenmarktes in der Gemeinschaft haben mögen. Der Umstand, dass eine Angleichungsmaßnahme für die Errichtung oder das Funktionieren des Binnenmarktes nützlich ist, reicht für die Anwendbarkeit des Art. 95 EGV nicht aus[143]. Der gegenteiligen Ansicht[144] steht

---

[139] Nettesheim, EuR 1993, 243 (248); Schelo, S. 51 und 73.
[140] EuGH, Slg. 2000, I-8419 Rs C 376/98 - Tabakurteil, Schlussanträge des Generalanwalts Fenelly Tz. 62.
[141] EuGH Slg. 1994, I-2857 Rs. C 187/94 Tz. 24/25 - Parlament/Rat; Slg. 1996, I-1689 Rs. C 271/94 Tz. 32/33 - Parlament/Rat - Telematiknetze.
[142] EuGH Slg. 1993, I-939 Rs. C 155/92 Tz. 19 - Kommission/Rat – Abfallrichtlinie.
[143] GTE-Bardenhewer/Pipkorn, Art. 100 a EGV (in der Fassung von Maastricht) Rz. 31; Schwarze-Hernfeld, Art. 95 EGV Rz. 8 und 25.
[144] Grabitz/Hilf-Langheine, Art. 100 a EGV (in der Fassung von Maastricht) Rz. 43; Hailbronner/Klein/Magiera/Müller-Graff-Klein, Art. 100 a EGV (in der Fassung von Maastricht) Rz. 7; Reich, EuZW 1991,203 (208), die ein weiteres Binnenmarktverständnis zugrunde legen, indem bereits die binnenmarktbezogene Nützlichkeit einer Maßnahme ausreichen soll.

die eindeutige Rechtsprechung des Gerichtshofs entgegen, die dieser erst kürzlich in seinem Tabakwerbeurteil verdeutlicht hat:

„Diesen Artikel [Art. 100 a EGV a.F. (Art. 95 EGV)] dahin auszulegen, dass er dem Gemeinschaftsgesetzgeber eine allgemeine Kompetenz zur Regelung des Binnenmarktes gewähre, widerspräche nicht nur dem Wortlaut ..., sondern wäre auch unvereinbar mit dem ... Grundsatz, dass die Befugnisse der Gemeinschaft auf Einzelermächtigungen beruhen"[145].

„Ein auf der Grundlage von Art. 100 a EG-Vertrag erlassener Rechtsakt muss tatsächlich den Zweck haben, die Voraussetzungen für die Errichtung und das Funktionieren des Binnenmarkts zu verbessern. Genügten bereits die bloße Feststellung von Unterschieden zwischen den nationalen Vorschriften und die abstrakte Gefahr von Beeinträchtigungen der Grundfreiheiten oder daraus möglicherweise entstehenden Wettbewerbsverzerrungen, um die Wahl von Artikel 100 a (Art. 95 n.F.) als Rechtsgrundlage zu rechtfertigen, so könnte der gerichtlichen Kontrolle der Wahl der Rechtsgrundlage jede Wirksamkeit genommen werden. ...Im Rahmen der Rechtmäßigkeitskontrolle einer auf der Grundlage von Art. 100 a EG-Vertrag erlassenen Richtlinie ist vom Gerichtshof zu prüfen, ob die Wettbewerbsverzerrungen, auf deren Beseitigung der Rechtsakt zielt, spürbar sind. Bestünde diese Voraussetzung nicht, wären der Zuständigkeit des Gemeinschaftsgesetzgebers praktisch keine Grenzen gezogen"[146].

Anders als Art. 94 EGV (Art. 100 EGV a.F.) setzt Art. 95 EGV jedoch nicht voraus, dass die Rechtsvorschriften der Mitgliedstaaten sich auf die Verwirklichung des Binnenmarktes „unmittelbar ... auswirken". Nach Art. 95 EGV müssen die Rechtsangleichungsmaßnahmen lediglich die Errichtung und das Funktionieren des Binnenmarktes zum Gegenstand haben. Demnach reicht eine substantielle und konkrete Auswirkung der Maßnahme, sei es unmittelbar oder mittelbar, ohne dass ein direkter störender Einfluss der anzugleichenden Rechtsvorschriften der Mitgliedstaaten auf den Binnenmarkt vorliegen muss. Vor allem die finale Ausgestaltung des Anwendungsbereichs des Art. 95 EGV bietet die Möglichkeit zum Erlass auch solcher Maßnahmen, die gegenüber dem Primärziel des Funktionierens des Binnenmarktes als Gemeinschaftsziel der Rechtsangleichung lediglich flankierende Bereiche erfassen. Indem sie einen mittelbaren Binnenmarktbezug aufweisen und einen konkreten Beitrag zu dessen Verwirklichung bzw. Verbesserung leisten, können sie als akzessorische Maßnahmen auf der Grundlage von Art. 95 EGV erlassen werden[147]. Ausgenommen sind also lediglich binnenmarktneutrale, binnenmarkthindernde oder ganz binnenmarktperiphere Regelungen.

bb) Einfluss des internationalen Zivilverfahrensrechts auf den Wettbewerb

Somit stellt sich vorliegend die Frage, ob die Angleichung des internationalen Zivilverfahrensrechts der Mitgliedstaaten einen solchen konkreten Beitrag zur Verbesserung des Binnenmarkts darstellt, indem spürbare Wettbewerbsverzerrungen beseitigt werden. Dabei steht angesichts der fortschreitenden Erweiterung der ursprünglichen Wirtschaftsgemein-

---

[145] EuGH, Slg. 2000, I-8419 Rs C 376/98 Tz. 83/84 - Tabakwerbeurteil.
[146] EuGH, Slg. 2000, I-8419 Rs C 376/98 Tz. 83/84; 106/107 - Tabakwerbeurteil.
[147] Callies/Ruffert-*Kahl*, Art. 95 EGV Rz. 10 a.

schaft zu einer umfassenden „Rechtsgemeinschaft" außer Frage, dass Art. 95 EGV nicht nur die Angleichung produktbezogener wettbewerbsverfälschender Vorschriften erfasst, sondern die Angleichung aller wettbewerbsverfälschender Vorschriften[148].

Die Kommission, die die Mitgliedstaaten am 22. Oktober 1959 zu den Verhandlungen zur Ausarbeitung des EuGVÜ einlud, begründete diese Verhandlungen dementsprechend damit, „dass ein echter Binnenmarkt ... erst dann verwirklicht sein wird, wenn ein ausreichender Rechtsschutz gewährleistet ist. Es wären Störungen und Schwierigkeiten im Wirtschaftsleben zu befürchten, wenn die sich aus den vielfältigen Rechtsbeziehungen ergebenden Ansprüche nicht erforderlichenfalls auf dem Rechtswege durchgesetzt werden könnten"[149]. Insbesondere die Personenfreiheit, die in Art. 14 Abs. 2 EGV ausdrücklich Teil des Binnenmarkts ist, erfordert eine Gewährleistung der Urteilsfreizügigkeit. Auch der EuGH betont die Zusammenhänge zwischen dem Binnenmarkt und der Urteilsfreizügigkeit[150]. Gerichtliche Entscheidungen sind ökonomisch betrachtet „property rights", deren wirtschaftlicher Wert sich in einem Binnenmarkt erst aus der Möglichkeit zur Anerkennung und Vollstreckung in anderen Mitgliedstaaten ergibt[151]. Ohne Titelfreizügigkeit ist ein wirklicher Binnenmarkt unerreichbar. Dem Einwand, es bestünden auch Bundesstaaten ohne vereinheitlichtes Zivilverfahrensrecht, wie zum Beispiel in den USA oder der Schweiz, in denen ein Binnenmarkt trotz dieser Rechtsvielfalt funktioniere[152], wird entgegengehalten, dass in beiden Staaten dennoch faktisch ein bundesweit einheitliches Zivilverfahrensrecht existiere. Dieses sei durch die Rechtsprechung der obersten Bundesgerichte bei der Überprüfung der Zivilverfahrensrechte der einzelnen Bundesstaaten zur Einhaltung der Verfassung begründet worden und werde seitdem als Richterrecht angewandt[153].

Darüber hinaus erkennt der Vertrag selbst ausdrücklich in Art. 293 Spgstr. 4 EGV (Art. 220 EGV a.F.) und seit dem Vertrag von Amsterdam auch in Art. 65 EGV die erleichterte Anerkennung und Vollstreckung von gerichtlichen Entscheidungen zur Erreichung des Vertragsziels „Binnenmarkt" als erforderlich an. Der Vertrag von Amsterdam legt damit Zeugnis ab vom Bewusstsein der Mitgliedstaaten über die Bedeutung des Zivilverfahrensrechts für die europäische Integration und auch für das Funktionieren des Binnenmarktes. Der erforderliche Binnenmarktbezug des Zivilverfahrensrechts dürfte somit seit dem Amsterdamer Vertrag außer Zweifel stehen.

Unterschiede zwischen den prozessualen Bestimmungen der Mitgliedstaaten drohen insbesondere nicht nur den Personenverkehr zu beeinträchtigen, sondern sie können auch zu einer Einschränkung der Waren-, Dienst-leistungs- oder Niederlassungsfreiheit führen. Ein Käufer könnte daran gehindert sein, im europäischen Ausland zu kaufen, weil er nicht weiß,

---

[148] GTE-*Badenhewer/Pipkorn,* Art. 100 a EGV (in der Fassung von Maastricht) Rz. 19; Reich, EuZW 1991, 203; a.A. Everling, FS Steindorff, S. 1170, der von Art. 100 a EGV a.F. nur produktbezogene Regelungen erfasst sieht.
[149] Kropholler, Europäisches Zivilprozessrecht, Einl. Rz 7.
[150] EUGH Slg. 1994, I-474 Rs. C 398/92 Tz. 11 - Mund & Fester/ Hatrex; so auch Heß, IPRax 2001, 301 (302).
[151] Besse, ZEuP 1999, 107 (119/120); Müko-*Gottwald,* Vor Art. 1 EheVO Rz. 1; Pfeiffer, S. 349.
[152] Schlosser, Einleitung Rz. 3.

wie lange oder wie teuer eine Rechtsdurchsetzung im etwaigen Streitfall sein wird. Langwierige, aufwendige und kostspielige Prozesse können die Durchsetzung materieller Rechte erheblich beeinträchtigen und damit auch die Geschäftstätigkeit in anderen Mitgliedstaaten, auf deren Prozesssystem man angewiesen ist, stören[154]. Solche Unsicherheiten könnten die freie Ausübung der durch den EG Vertrag garantierten Grundfreiheiten verhindern und damit auch die Errichtung und das Funktionieren des Binnenmarktes. Die Vereinheitlichung des internationalen Zivilverfahrensrechts dient damit unmittelbar dem Binnenmarktziel; denn aufgrund der Vereinheitlichung wird es für die gemeinschaftsweite Durchsetzung eines Urteils gleichgültig, in welchem Mitgliedsstaat dieses ergangen ist[155].

Hinsichtlich der EheVO ist dagegen zu berücksichtigen, dass deren Regelungsinhalt von der Bereichsausnahme der Personenfreizügigkeit des Art. 95 Abs. 2 EGV erfasst sein könnte, so dass eine Vergemeinschaftung auf dessen Grundlage ohnehin ausgeschlossen wäre.

b) Bestimmungen über die Freizügigkeit als Bereichsausnahme für die EheVO

Nach Art. 95 Abs. 2 EGV gilt Art. 95 Abs. 1 EGV nicht für die Bestimmungen über die Freizügigkeit. Als Ausnahmeregelung zu Absatz 1 ist Art. 95 Abs. 2 EGV nach den vom EuGH entwickelten Regeln zum Verhältnis von Grundsatznorm und Ausnahme[156] eng auszulegen. Die Bereichsausnahme des Abs. 2 erstreckt sich daher nur so weit, wie es erforderlich ist, um den mit der Ausnahme verfolgten Zweck zu erreichen. Die Bereichsausnahme der Bestimmungen über die Freizügigkeit verfolgt nach dem Willen der Vertragsautoren dabei den Zweck, dass die Mitgliedstaaten in diesem, als besonders sensibel geltenden, Bereich des Aufenthaltsrechts und der Abschaffung der Personenkontrollen keine Mehrheitsentscheidungen im Rat zulassen wollten, wenn über die bereits geregelte Freizügigkeit der Arbeitnehmer und die Niederlassungsfreiheit Selbständiger hinaus ein allgemeines Aufenthaltsrecht für die Staatsangehörigen der Mitgliedstaaten unabhängig von einer wirtschaftlichen Betätigung gemeinschaftsrechtlich gewährleistet werden sollte[157]. Insbesondere zwei Erklärungen in der Schlussakte zur Einheitlichen Europäischen Akte verdeutlichen diese Beschränkung der Bereichsausnahme auf den Bereich der Personenkontrollen und des Aufenthaltsrechts. Nach der „Allgemeinen Erklärung zu den Art. 13 bis 19 der EEA"[158] berühren diese Bestimmungen in keiner Weise das Recht der Mitgliedstaaten, diejenigen Maßnahmen zu ergreifen, die sie zur Kontrolle der Einwanderung aus dritten Ländern sowie zur Bekämpfung von Terrorismus, Kriminalität, Drogenhandel und unerlaubtem Handel mit Kunstwerken und Antiquitäten für erforderlich halten. In der von der Regierungskonferenz zur Kenntnis

---

[153] Kerameus, RabelsZ 66 (2002), 1 (9/10), der diesbezüglich auch darauf hinweist, dass in der Schweiz mittlerweile aufgrund einer Verfassungsänderung der Weg für eine Vereinheitlichung des Zivilverfahrensrechts geebnet ist.
[154] Nach einer Mitteilung der Kommission an den Rat und das Europäische Parlament: „Wege zu einer effizienteren Erwirkung und Vollstreckung von gerichtlichen Entscheidungen in der Europäischen Union", ABl. EG 1998 C 33 S. 3 FN 2, hat eine 1991 durchgeführte Eurobarometer-Umfrage ergeben, dass Schwierigkeiten bei der Streitbeilegung eines der größten Hindernisse für den Kauf von Konsumgütern in anderen Mitgliedstaaten darstellen; so auch Wolf, S. 35.
[155] v Hoffmann, ZfRVgl 1995, 45 (48).
[156] EuGH, Slg. 1986, 2121 Rs 66/85 Tz. 26 - Lawrie-Blum/Land Baden-Württemberg.
[157] Grabitz/Hilf-*Langheine*, Art. 100a EGV (in der Fassung von Maastricht) Rz. 25; GTE-*Badenhewer/Pipkorn*, Art. 100 a EGV (in der Fassung von Maastricht) Rz. 58.

genommenen „Politischen Erklärung der Regierungen der Mitgliedstaaten über die Freizügigkeit"[159] verpflichten sich die Mitgliedstaaten insbesondere in diesen Bereichen der Einreise, der Bewegungsfreiheit und des Aufenthalts von Staatsangehörigen dritter Länder sowie bei der Bekämpfung von Terrorismus, Kriminalität, Drogenhandel und unerlaubtem Handel mit Kunstwerken und Antiquitäten zur Zusammenarbeit. Der Gemeinschaft sollte also die Regelung der Personenkontrollen beim Grenzübertritt natürlicher Personen nicht durch die Möglichkeit von Mehrheitsentscheidungen erleichtert werden; sie musste in diesem Bereich vielmehr nach den allgemeinen Befugnisnormen in Art. 94 EGV oder ggf. Art. 308 EGV vorgehen[160]. Zwar unterstreichen diese Erklärungen das Fortbestehen von nationalen Souveränitätsreserven in diesen Bereichen. Daneben bestätigen sie aber auch, dass die Souveränitätsvorbehalte der Mitgliedstaaten sich nur auf den Bereich der Grenzkontrollen und des Aufenthaltsrechts beziehen. Maßnahmen, die allgemein den Grenzübertritt betreffen, ohne dabei unmittelbar Fragen der Personenkontrollen oder des Aufenthaltsrechts zu regeln, sollen dagegen nicht von der Bereichsausnahme erfasst und somit nicht vom Regelungsbereich des Art. 95 Abs. 1 EGV ausgeschlossen werden[161]. Maßnahmen, die die Freizügigkeit von Personen nur mittelbar und indirekt betreffen, sind daher auf der Grundlage von Art. 95 Abs. 1 zulässig[162]. Da die Anerkennung und Vollstreckung familienrechtlicher Entscheidungen, wie sie die EheVO beinhaltet, nicht den sensiblen Bereich der Personenkontrollen oder des Aufenthaltsrechts der Mitgliedstaaten betreffen und sich damit auch auf die Personenfreizügigkeit nur mittelbar auswirken, steht dem Erlass dieser Verordnung auf der Grundlage des Art. 100 a EGV a.F. (Art. 95 EGV) nicht dessen Bereichsausnahmeregelung in Abs. 2 entgegen.

Steht somit Art 95 Abs. 2 EGV der Vergemeinschaftung des Eheübereinkommens auf der Grundlage des Art. 95 EGV nicht entgegen und ist auch der erforderliche Binnenmarktbezug im Bereich des internationalen Zivilverfahrensrechts nach Art. 95 EGV gegeben, so fragt sich, warum die Gemeinschaft nicht schon bereits vor Inkrafttreten des Amsterdamer Vertrages mit seinem neuen Art. 65 EGV das internationale Zivilverfahrensrecht vergemeinschaftet hat, warum insbesondere das EuGVÜ nicht schon früher in eine Verordnung überführt worden ist. Grund dafür könnte eine Einschränkung der zulässigen Handlungsinstrumente der Gemeinschaft auf der Grundlage von Art. 100 a EGV a.F./Art. 95 EGV sein. Sollten Verordnungen auf dieser Kompetenzgrundlage nicht zulässig sein, so könnte darin eine Erklärung dafür liegen, warum die beiden zivilverfahrensrechtlichen Verordnungen nicht schon vor dem Inkrafttreten des Amsterdamer Vertrages ergangen sind.

c) Angleichungsmaßnahme

Art. 95 EGV ermächtigt den Rat zum Erlass von „Maßnahmen". Dieser Begriff umfasst alle der Gemeinschaft nach Art. 249 Abs. 1 EGV zustehenden Handlungsinstrumente: Verordnungen, Richtlinien, Entscheidungen, Empfehlungen und Stellungnahmen. Der Vergemeinschaftung des internationalen Zivilprozessrechts durch Verordnungen auf der Grundlage von

---
[158] BGBl. 1986 Teil II 1102 (1114).
[159] BGBl. 1986 Teil II 1102 (1114/1115).
[160] Ehlermann, CML Rev. 1987, 361 (387); Hayder, RabelsZ 53 (1989), 622 (658).
[161] GTE-*Bardenhewer/Pipkorn*, Art. 100 a EGV (in der Fassung von Maastricht) Rz 61.

Art. 95 EGV steht dabei auch nicht die „Erklärung zur Einheitlichen Europäischen Akte"[163] entgegen. Diese sieht zwar vor, dass vorrangig das Instrument der Richtlinie zu verwenden ist, wenn das Gemeinschaftsrecht die Mitgliedstaaten zur Änderung des nationalen Rechts zwingen soll. Doch soll der Richtlinie eben auch nur „der Vorzug" gegeben werden, wenn diese im Hinblick auf das für den Binnenmarkt erforderliche Rechtsangleichungsziel der Verordnung gleichwertig ist. Die Erklärung verhindert daher nicht den Erlass von Verordnungen, wenn diese besser geeignet sind, das angestrebte Angleichungsziel zu erreichen[164], was vorliegend noch zu erörtern ist[165]. Vor allem hat diese Erklärung im Nachhinein an Bedeutung verloren, seit Titel IV des Amsterdamer Vertrags den Erlass von Verordnungen in benachbarten Rechtsgebieten, insbesondere im privatrechtlichen Bereich, ohne weiteres zulässt[166]. Die Erklärung stellt somit keine Hürde mehr dar, Verordnungen auch unter Rückgriff auf Art. 95 EGV zu erlassen.

Eine Vergemeinschaftung des internationalen Zivilverfahrensrechts, auch in Familiensachen und in der Form von Verordnungen war also schon auf der Grundlage von Art. 95 EGV/Art. 100 a EGV a.F, also bereits vor dem Inkrafttreten des Amsterdamer Vertrages möglich. Die Antwort auf die Frage, weshalb davon kein Gebrauch gemacht wurde, sondern vielmehr die Einführung des „neuen" Kompetenztitels des Art. 65 EGV durch den Amsterdamer Vertrag abgewartet wurde, findet sich in der institutionellen Ausgestaltung des Art. 95 EGV.

d) Institutionelle Voraussetzungen

Wie ein Vergleich mit der besonderen institutionellen Ausgestaltung des durch den Amsterdamer Vertrages neu eingeführten Art. 65 EGV zeigen wird[167], scheuten die Mitgliedstaaten vor allem in dem sensiblen Bereich des internationalen Zivilverfahrensrechts eine Überstimmung durch Mehrheitsentscheidungen, wie sie Art. 95 EGV durch den Verweis auf das Verfahren nach Art. 251 EGV ermöglicht. Die Einführung eines „neuen Kompetenztitels", dessen es nach vorliegender Ansicht zumindest der Sache nach nicht bedurft hätte, stellt sich daher als ein politischer Kompromiss dar, der sich hauptsächlich in der institutionellen Ausgestaltung auswirkt. Dies soll nachfolgend verdeutlicht werden.

3. Justitielle Zusammenarbeit in Zivilsachen nach Art. 65 EGV

Um die Einführung des Art. 65 EGV als „neue" Kompetenzgrundlage der Gemeinschaft zur Vergemeinschaftung des internationalen Zivilverfahrensrechts vollständig nachvollziehen zu können, soll zunächst die Entstehungsgeschichte dieses neuen Zuständigkeitstitels dargestellt werden:

---

[162] Grabitz/Hilf-*Langheine*, Art. 100 a EGV (in der Fassung von Maastricht) Rz. 30.
[163] ABl. EG 1987 L 169/24.
[164] Basedow, AcP 200 (2000), 445 (479); Schmid, JZ 2001, 674 (676 FN. 19).
[165] S.u. unter Punkt II.3.f)bb).
[166] Basedow, in Baur/Mansel, Systemwechsel im Europäischen Kollisionsrecht, S. 19 (45/46); ders., FS Siehr, S. 26/27.
[167] S.u. unter Punkt II.3.g) und h).

a) Entstehungsgeschichte des Art. 65 EGV

Mit Inkrafttreten des Amsterdamer Vertrages am 1. Mai 1999 wurde dem EG-Vertrag ein neuer Titel IV „Visa, Asyl, Einwanderung und andere Politiken betreffend den freien Personenverkehr" eingefügt, der die Artikel 61 bis 69 umfasst. Auch wenn damit der Bereich der justitiellen Zusammenarbeit in Zivilsachen durch Art. 61 lit. c EGV erstmals ausdrücklich als Gemeinschaftskompetenz ausgestaltet ist, so stellt dies jedoch keinen Neuanfang auf diesem Gebiet dar.

aa) Die justitielle Zusammenarbeit in Zivilsachen nach Titel VI des EU-Vertrags von Maastricht

Die Mitgliedstaaten waren insbesondere durch die Vereinbarung des EuGVÜ auf der Grundlage von Art. 293 EGV (Art. 220 EGV a.F.) in diesem Bereich bereits völkerrechtlich tätig. Wegen der Schwerfälligkeit der zwischenstaatlichen Verhandlungen und der jeweiligen Ratifikationsprozesse wurde durch den Vertrag von Maastricht von 1992 die justitielle Zusammenarbeit in Zivilsachen im Titel VI des EU-Vertrages „Bestimmungen über die Zusammenarbeit in den Bereichen Justiz und Inneres" (ZBJI) in Art. K 1 Nr. 6 verankert.

bb) Rechtliche Einordnung

Diese sogenannte „dritte Säule" der Union, mit den Politiken der drei Gemeinschaften EG, EGKS und EAG als erste Säule und der gemeinsamen Außen- und Sicherheitspolitik als zweite Säule, bildete die Grundlage für die intergouvernementale Zusammenarbeit der Mitgliedstaaten in diesem Bereich. Denn trotz der Stellung im Unionsvertrag blieb der intergouvernementale Ansatz für diese dritte Säule charakteristisch: Primäres Handlungsinstrument sollten völkerrechtliche Übereinkommen sein (Art. K 3 Abs. 2 it. c), Beschlüsse des Rates konnten, außer in Verfahrensfragen und in den Fällen, in denen nach Art. K 3 EUV a.F. Mehrheitsentscheidungen vorgeschrieben waren, nur einstimmig getroffen werden (Art. K 4 Abs. 3), lediglich für die Bereiche des Art. K 1 Nr. 1 bis 6 EUV a.F., wozu auch die justitielle Zusammenarbeit in Zivilsachen zählte, bestand ein konkurrierendes Vorschlagsrecht der Kommission (Art. K 3 Abs. 2 Spgstr. 2); und die Auslegungskompetenz des EuGH musste erst durch eine entsprechende Regelung innerhalb der zu beschließenden Übereinkommen begründet werden (Art. K 3 Abs. 2 a. E.).

Diese Beibehaltung der intergouvernementalen Zusammenarbeit anstelle einer Rechtsetzung durch die Gemeinschaft verdeutlicht die mangelnde Bereitschaft der meisten Mitgliedstaaten[168], Kernelemente ihrer Staatlichkeit anzutasten. Je mehr die Integration Elemente dieser staatlichen Souveränität in den Bereichen Justiz und Inneres berührte, desto weniger waren die Mitgliedstaaten bereit, einer „Politik der großen Schritte" - insbesondere ohne Schonfrist - zuzustimmen[169]. Es musste daher ein institutioneller Kompromiss gefunden werden.

---

[168] Deutschland hatte eine Vergemeinschaftung vorgeschlagen, s. Nachweis bei Akmann, JA 1994, 49 (52).
[169] Akmann, JA 1994, 49 (52).

Dementsprechend gab es auch Elemente im Titel VI des EU-Vertrages, die über die herkömmliche Regierungszusammenarbeit hinausgingen: Wie bereits erwähnt, konnte der Rat in bestimmten Fällen Mehrheitsentscheidungen treffen und die Kommission hatte zumindest in manchen Bereichen ein konkurrierendes Initiativrecht. Darüber hinaus wurde sie gemäß Art. K 4 Abs. 2 EUV a.F. an allen Arbeiten in vollem Umfang beteiligt. Das geht über den bloßen Beobachterstatus, der der Kommission im Rahmen der herkömmlichen intergouvernementalen Zusammenarbeit nur eine informelle Einflussmöglichkeit auf die Sacharbeit gegeben hatte, hinaus. Allerdings war ihre Stellung nicht mit derjenigen nach Art. 211 EGV (Art. 155 EGV a.F.) vergleichbar. Insbesondere war sie nicht damit betraut, für die Anwendung der Vorschriften des dritten Pfeilers zu sorgen. Ihr kam nicht die „Motorrolle" zu, wie dies in der Gemeinschaft der Fall ist. Dem Vertragsschluss der Mitgliedstaaten ging eine Unterrichtung und Konsultation der Mitgliedstaaten im Rat gemäß Art. K 3 Abs. 1 EUV a.f. voraus, um ihr Vorgehen zu koordinieren. Dafür wurde gemäß Art. K 4 Abs. 1 EUV a.f. ein Koordinierungsausschuss, bestehend aus hohen Ministerialbeamten, eingesetzt[170]. Auch das Europäische Parlament hatte nach Art. K 6 EUV a. F. Mitwirkungsrechte: ein Recht auf Unterrichtung über die in den Bereichen des Titels VI durchgeführten Arbeiten und ein Anhörungsrecht durch den Vorsitz des Rates zu den wichtigsten Aspekten der Zusammenarbeit. Es konnte Anfragen und Empfehlungen an den Rat richten sowie einmal im Jahr eine Aussprache über die erreichten Fortschritte führen.

Aufgrund dieser Einbeziehung der Gemeinschaftsorgane handelte es sich bei der Zusammenarbeit nach Titel VI des Unionsvertrags von Maastricht nicht um eine rein völkerrechtliche Regierungszusammenarbeit[171]. Durch die institutionelle Verknüpfung mit der Gemeinschaft und ihren Organen wurde der *präintegrative* Charakter dieser Form von Zusammenarbeit verdeutlicht[172]. Den Kompromiss, den Titel VI des EU-Vertrages darstellt, verdeutlichte auch die Evolutivklausel (auch Brücken-Klausel, *Passerelle* genannt) des Art. K 9 EUV a.F. Danach bestand für die Mitgliedstaaten die Möglichkeit, die Bereiche des Art. K 1 Nr. 1 bis 6 EUV a.F. aus der dritten Säule des Vertrages herauszulösen und in die erste Säule als Gemeinschaftskompetenz zu überführen. Die Notwendigkeit der Ratifikation eines einstimmigen Ratsbeschlusses führte jedoch dazu, dass von dieser Möglichkeit der Vergemeinschaftung kein Gebrauch gemacht wurde. Dennoch war zumindest die „Vergemeinschaftungsfähigkeit" dieser Bereiche, zu denen auch die justitielle Zusammenarbeit in Zivilsachen nach Art. K 1 Nr. 6 EUV a.F. gehörte, durch Art. K 9 EUV a.F. festgeschrieben[173]. Dadurch wird, als Ergebnis des politischen Kompromisses zwischen den Befürwortern einer weitgehenden Vergemeinschaftung und den Verteidigern der intergouvernementalen Zusammenarbeit, auch zum Ausdruck gebracht, dass die Justiz- und Innenzusammenarbeit auf dynamische Fortentwicklung im Sinne einer stetigen, vertieften Integration angelegt ist[174].

---

[170] GTE-*Degen*, Art. K 4 EUV (in der Fassung von Maastricht) Rz. 1/2.
[171] Dittrich, S. 112 und 114; Müller-Graff, FS Everling S. 930.
[172] Di Fabio, DÖV 1997, 89 (91).
[173] Akmann, JA 1994, 49 (53); Nanz, Integration 1992, 127 (131); Schweitzer/Hummer, § 18 Rz. 1883.
[174] GTE-*Degen*, Art. K 9 EUV (in der Fassung von Maastricht) Rz. 1.

cc) Rechtsnatur der Maßnahmen nach Art. K 3 EUV a.F.

Diese Zwischenstellung des Titels VI des EU-Vertrages von Maastricht lässt die Frage nach der Rechtswirkung der gemeinsamen Standpunkte und Maßnahmen nach Art. K 3 Abs. 2 lit. a und b EUV a.f. aufkommen. (Die Einordnung des Übereinkommens nach lit. c als Völkervertragsrecht, das noch der Ratifikation durch die Mitgliedstaaten bedarf, ist unproblematisch.) Beide werden hinsichtlich ihrer Rechtsnatur im EU-Vertrag nicht näher definiert. Vergleicht man jedoch die Möglichkeit zur Festlegung eines gemeinsamen Standpunktes mit den sonstigen Handlungsmöglichkeiten der dritten Säule, nämlich der Annahme von Maßnahmen und dem Abschluss von Übereinkommen, so liegt es nahe, den gemeinsamen Standpunkt im Sinne einer gemeinsamen Erklärung oder Empfehlung ohne bindende Wirkung für die Mitgliedstaaten zu verstehen, in denen der Rat Sachverhalte aus den Bereichen des Art. K 1 EUV a.f. übereinstimmend rechtlich oder politisch beurteilt und daraus Schlussfolgerungen für das weitere politische und administrative Vorgehen zieht[175].

Weniger klar ist dagegen die Bedeutung einer gemeinsamen Maßnahme, die vom Rat angenommen werden kann. Der Begriff ähnelt dem der gemeinsamen Aktion in Art. J 3 EUV a.f. im Rahmen der Gemeinsamen Außen- und Sicherheitspolitik. Dort ist jedoch in Art. J 3 Abs. 4 EUV a.f. ausdrücklich bestimmt, dass diese gemeinsamen Aktionen für die Mitgliedstaaten bindend sind. Im Bereich der Zusammenarbeit in den Bereichen Justiz und Inneres gibt es dagegen keine entsprechende Bestimmung bezüglich der Annahme gemeinsamer Maßnahmen. Aufgrund dieses Fehlens einer ausdrücklichen Festlegung der Rechtsverbindlichkeit, obwohl das an anderer Stelle im EU-Vertrag geschehen ist, wird teilweise gefolgert, die Rechtsverbindlichkeit der Annahme gemeinsamer Maßnahmen nach Art. K 3 Abs. 2 lit. b EUV a.f. erscheine eher zweifelhaft[176].

Nach anderer Ansicht[177] fehlt eine solche Festsetzung der Rechtsverbindlichkeit im Vertrag selbst lediglich deshalb, weil keine Zweifel an der Rechtsverbindlichkeit von gemeinsamen Maßnahmen bestünden. Zudem sei es nicht möglich, dem Begriff Aktion/Maßnahme[178], je nachdem in welchem Titel er verwendet wird, eine andere Bedeutung zu geben. Nur bei Zugrundelegung dieser Auslegung habe Art. K 3 Abs. 2 lit. b EUV a.f. neben der herkömmlichen Praxis der unverbindlichen Empfehlungen einen Sinn. Dafür spricht auch, dass ansonsten kein Unterschied zwischen der Festlegung gemeinsamer Standpunkte und der Annahme gemeinsamer Maßnahmen bestünde. Eine Differenzierung würde sich erübrigen. Im Übrigen spricht für die Verbindlichkeit gemeinsamer Maßnahmen, dass nur so gewährleistet ist, dass die Ziele der Union sich gem. Art. K 3 Abs. 2 lit. b EUV a.f. durch gemeinsames Vorgehen „besser" verwirklichen lassen als durch Maßnahmen einzelner Mitgliedstaaten[179].

---

[175] GTE-*Degen*, Art. K 3 EUV (in der Fassung von Maastricht) Rz. 4; Müller-Graff, FS Everling, S. 933.
[176] Müller-Graff, FS Everling, S. 934.
[177] BVerfGE 89, 155 (176/177 B2c2 und c5); Dittrich, S. 113.
[178] Lediglich die deutsche Fassung unterscheidet diese Begriffe, sowohl die englische als auch die französische Fassung verwenden in beiden Titeln lediglich den Begriff *actions*.
[179] GTE-*Degen*, Art. K 3 EUV (in der Fassung von Maastricht) Rz. 7/8; Schweitzer/Hummer, § 18 Rz. 1893.

dd) Sachlicher Anwendungsbereich

Inhaltlich umfasste Titel VI des Vertrags von Maastricht neben der justitiellen Zusammenarbeit in Zivilsachen auch die auf dem Gebiet des Strafrechts, die polizeiliche Zusammenarbeit sowie die Zusammenarbeit im Bereich der Asyl- und Einwanderungspolitik. Diese systematische Einordnung der Zivilrechtspflege in diese Bereiche war historisch bedingt: Ein sachlicher Bezug zu den anderen Sachgebieten des Art. K 1 EUV a. F. bestand nur insoweit, als dass durch das Zivilverfahrensrecht die angestrebte Freizügigkeit im europäischen Rechtsraum effektiver durchgesetzt werden konnte[180]. Durch die Zusammenfassung der in Art. K 1 EUV a. F. aufgezählten Politikbereiche wurde nämlich eine Koordination von zwei Arbeitsgruppen institutionalisiert. Diese beiden Arbeitsgruppen waren im Rahmen der europäischen politischen Zusammenarbeit (EPZ) aus den Justizministerien der Mitgliedstaaten gebildet worden und hatten zur Aufgabe, die Zusammenarbeit der Justizbehörden in Zivil- und Strafsachen abzustimmen[181].

Klärungsbedürftig ist das Verhältnis zwischen den völkerrechtlichen Übereinkommen der Mitgliedstaaten auf der Grundlage von Art. 220 EGV a.F. (Art. 293 EGV) und der Möglichkeit des Erlasses von Übereinkommen nach Art. K 3 Abs. 2 lit. c EUV a.f.

ee) Verhältnis zu Art. 293 EGV

Der Anwendungsbereich des Art. 220 EGV a.F. (der in Art. 293 EGV unverändert fortbesteht) überschneidet sich insbesondere hinsichtlich der justitiellen Zusammenarbeit in Zivilsachen mit Art. K 1 Nr. 6 iVm Art. K 3 Abs. 2 lit. c EUV a.f.. Nach beiden Vorschriften besteht die Möglichkeit, in diesem Bereich völkerrechtliche Übereinkommen abzuschließen - allerdings mit unterschiedlichen Beteiligungsmöglichkeiten der Gemeinschaftsorgane, so dass eine Abgrenzung dieser beiden Befugnisnormen notwendig wird. Nach Art. K 3 Abs. 2 lit. c EUV a.f. kann der Rat jedoch nur „unbeschadet des Artikels 220 EGV Übereinkommen ausarbeiten". Auch gemäß Art. M EUV a.f. lässt dieser Vertrag die „Verträge zur Gründung der Europäischen Gemeinschaften unberührt". Die Vorschriften des EU-Vertrages zur Zusammenarbeit der Mitgliedstaaten im Bereich Justiz und Inneres treten also hinter Art. 220 EGV a.F. zurück[182]. Der Erforderlichkeitsvorbehalt in Art. 220 EGV a.F. bezieht sich nur auf die Alternative: Tätigkeit der Gemeinschaft oder der Mitgliedstaaten. Sie stellt dagegen keinen Vorbehalt dahingehend auf, ob ein Handeln innerhalb oder außerhalb des Art. 220 EGV a.F., z.B. unter Art. K ff EUV a.F., erforderlich ist[183]. Allerdings stellt sich damit die Frage, warum das Gerichtsstands- und Vollstreckungsübereinkommen für Ehe- und Sorgerechtssachen von 1998[184] auf der Grundlage von Art. K1 Nr. 6 iVm Art. K 3 Abs. 2 lit. c EUV a.f. erarbeitet worden ist. Ziel des Übereinkommens ist es nämlich, das EuGVÜ, das diese Bereiche ausdrücklich aus seinem Anwendungsbereich ausnimmt, zu ergänzen. Insofern hätte dem Erlass auf der Grundlage des Art. 220 EGV a.F. nichts entgegengestanden, zumal

---
[180] Heß, NJW 2000, 23 (26).
[181] GTE-*Degen*, Vorb. Art. K EUV (in der Fassung von Maastricht) Rz. 12; Heß, NJW 2000, 23 (25/26); Pirrung, ZEuP 1999, 834 (835).
[182] GTE-Schwartz, Art. 220 EGV (in der Fassung von Maastricht) Rz. 117.
[183] GTE-Schwartz, Art. 220 EGV (in der Fassung von Maastricht) Rz. 119; a.M. Hailbronner/Klein/Magiera/Müller-Graff-*Klein*, Art. 220 EGV (in der Fassung von Maastricht) Rz. 15.
[184] ABl. EG vom 16. 7. 1998 Nr. C 221 S. 1 ff.

auch dessen Inhalt von Art. 220 Spgstr. 1 und 4 EGV a.F. abgedeckt gewesen wäre[185]. Das Übereinkommen steht jedoch gerade inhaltlich der Materie der justitiellen Zusammenarbeit nach Art. K ff EUV a.F. näher, die der Freizügigkeit der Bürger dient. Art. 220 EGV a.F. steht dagegen doch mehr in Sachzusammenhang mit der klassisch vom Wirtschaftsrecht geprägten Materie des EG-Vertrages[186].

ff) Bilanz der justitiellen Zusammenarbeit in Zivilsachen nach dem EU-Vertrag

Bereits aus dem Vertrag von Maastricht selbst ergab sich der Auftrag, diese neu eingeführte intergouvernementale Zusammenarbeit in den Bereichen Justiz und Inneres bei der nächsten Regierungskonferenz 1996/97 im Hinblick auf ihre Funktionsweise neu zu überarbeiten (Art. B 5. Spgstr. iVm Art. N Abs. 2 EUV in der Fassung von Maastricht). Die Vertragsautoren waren sich also schon bereits bei Abschluss des Maastrichter Vertrages der Unzulänglichkeiten bei der Ausgestaltung der neu eingeführten Zusammenarbeit (ZBJI) bewusst[187]. Sie sind auch durch die Praxis bestätigt worden. Die der eigentlichen Regierungskonferenz vorgeschaltete Reflexionsgruppe schrieb in ihrem Bericht vom Dezember 1995[188], dass das Ausmaß der Herausforderungen, die sich der EU in dem Bereich der ZBJI stellten, in keinem Verhältnis zu den seit dem Inkrafttreten des Vertrages von Maastricht im November 1993 erzielten Ergebnissen ständen. Von den auf der Grundlage des Art. K 3 EUV a. F. beschlossenen Übereinkommen im Bereich der justitiellen Zusammenarbeit in Zivilsachen (namentlich das europäische Zustellungsübereinkommen von 1997[189] und das Gerichtsstands- und Vollstreckungsübereinkommen für Ehe- und Sorgerechtssachen von 1998[190]), ist keines von sämtlichen Mitgliedstaaten ratifiziert worden, so dass es hätte in Kraft treten können[191]. Dabei besteht weitgehend Einigkeit darüber, dass es sich nicht nur um Anlaufschwierigkeiten, sondern um strukturelle Mängel handelte[192]. Gründe dafür wurden vor allem darin gesehen, dass im EU-Vertrag klare, verbindliche Ziel- und Zeitbestimmungen hinsichtlich der ZBJI fehlten. Das Einstimmigkeitsprinzip machte die Zusammenarbeit zu sehr von dem politischen Willen einzelner Mitgliedstaaten abhängig, was bewirkte, dass wenige Maßnahmen und nur solche auf dem kleinsten Nenner, d.h. meist unverbindliche Beschlussformen, verabschiedet wurden[193]. Auch die Abgrenzung zwischen der Zusammenarbeit nach Titel VI des EUV als „Angelegenheiten von gemeinsamem Interesse" und Art. 100 a EGV in der Fassung von Maastricht als Gemeinschaftszuständigkeit zur Angleichung von Rechtsvorschriften blieb unklar und damit hinderlich für die Umsetzung der Zusammenarbeit in den Bereichen Justiz und Inneres[194].

---

[185] Kohler, Riv.dir.Int.priv.proc, 1992, 221 (223).
[186] Dittrich, S. 106; Jayme/Kohler, IPRax 1998, 417 (419).
[187] Lenz-*Bardenhever*, Vor. Art. 61-69 EGV Rz. 1.
[188] Bericht der Reflexionsgruppe in: Generalsekretariat des Rates, S. 50 s. Nachweis bei Schwarze-*Wiedmann* Art. 61 EGV Rz. 10.
[189] ABl. EG vom 27.8. 1997 Nr. C 261, S. 1 ff.
[190] ABl. EG vom 16. 7. 1998 Nr. C 221 S. 1 ff.
[191] Pechstein/Koenig, Kap. 6 Rz. 371.
[192] GTE-*Degen*, Vor Art. K – K 9 EUV (in der Fassung von Maastricht) Rz. 17.
[193] GTE-*Degen*, Vor Art. K – K 9 EUV (in der Fassung von Maastricht) Rz. 17; Pechstein/Koenig, Kap. 6 Rz. 371.
[194] Schwarze-*Wiedmann*, Art. 61 EGV Rz. 10.

Mit der Vergemeinschaftung dieses Bereiches durch den neuen Titel IV des Amsterdamer Vertrages bleibt die intergouvernementale Zusammenarbeit der dritten Säule der Union nun auf die polizeiliche und justitielle Zusammenarbeit in Strafsachen begrenzt (Titel VI des EU-Vertrages in der Fassung von Amsterdam, Art. 29 - 42 EUV).

Nachfolgend sollen nun die Anwendungsvoraussetzungen des Art. 65 EGV als Ermächtigungsgrundlage zur Vergemeinschaftung des internationalen Zivilverfahrensrechts erörtert werden. Im Mittelpunkt des Interesses steht dabei die Frage, ob Art. 65 EGV hierfür überhaupt eine tragfähige Grundlage ist.

b) Art. 65 EGV als Kompetenznorm mit bloßer Ergänzungsfunktion betreffend den freien Personenverkehr

Aus der systematischen Einordnung des Art. 65 EGV in Titel IV des Vertrages als „Politiken betreffend den freien Personenverkehr" ergibt sich die Frage, ob dieser Zusammenhang den Anwendungsbereich des Art. 65 EGV einzuschränken vermag.

Zum Teil[195] wird wegen dieser „schmalen Basis"[196] gefolgert, auf Art. 65 EGV könnten nur solche Maßnahmen begründet werden, die der Freizügigkeit des Personenverkehrs dienen und deshalb nicht auf Art. 95 EGV gestützt werden könnten, da nach Art. 95 Abs. 2 EGV Bestimmungen über die Freizügigkeit vom Anwendungsbereich des Art. 95 EGV ausgenommen sind. Art. 65 EGV käme danach lediglich eine Ergänzungsfunktion zu, soweit allein Maßnahmen betreffend die Personenfreizügigkeit erlassen werden sollen. Nach dieser Auffassung hätte also lediglich die EheVO auf Art. 65 EGV gestützt werden können, nicht jedoch die Vergemeinschaftung des EuGVÜ durch die EuGVO. Die Regelungsmaterie des EuGVÜ sei nämlich eindeutig nicht auf Aspekte der Personenfreizügigkeit beschränkt. Gerade die Anerkennung von Entscheidungen in Handelssachen berühre die Warenverkehrsfreiheit. Die Vergemeinschaftung des EuGVÜ hätte dieser Ansicht nach auf Art. 95 EGV gestützt werden müssen.

Diese Auffassung stützt sich auf einen Vergleich der verwendeten Formulierung „freier Personenverkehr", der sowohl im Vertrag von Amsterdam durch Titel IV als auch im Unionsvertrag von Maastricht durch die Zielvorgabe der Freizügigkeit in Art. K 1 EUV a.F. Bedeutung erlangt. Art. K 1 EUV a.F. stellt dieses Ziel der Freizügigkeit durch die Wortwahl „insbesondere" jedoch lediglich in Verhältnis zu den anderen Zielen der Union, diese werden gerade nicht ausgeschlossen: Art. K 1 EUV in der Fassung von Maastricht versteht die Zielbestimmung der Freizügigkeit dadurch nicht abschließend. Im Umkehrschluss dazu könne die Formulierung des Titels IV des Amsterdamer Vertrags, der den freien Personenverkehr als Zielvorgabe eben nicht nur exemplarisch nennt, die Annahme rechtfertigen, Maßnahmen, die unter diesem Titel getroffen werden, seien auf die Verwirklichung des freien Personenverkehrs beschränkt[197]. Sind dagegen auch andere Grundfreiheiten, wie etwa die Waren-

---

[195] Basedow, CML Rev. 2000, 687 (697); ders., EuZW 1997, 609; Israel, MJ 2000, 81 (82ff); Kohler, rev.crit. 1999, 1 (15); Monar, ELRev 1998, 320 (322 und 324/325); Schwarze-*Wiedmann*, Art. 65 EGV Rz. 9 und 21; so auch Leible, S. 353 (388), der seine Auffassung allerdings in Leible/Staudinger, EuLF 200/01, 225 (231 FN 57) ausdrücklich aufgibt.
[196] Jayme/Kohler, IPRax 2000, 454 (458).
[197] Kohler, rev.crit. 1999, 1 (15).

oder die Dienstleistungsfreiheit betroffen, und kann der Schwerpunkt der Maßnahme nicht eindeutig festgelegt werden, so soll nach dieser Ansicht Art. 95 EGV der Vorzug gebühren; durch die stärkere Beteiligung des Parlaments unter Art. 95 EGV würde damit auch die demokratische Legitimität der erlassenen Maßnahme erhöht[198].

Bei der Abgrenzung von Art. 65 EGV zu Art. 293 Spgstr. 4 EGV spricht diese Ansicht Art. 65 EGV jedoch mehr als nur ergänzende Funktion zu. Sie verweist darauf, dass die Materie der justitiellen Zusammenarbeit in Zivilsachen *vollständig* in Art. 65 EGV verlagert worden sei. Das verdeutliche vor allem die ausdrückliche Erwähnung der Anerkennung und Vollstreckung von Gerichtsurteilen in Zivil- und Handelssachen in Art. 65 lit. a Spgstr. 3 EGV[199]. Wie ist diese vollständige Verlagerung in Art. 65 EGV jedoch damit zu vereinbaren, dass Art. 65 EGV eigentlich nur Anwendung findet bei Rechtsakten, die den freien Personenverkehr betreffen, die also nicht auf Art. 95 EGV gestützt werden können?

Gegen die Interpretation, Art. 65 EGV betreffe ausschließlich Maßnahmen im Bereich des freien Personenverkehrs und erfasse somit nicht die Vergemeinschaftung des EuGVÜ, sprechen auch folgende Überlegungen:

Art. 61 lit. a EGV nimmt, im Unterschied zu den darauffolgenden Aufzählungen, ausdrücklich auf den freien Personenverkehr Bezug. Diese erneute Erwähnung wäre jedoch nach der oben dargestellten Auffassung überflüssig, nach der bereits der Titel, dem Art. 61 EGV unterstellt ist, einschränkende Wirkung dahingehend entfaltet, dass unter diesem ohnehin nur solche Maßnahmen erlassen werden dürfen, die die Verwirklichung des freien Personenverkehrs zum Ziel haben. Diese erneute Aufzählung in Art. 61 lit. a EGV legt vielmehr die Auslegung nahe, dass die übrigen Maßnahmen, auch die des Art. 61 lit. c EGV im Bereich der justitiellen Zusammenarbeit nach Art. 65 EGV, nicht primär dem freien Personenverkehr dienen müssen[200].

Art. 65 EGV enthält auch keine ausdrückliche Beschränkung seines Anwendungsbereichs auf den freien Personenverkehr, vielmehr nennt er das reibungslose Funktionieren des Binnenmarkts als ausdrückliche Erlassvoraussetzung. Gemäß Art. 3 Abs. 1 lit. c EGV ist dieser Binnenmarkt „durch die Beseitigung der Hindernisse für den freien Waren-, Personen-, Dienstleistungs- und Kapitalverkehr zwischen den Mitgliedstaaten gekennzeichnet". Ein, diese Legaldefinition einschränkendes Verständnis des Begriffs „Binnenmarkt" in Art. 65 EGV, das diesen auf den Bereich des Personenverkehrs begrenzt, hätte in dessen Wortlaut ausdrücklich aufgenommen werden müssen, um Widersprüche innerhalb des Vertrags bezüglich der Auslegung des Begriffs „Binnenmarkt" zu vermeiden. In Art. 95 Abs. 2 EGV ist dies zum Beispiel geschehen; die Personenfreizügigkeit ist dort als Bereichsausnahme vom Vertragsziel „Binnenmarkt" ausgenommen. Diese Systematik verdeutlicht, dass, wenn ein eingeschränktes Verständnis des Binnenmarkts zugrunde gelegt werden soll, dies ausdrücklich im Vertrag festgelegt wird.

---

[198] Basedow, in Baur/Mansel, Systemwechsel im Europäischen Kollisionsrecht, S. 19 (32); ders., CML Rev. 2000, 687 (698).
[199] Basedow, in Baur/Mansel, Systemwechsel im Europäischen Kollisionsrecht, S. 19 (35).
[200] Schelo, S. 63.

Zudem ermächtigt Art. 65 lit. a EGV eindeutig zur Ergreifung von Maßnahmen zur Anerkennung von Entscheidungen in Handelssachen. Eine Begrenzung des Begriffs „Binnenmarkt" in Art. 65 EGV auf den Bereich des freien Personenverkehrs stünde daher nicht nur in Widerspruch zu der allgemeinen Definition des Binnenmarkts in Art. 3 Abs. 1 lit c EGV, sondern würde auch zu Widersprüchen innerhalb des Verständnisses von Art. 65 EGV selbst führen.

Insoweit begrenzt die Stellung des Art. 65 EGV im Titel IV des Vertrages „Politiken betreffend den freien Personenverkehr" den sachlichen Anwendungsbereich des Art. 65 EGV nicht. Denn die in Art. 65 lit. a) bis lit. c) EGV explizit aufgezählten Bereiche des internationalen Zustellungs-, Beweiserhebungs-, Urteilsanerkennungs- und Vollstreckungsrechts verdeutlichen, dass Art. 65 EGV nicht lediglich solche Maßnahmen erfasst, die allein die Freizügigkeit des Personenverkehrs betreffen. Auch unter Berücksichtigung des Grundsatzes, dass die Überschrift einer Vorschrift nicht entscheidend ist (*rubrica non facet legem*) sollte man den Personenverkehrsbezug nicht überbetonen[201]. Dieser liegt vielmehr in der bereits dargestellten Entstehungsgeschichte der justitiellen Zusammenarbeit in Zivilsachen begründet. Bereits bei der Überführung dieses Bereichs in die dritte Säule des Unionsvertrags von Maastricht stellte die justitielle Zusammenarbeit neben den dort verankerten Politikfeldern wie Asyl- und Einwanderungspolitik oder polizeilicher Zusammenarbeit einen Fremdkörper dar, dessen Stellung historisch bedingt war. Diese systematische Einordnung wurde durch den Amsterdamer Vertrag nicht verändert. Der Begriff des „freien Personenverkehrs" ist daher auch gerade nicht deckungsgleich mit dem sonst im EG-Vertrag verwendeten Terminus, sondern lediglich ein Kürzel für die Eingangsformulierung des früheren Art. K.1 EUV a.F., der auf die „Freizügigkeit" in der Union Bezug nahm[202]. Die Stellung des Art. 65 EGV im System des EG-Vertrages dürfte damit wohl eher eine historisch bedingte „Verlegenheitslösung" als eine systembedachte Entscheidung"[203] sein.

Die Voraussetzung „betreffend den freien Personenverkehr" stellt daher keine zwingende Vorgabe im Hinblick auf den inhaltlichen Schwerpunkt der nach Art. 65 EGV zu erlassenden Maßnahmen dar. Die dadurch bedingte scheinbare Verengung des Anwendungsbereichs des Art. 65 EGV beruht vielmehr auf seiner ungeschickten Formulierung und Stellung im EG-Vertrag. Sie steht der Vergemeinschaftung des EuGVÜ durch die EuGVO auf dessen Grundlage jedoch nicht entgegen.

Ein Tätigwerden der Gemeinschaft nach Art. 65 EGV setzt allerdings des Weiteren voraus, dass die Maßnahmen für das reibungslose Funktionieren des Binnenmarktes erforderlich sind.

c) Funktionieren des Binnenmarktes

Fraglich könnte sein, ob in diesem Zusatz des *reibungslosen* Funktionierens des Binnenmarktes - Art. 95 EGV beschränkt sich auf Maßnahmen, die das Funktionieren des Binnenmarktes zum Gegenstand haben - eine Einschränkung oder eine Erweiterung gegenüber

---
[201] Eidenmüller, IPRax 2001, 2 (3); Heß, NJW 2000, 23 (27) FN. 80.
[202] Kohler, IPRax 2003, 401.
[203] Eidenmüller, IPRax 2001, 2 (3).

Art. 95 EGV zu sehen ist. Eine enge Auslegung dahingehend, dass Maßnahmen nach Art. 65 EGV für das reibungslose Binnenmarktfunktionieren zwingend erforderlich sein müssen und sich nicht nur unterstützend auf das Funktionieren des Binnenmarkts auswirken, hätte zur Konsequenz, dass die EheVO, die die einheitliche Anerkennung und Vollstreckung statusrechtlicher Entscheidungen in den Mitgliedstaaten festlegt, nicht auf Art. 65 EGV gestützt werden kann. Die einheitliche Statusbeurteilung in den Mitgliedstaaten trägt zwar zum reibungslosen Funktionieren des Binnenmarktes bei, indem die Personenfreizügigkeit erleichtert und dadurch auch gefördert wird. Ob darin jedoch ein zwingendes Erfordernis für das reibungslose Funktionieren des Binnenmarktes gesehen werden kann, erscheint zweifelhaft[204]. Parallelen könnten insofern auch zum Tabak - Werbeurteil des EuGH[205] gezogen werden. Im Hinblick auf Art. 95 EGV (Art. 100 a EGV a.F.) hat der EuGH ausgeführt, der erlassene Rechtsakt müsse der Beseitigung spürbarer Wettbewerbsverzerrungen dienen[206].

Fraglich ist somit, ob auch Art. 65 EGV einen Binnenmarktbezug von solcher Intensität voraussetzt. Wird durch diese Voraussetzung der Anwendungsbereich der Kompetenz also eingeschränkt[207], oder muss vielmehr ein weitergehendes Verständnis zugrunde gelegt werden, dass auch mittelbare Beeinträchtigungen zum Erlass von Gemeinschaftsmaßnahmen ausreichen, um ein reibungsloses Funktionieren des Binnenmarkts zu ermöglichen?

Für eine einschränkende Auslegung, d.h., dass Art. 65 EGV sogar weitergehende Anforderungen an den Binnenmarktbezug stellt als Art. 95 EGV, spricht zwar der Wortlaut des Art. 65 EGV, wonach Maßnahmen für das reibungslose Funktionieren des Binnenmarkts *erforderlich* sein müssen, während sie nach Art. 95 EGV lediglich das Funktionieren des Binnenmarkts *zum Gegenstand haben* müssen[208]. Allerdings lässt sich der Wortlaut des Art. 65 EGV auch als Erweiterung gegenüber Art. 95 EGV verstehen. Art. 95 EGV beinhaltet neben dem Funktionieren auch die Errichtung des Binnenmarkts als Gegenstand etwaiger Maßnahmen. Art. 65 EGV beschränkt sich dagegen auf das reibungslose Funktionieren. Dies könnte dahingehend ausgelegt werden, dass den nach Art. 65 EGV zu erlassenden Maßnahmen die Errichtung des Binnenmarkts gerade nicht obliegt. Maßnahmen nach Art. 65 EGV müssten lediglich zur Beseitigung von „Reibungen", die das Funktionieren behindern könnten, erforderlich sein. Die reine Wortlautauslegung führt also zu keinem eindeutigen Ergebnis.

Aussagekräftiger ist dagegen die systematische Stellung des Art. 65 EGV unter Titel IV des Vertrages, betreffend Maßnahmen des freien Personenverkehrs, deren ausdrückliches Ziel nach Art. 61 EGV der schrittweise Aufbau eines Raums der Freiheit, der Sicherheit und des Rechts ist. Dieses Ziel ist mit einem strikten Binnenmarktbezug nicht zu verwirklichen. Vielmehr verlangt es nach Maßnahmen auch in Bereichen, in denen nicht unmittelbar Wettbewerbsverzerrungen oder spürbare Beeinträchtigungen drohen, wie das gerade bei status-

---

[204] Kohler, Europäisches Kollisionsrecht, S. 21.
[205] EuGH, Slg. 2000, I-8419 Rs C 376/98 - Tabakwerbeurteil.
[206] EuGH, Slg. 2000, I-8419 Rs C 376/98 Tz. 84; 106/107 - Tabakwerbeurteil.
[207] So Tebbens, in Baur/Mansel, Systemwechsel im Europäischen Kollisionsrecht, S. 154 (159); Palandt-*Heldrich*, Art. 3 EGBGB Rz. 9.
[208] Tebbens, in Baur/Mansel, Systemwechsel im Europäischen Kollisionsrecht, S. 154 (159).

rechtlichen Entscheidungen der Fall ist[209]. Vor allem auch die in Art. 65 EGV aufgezählten Bereiche, wie die Erhebung von Beweismitteln oder die Zustellung von Schriftstücken, wofür Art. 65 EGV ausdrücklich als Kompetenzgrundlage dient, verdeutlichen, dass der Gemeinschaftsgesetzgeber selbst den Begriff des Binnenmarkts nicht rein wirtschaftlich verstanden hat. Die Stellung des Art. 65 EGV spricht demnach dafür, den Begriff des Binnenmarkts in Art. 65 EGV umfassend zu verstehen[210], so dass auch mittelbar binnenmarktfördernde Rechtsakte unter Art. 65 EGV erlassen werden können[211].

Das bestätigt auch die Entstehungsgeschichte des Art. 65 EGV. Durch ihn wurde die intergouvernementale Zusammenarbeit in Zivilsachen in eine Gemeinschaftsaufgabe überführt. Das strenge Verfahren beim Erlass von auf Art. 65 EGV gestützten Maßnahmen (Einstimmigkeitsprinzip, nur Koinitiativrecht der Kommission) sowie auch die eingeschränkte Auslegungskompetenz des EuGH nach Art. 68 EGV[212] verdeutlichen, dass die Mitgliedstaaten sich trotz der Kompetenzübertragung an die Gemeinschaft weiterhin die Entscheidungsfreiheiten sichern wollten, die sie im Bereich der intergouvernementalen Zusammenarbeit hatten. Daran zeigt sich, dass Art. 65 EGV genau den Bereich regeln soll, der bisher durch die intergouvernementale Zusammenarbeit in Zivilsachen erfasst wurde[213]. Wie gerade das nicht in Kraft getretene und durch die EheVO mittlerweile überholte Übereinkommen über die gerichtliche Zuständigkeit und die Anerkennung und Vollstreckung von Entscheidungen in Ehesachen von 1998[214] zeigt, konnten unter dem Unionsvertrag von Maastricht (Art. K ff) Maßnahmen auch dann getroffen werden, wenn sie keine oder nur geringe Relevanz zur Verwirklichung des Binnenmarktes aufwiesen. Sie mussten lediglich die Ziele der Union verwirklichen (Art. K 1 iVm Art. B EUV a.F.)[215].

Für dieses Verständnis lässt sich auch die i Änderung von Art. 67 EGV durch den Vertrag von Nizza heranziehen, wonach der Rat abweichend von Absatz 1 des Art. 67 EGV Maßnahmen nach Art. 65 EGV, mit Ausnahme der familienrechtlichen Aspekte, gemäß dem Mitentscheidungsverfahren des Art. 251 EGV beschließt. Diese ausdrückliche Nennung familienrechtlicher Aspekte von Maßnahmen unter Art. 65 EGV verdeutlicht, der Gemeinschaftsgesetzgeber selbst voraussetzt, dass diese Maßnahmen für den reibungslosen Ablauf des Binnenmarktes erforderlich sind. Das Kriterium des reibungslosen Funktionierens des Binnenmarkts stellt daher keine gegenständliche Schranke für den Erlass von Maßnahmen im Bereich des Familienrechts dar[216]. Auch das Tabak - Werbeurteil des EuGH findet nur insoweit Anwendung, als für Maßnahmen, die auf Art. 65 EGV gestützt sind, nur ein mittelbarer Binnenmarktbezug vorausgesetzt werden kann[217]. Insofern ist auch zu berücksichtigen, dass Art. 65 EGV, im Gegensatz zu Art. 95 EGV, keine finale Zuständigkeitsnorm, sondern eine

---

[209] Heß, IPRax 2001, 389 (394); Leible/Staudinger, EuLF 2000/01, 225 (228/229).
[210] BT-Drs. 13/9339, S. 152 zu Art. 73 m EGV a.F.; Kreuzer, S. 530.
[211] Heß, IPRax 2001, 389 (394 FN 79); Müller-Graff/Kainer, DRiZ 2000, 350 (353).
[212] S.u. unter Punkt II.3.g)dd).
[213] Mansel, in Baur/Mansel, Systemwechsel im Europäischen Kollisionsrecht, S. 1 (7).
[214] ABl. EG Nr. 221 vom 16.07.1998.
[215] So auch Beaumont, ICLQ 1999, 223 (227); Schack, ZEuP 1999, 805 (807).
[216] Basedow, in Baur/Mansel, Systemwechsel im Europäischen Kollisionsrecht, S. 19 (36); Leible/ Staudinger, EuLF 2000/01, 225 (228/229); Mansel, in Baur/Mansel, Systemwechsel im Europäischen Kollisionsrecht, S. 1 (5).
[217] Mansel, in Baur/Mansel, Systemwechsel im Europäischen Kollisionsrecht, S. 1 (9).

sachlich-gegenständliche Norm ist. Art. 65 EGV führt daher nicht zu gemeinschaftsrechtlichen Vorschriften, die die unterschiedlichsten Bereiche des nationalen Rechts berühren, wie das bei Art. 95 EGV der Fall ist[218]. Eine Einschränkung des Anwendungsbereichs durch das Vorliegen von spürbaren Wettbewerbsverzerrungen, wie es bei finalen Kompetenznormen notwendig wird, um eine ausufernde Gemeinschaftszuständigkeit zu vermeiden, erscheint bei einem ohnehin sachlich-gegenständlich begrenzten Kompetenztitel nicht erforderlich.

Demnach können auf Art. 65 EGV nicht nur die Vergemeinschaftung der Zuständigkeit, Anerkennung und Vollstreckung von Zivil- und Handelssachen im Sinne des EuGVÜ durch die EuGVO begründet werden, sondern auch die Vergemeinschaftung der Anerkennung und Vollstreckung von familienrechtlichen Urteilen durch die EheVO. Dadurch wird auch dem Umstand Rechnung getragen, dass die Personenfreiheit, die in Art. 14 Abs. 2 EGV ausdrücklich als Teil des Binnenmarkts anerkannt ist, gerade in der Zeit der „mobilen Binnenmarktehen"[219] immer mehr an Bedeutung gewinnt. Schon bei der Ausarbeitung des EuGVÜ wurde der Einfluss, den unterschiedliche Lösungen familienrechtlicher Fragen und die fehlende Freizügigkeit von Entscheidungen in diesem Bereich auf die Niederlassungsfreiheit in Europa haben, erkannt[220]. Ein Scheidungs- oder Sorgerechtsurteil, das in einem anderen Mitgliedstaat nicht anerkannt wird, behindert die Personenfreizügigkeit und hat somit Auswirkungen auf den freien Wettbewerb. Der Status, z.B. der Status der Freiheit von Bindung durch ein Scheidungsurteil, wird somit zur Ware[221] und ist grundsätzlich geeignet, Auswirkungen auf die Funktionsfähigkeit des Binnenmarktes zu haben. Die Vergemeinschaftung der internationalen Zuständigkeit sowie der Anerkennung und Vollstreckung von - auch familienrechtlichen - Urteilen ist damit für das reibungslose Funktionieren des Binnenmarktes erforderlich.

Einer restriktiven Auslegung des Binnenmarktbezugs in Art. 65 EGV, die eine Vergemeinschaftung der Anerkennungs-, Vollstreckungs- und Zuständigkeitsregeln nur statusrechtlicher Entscheidungen ausschließen würde, steht auch die Entwicklung der Gemeinschaft von einer ursprünglichen Wirtschaftsgemeinschaft hin zu einem umfassenden Rechtsraum entgegen. Die Grundfreiheit der Freizügigkeit in der Gemeinschaft kann angesichts dieser Entwicklung nicht mehr wie früher an der Ausübung einer Erwerbstätigkeit oder eines sonstigen wirtschaftlichen Kontextes festgemacht werden[222]. Dem entspricht auch die Legaldefinition des Binnenmarktes in Art. 14 Abs. 2 EGV, die den Binnenmarkt als Raum versteht und damit gerade nicht nur auf den „Markt" beschränkt[223].

Dem Erlass der EheVO auf der Grundlage von Art. 65 EGV steht dabei auch nicht entgegen, dass Art. 65 lit. a Spgstr. 3 EGV die Vergemeinschaftung des EuGVÜ explizit erwähnt, die

---

[218] So EuGH, Slg. 2000, I-8419 Rs. C-376/98 – Tabakwerbeurteil Schlussanträge des Generalanwalts Fenelly Tz. 62 in Bezug auf Art. 95 EGV (Art. 100 a a.F.).
[219] Kohler, in Mansel, Vergemeinschaftung des Europäischen Kollisionsrechts, S. 43.
[220] Jenard-Bericht, Kap 3 IV S. 59, ihr Ausschluss aus dem Anwendungsbereich des EuGVÜ liegt in den damaligen erheblichen Rechtsunterschiede in diesem Bereich begründet, s.u. unter Punkt III.2.2.1.
[221] Kohler, in Mansel, Vergemeinschaftung des Europäischen Kollisionsrechts, S. 48.
[222] Grabitz, Integration 1986, 95 (99); Grabitz/Hilf-*Langheine*, Art. 100 a EGV (in der Fassung von Maastricht) Rz. 22.
[223] So auch Drappatz, S. 97.

Vergemeinschaftung der Zuständigkeits- und Vollstreckungsregeln in Ehesachen jedoch nicht. Die redaktionelle Fassung des Art. 65 EGV („schließen ein") verdeutlicht, dass die dortige Aufzählung nicht abschließend zu verstehen ist[224]. Art. 65 lit. a EGV ermächtigt die Gemeinschaft grundsätzlich zur Regelung von Maßnahmen, die dem Bereich der justitiellen Zusammenarbeit unterliegen. Davon betroffen sind insbesondere verfahrensrechtliche Fragen, die grenzüberschreitende Bezüge aufweisen und für das reibungslose Funktionieren des Binnenmarktes erforderlich sind. Somit kann auch die EheVO auf Art. 65 lit. a EGV gestützt werden.

Die sachlichen Anwendungsvoraussetzungen des Art. 65 EGV, die Verwirklichung des freien Personenverkehrs und des reibungslosen Funktionierens des Binnenmarktes, stehen also dem Erlass sowohl der EuGVO als auch der EheVO auf Grundlage dieses Kompetenztitels nicht entgegen. Auch der Schlussbericht der Gruppe X „Freiheit, Sicherheit und Recht" des Europäischen Konvents[225] sieht keine Einschränkung durch die derzeitige Formulierung des Art. 65 EGV, vielmehr sei diese „angemessen formuliert". Allerdings schlägt die Gruppe vor, diese Rechtsgrundlage für die justitielle Zusammenarbeit in Zivilsachen im Rahmen einer künftigen Europäischen Verfassung von den Themen Asyl-, Einwanderungs- und Visumpolitik abzukoppeln.

Darüber hinaus müssen für die Wirksamkeit der beiden Verordnungen auch die weiteren Erlassvoraussetzungen nach dem EG-Vertrag, wie die Beachtung der Subsidiarität gegenüber mitgliedstaatlichem Handeln oder die Verhältnismäßigkeit des Rechtsakts erfüllt sein. Dies gilt auch hinsichtlich der Wahl der Form des Rechtsaktes.

d) Form des Rechtsakts unter Art. 65 EGV

Aufgrund des Wortlauts des Art. 65 EGV („justitielle Zusammenarbeit" und „Verbesserung und Vereinfachung") stellt sich die Frage, ob die verbindliche Verordnung als Rechtsaktform auf der Grundlage von Art. 65 EGV zulässig ist. Manche Stimmen in der Literatur[226] ziehen aus dieser Tatsache, dass Art. 65 EGV insoweit von anderen Kompetenzvorschriften des Vertrages abweicht, als er nicht von „Angleichung" und „Vereinheitlichung" der Rechtsvorschriften in den Mitgliedstaaten spricht, die Schlussfolgerung, dass die Intensität der gemeinschaftsrechtlichen Maßnahmen des Art. 65 EGV hinter dem zurückbleibt, was für sonstige Zuständigkeitsbereiche des Vertrages gilt.

Dass in die Kompetenznorm des Art. 65 EGV das Vokabular der früheren dritten Säule übernommen wurde - „justitielle Zusammenarbeit" - ändert jedoch nichts an ihrer Qualität als Gemeinschaftspolitik, der die üblichen Handlungsinstrumente der Gemeinschaft offen stehen[227].

Art. 65 EGV enthält auch keine Beschränkung hinsichtlich der Art der zu treffenden Maßnahme, wie dies in anderen Vorschriften ausdrücklich geschehen ist, z.B. in Art. 44 Abs. 1,

---

[224] Schwarze-*Wiedmann*, Art. 65 EGV Rz. 8, der auf den französischen Text „entre autres" verweist.
[225] CONV 426/02 vom 02.12.2002 S. 6.
[226] Kohler, Europäisches Kollisionsrecht, S. 4; Mansel, in Baur/Mansel, Systemwechsel im Europäischen Kollisionsrecht, S. 1 (9).
[227] Schwarze-*Wiedmann*, Art. 65 EGV Rz. 7.

94 EGV. Daraus lässt sich schlussfolgern, dass der EG-Vertrag ausdrücklich festlegt, wenn eine verbindliche Maßnahme, wie z.b. eine Verordnung, von einer Kompetenzvorschrift ausgeschlossen sein soll[228]. Der Gemeinschaft stehen somit im Bereich der justitiellen Zusammenarbeit alle in Art. 249 EGV aufgeführten Handlungsformen, und somit auch Verordnungen, zur Verfügung.

Darüber hinaus bleibt zu beachten, dass Art. 65 EGV nicht abschließend ist. Wie bereits gezeigt, sind diese Maßnahmen der Verbesserung und Vereinfachung lediglich ein Teil der Maßnahmen, die nach Art. 65 EGV erlassen werden können, soweit sie für das reibungslose Funktionieren des Binnenmarkts erforderlich sind. Damit werden aber verbindliche Maßnahmen wie die direkt geltende Verordnung gerade nicht ausgeschlossen[229].

Die Diskussion um die Einhaltung der Subsidiarität gegenüber mitgliedstaatlichem Handeln konzentriert sich vor allem auf Art. 69 EGV, der Sonderbestimmungen für einige EG-Mitgliedstaaten vorsieht, die weder Inhalt des EuGVÜ noch des Eheübereinkommens von 1998 waren.

e) Sonderbestimmungen für Großbritannien, Irland und Dänemark

Großbritannien, Dänemark und Irland haben sich gegen die Vergemeinschaftung der jetzt in Titel IV des EG-Vertrages geregelten Bereiche ausgesprochen. Dementsprechend finden in diesen Bereichen gemäß Art. 69 EGV die Bestimmungen der beiden Protokolle betreffend Großbritannien und Irland zum einen und Dänemark zum anderen Anwendung. Da Titel IV des EG-Vertrages zu weiten Teilen auch die ursprünglichen Schengen-Übereinkommen vergemeinschaftet, verwundert es nicht, dass Großbritannien und Irland, als Nicht-Schengen-Mitglieder, sich von der Vergemeinschaftung ausnahmen. Allerdings wird auch hier wieder deutlich, wie sehr die Vergemeinschaftung des Internationalen Zivilverfahrensrechts im Titel IV des EG-Vertrages neben der Visums-, Einwanderungs- und Asylpolitik in die Schieflage des Besitzstandes der Schengen- Übereinkommen gerät[230]. Die Zurückhaltung Dänemarks als Schengen-Mitglied seit 1996, lässt sich dagegen nur mit der ohnehin skeptischen Haltung Dänemarks bei Souveränitätsübertragungen an die Gemeinschaft in den Bereichen Justiz und Inneres erklären[231].

aa) Position Großbritanniens und Irlands

Artikel 1 des Protokolls Nr. 4 über die Position des Vereinigten Königreichs und Irlands stellt klar, dass das Vereinigte Königreich und Irland grundsätzlich nicht an dem Erlass von Maßnahmen durch den Rat unter Titel IV des Amsterdamer Vertrages teilnehmen. Diese Nichtbeteiligung hat zur Folge, dass diese nach dem neuen Titel erlassenen Maßnahmen sowie die Entscheidungen des EuGH für Großbritannien und Irland nicht bindend sind (Art. 2 des Protokolls Nr. 4).

---

[228] Basedow, CML Rev. 2000, 683 (706); Besse, ZEuP 1999, 107 (115); Leible/Staudinger, EuLF 2000/01, 225 (233); Lenz-*Bardenhewer*, Art. 68 EGV Rz. 7.
[229] So ausdrücklich Basedow, CML Rev. 2000, 683 (706).
[230] Drappatz, S. 144.
[231] Ehlermann, EuR 1997, 362 (384); Thun-Hohenstein, S. 57.

Artikel 3 Abs. 1 des Protokolls Nr. 4 zum Amsterdamer Vertrag ermöglicht es jedoch Großbritannien oder Irland, dem Präsidenten des Rates innerhalb von drei Monaten nach der Vorlage eines Vorschlags oder einer Initiative schriftlich mitzuteilen, dass sie sich an der Annahme und Anwendung der betreffenden Maßnahmen beteiligen wollen (sog. „opting-in"). Diese Mitteilung stellt dabei keinen Antrag dar, d.h. die Teilnahme ist mit der Mitteilung ohne Weiteres möglich, die übrigen Mitgliedstaaten können dem Vereinigten Königreich oder Irland die Teilnahme an einer Maßnahme des Titels IV des Amsterdamer Vertrages nicht verweigern, wenn diese beiden Staaten ihre Teilnahmebereitschaft mitgeteilt haben[232]. Allerdings kann der Rat, wenn eine Maßnahme nicht in einem angemessenen Zeitraum mit Beteiligung Irlands oder Großbritanniens angenommen werden kann, die betreffende Maßnahme auch ohne deren Beteiligung erlassen (Art. 3 Abs. 2 des Protokolls). Die beiden Staaten können durch ihr „Opt-in" den Erlass von Maßnahmen also nicht endgültig blockieren. Darüber hinaus ist die Möglichkeit der Teilnahme nur im Sinne eines „Full-Opt-In" möglich. Eine bloße Teilbeteiligung an einer unter Titel IV erlassenen Maßnahme ist unzulässig[233]. Ist eine Maßnahme durch den Rat bereits angenommen, so können Irland oder Großbritannien dem Rat und der Kommission gemäß Art. 4 des Protokolls jederzeit mitteilen, dass sie diese Maßnahme anzunehmen wünschen. In diesem Fall findet das in Art. 11 Abs. 3 EGV festgelegte Verfahren für den verspäteten Einstieg von Mitgliedstaaten in die verstärkte Zusammenarbeit sinngemäß Anwendung. Demnach beschließt die Kommission über den Antrag der Beteiligung und über spezifische Regelungen, die sie gegebenenfalls für notwendig hält. Beteiligen sich Großbritannien und Irland an einer Maßnahme unter Titel IV des EG-Vertrages, so ist diese Maßnahme für alle Mitgliedstaaten bindend, es gelten die Bestimmungen des EG-Vertrages, einschließlich der Zuständigkeitsbestimmungen für die Rechtsprechungsbefugnis des EuGH (Art. 6 des Protokolls).

Diese Möglichkeit des *opting-in* wurde von Großbritannien und Irland bisher bei allen auf Art. 61 lit. c, Art. 65 EGV gestützten Maßnahmen der Gemeinschaft wahrgenommen. An dieser Praxis wird sich wohl auch für zukünftige Rechtsakte nichts ändern, da beide Staaten auf der Ratstagung „Justiz und Inneres" am 12.3.1999 mitteilten, dass sie sich an der justitiellen Zusammenarbeit in Zivilsachen in vollem Umfang beteiligen möchten[234]. Insbesondere hat sich Irland in Art. 8 des Protokolls auch die Möglichkeit ausbedungen, dem Präsidenten des Rates schriftlich mitzuteilen, dass es nicht länger unter das Protokoll Nr. 4 zu fallen wünscht. In diesem Fall gelten für Irland, wie für die anderen Mitgliedstaaten auch, die übrigen Vertragsbestimmungen. Hintergrund dieses Art. 8 ist, dass Irland nur aus Rücksicht auf das Vereinigte Königreich und im Hinblick auf die Aufrechterhaltung der mit diesem seit langem bestehenden besonderen Reisebestimmungen („Common Travel Area") von der vollständigen Teilnahme an Titel IV des EG-Vertrages abgesehen hat[235]. Insofern hat Irland auch in seiner von der Konferenz zur Kenntnis genommenen Erklärung zu Art. 3 des Protokolls Nr. 4 verkündet, dass es beabsichtigt, dieses Recht zur Teilnahme an der Annahme von Maß-

---

[232] Hailbronner/Thiery, EuR 1998, 592 (598).
[233] Hailbronner, S. 187.
[234] Vgl. in Nr.2.2 des Vorschlags für eine Verordnung (EG) des Rates über die gerichtliche Zuständigkeit und die Anerkennung und Vollstreckung von Entscheidungen in Zivil- und Handelssachen vom 14.07.1999, ABl. EG 1999 C376/1.

nahmen unter Titel IV des EG-Vertrages so weit wahrzunehmen, wie dies mit der Aufrechterhaltung des einheitlichen Reisegebiets mit dem Vereinigten Königreich vereinbar ist.

bb) Position Dänemarks

Auch Dänemark beteiligt sich nach Artikel 1 des Protokolls Nr. 5 zum Amsterdamer Vertrag nicht an der Annahme von Maßnahmen unter dem neuen Titel IV des Amsterdamer Vertrages. Dementsprechend sind auch für Dänemark die Bestimmungen dieses Titels, die nach diesem Titel erlassenen Maßnahmen sowie die Vorschriften internationaler Übereinkünfte, die von der Gemeinschaft nach jenem Titel geschlossen werden, ebensowenig bindend oder anwendbar wie die ergangenen Entscheidungen des EuGH, die diese Vorschriften oder Maßnahmen betreffen. Sie berühren nicht die Zuständigkeiten, Rechte und Pflichten Dänemarks (Art. 2 des Protokolls Nr. 5).

Anders als das Protokoll Nr. 4 betreffend die Positionen des Vereinigten Königreichs und Irlands besteht für Dänemark jedoch keine Möglichkeit des *opting-in* im Einzelfall, d.h. zur Möglichkeit der Teilnahme an der Annahme von lediglich einzelnen Maßnahmen der justitiellen Zusammenarbeit in Zivilsachen. Dänemark kann nur nach Art. 7 dieses Protokolls Nr. 5 den übrigen Mitgliedstaaten, im Einklang mit seinen verfassungsrechtlichen Vorschriften, jederzeit mitteilen, dass es von seinem Vorbehalt durch das Protokoll Nr. 5 ganz oder teilweise keinen Gebrauch mehr machen möchte. Schon der Vergleich der Formulierungen der beiden Protokolle - das Protokoll betreffend die Position des Vereinigten Königreichs und Irlands spricht von der Annahme von einzelnen Maßnahmen, während das Protokoll betreffend die Position Dänemarks lediglich auf „Teile des Protokolls" Bezug nimmt - verdeutlichen, dass Dänemark keine Möglichkeit hat, sich nur an dem Erlass einzelner Maßnahmen zu beteiligen[236]. Ein solcher (endgültiger) Teilverzichts Dänemarks hätte zur Folge, dass sämtliche im Rahmen des betroffenen Sachbereichs ergangenen Maßnahmen in vollem Umfang anzuwenden wären (Art. 7 Satz 2). Dänemark kann also Maßnahmen nach Titel IV des Vertrages nur nachträglich übernehmen, sich jedoch nicht, wie Großbritannien und Irland, bereits an der Abstimmung über solche Rechtsakte beteiligen. In Dänemark wird daher kein Gemeinschaftsrecht aufgrund des Titels IV des EG-Vertrages entstehen, solange Dänemark nicht auf die Anwendung des Protokolls ganz oder teilweise verzichtet hat. Eine solche Erklärung wurde von Dänemark jedoch bislang nicht abgegeben[237].

Teilweise[238] wird darauf verwiesen, dass der Vorbehalt Dänemarks gegenüber Maßnahmen unter Titel IV des Vertrages auf Sicherheits- und Souveränitätserwägungen in den Bereichen Einwanderung, Asyl und polizeiliche Zusammenarbeit begründet sei. Insoweit erscheine es unwahrscheinlich, dass Dänemark seine Position auch im Bereich der justitiellen Zusammenarbeit in Zivilsachen aufrecht erhalten werde. Gerade der Vergleich mit der Position

---

[235] Ehlermann bezeichnet Irland deshalb als „Gefangenen" britischer Positionen, Ehlermann, EuR 1997, 362 (381).
[236] Besse, ZEuP 1999, 107 (121); Thun-Hohenstein, S. 60.
[237] Vgl. in Nr.2.2 des Vorschlags für eine Verordnung (EG) des Rates über die gerichtliche Zuständigkeit und die Anerkennung und Vollstreckung von Entscheidungen in Zivil- und Handelssachen vom 14.07.1999, ABl. EG 1999 C376/1; Basedow, CML Rev. 2000, 687 (696).
[238] Basedow, CML Rev. 2000, 687 (696); ders., in Baur/Mansel, Systemwechsel im Europäischen Kollisionsrecht, S. 19 (29).

Großbritanniens und Irlands entkräftet jedoch diese Hoffnung auf einen solchen Teilverzicht Dänemarks. Die Haltung Großbritanniens und Irlands ist im Wesentlichen durch den Inhalt der vorgeschlagenen Maßnahmen bestimmt. Es geht Großbritannien - und in seinem Gefolge auch Irland - nämlich vor allem darum, Grenzkontrollen beibehalten zu können. Die dänische Haltung dagegen erscheint dagegen aufgrund der dänischen Souveränitätsbedenken mehr von der Rechtsnatur der Maßnahmen abhängig zu sein. Bestätigt wird das auch durch die Bereitschaft Dänemarks, im Prinzip inhaltsgleiches nationales Recht im Rahmen völkerrechtlicher Verpflichtungen zu schaffen[239]. Diese Vorgehensweise ist allerdings der Kritik der Rechtszersplitterung ausgesetzt, da dieselbe Materie für manche Staaten durch eine EG-Verordnung, für andere durch Staatsvertrag geregelt wäre. Rechtsvereinheitlichung entsteht dadurch nicht. Auch die Umsetzungsdefizite und die Unübersichtlichkeit des staatsvertraglichen Handlungsinstrumentariums bestünden in diesem Fall fort.

Allerdings ist eine Einbeziehung Dänemarks in die justitielle Zusammenarbeit in Zivilsachen erforderlich. Die Nichtbeteiligung eines oder mehrerer Mitgliedstaaten (zum Beispiel könnten sich auch Großbritannien und Irland an einer künftigen Maßnahme nicht beteiligen) würde nämlich angesichts der Bedeutung des internationalen Zivilverfahrensrechts für die umfassende Gewährleistung der Grundfreiheiten zu Wettbewerbsverzerrungen und Handelsbeeinträchtigungen führen. Darüber hinaus gilt auch im Anwendungsbereich des Titels IV des EG-Vertrages das Diskriminierungsverbot des Art. 12 EGV. Auch für die Bereiche einer verstärkten Zusammenarbeit von Mitgliedstaaten ist nach Art. 11 Abs. 1 lit. c EGV Voraussetzung, dass keine Diskriminierung zwischen den Staatsangehörigen der Mitgliedstaaten droht. Darüber hinaus ist auch zu berücksichtigen, dass eine Vielzahl unterschiedlicher Handlungsinstrumente nicht notwendigerweise mit einer inhaltlich unterschiedlichen Ausgestaltung einhergehen muss. Vielmehr bezieht sich der Vorbehalt Dänemarks gegen eine Vergemeinschaftung des internationalen Zivilverfahrensrechts nur auf die Rechtsnatur der Maßnahmen, nicht gegen deren Inhalt.

In diesem Zusammenhang stellt sich jedoch die Frage nach der Grundlage einer Einbeziehung Dänemarks. In Betracht kommt der Abschluss von inhaltsgleichen Übereinkommen nach Art. 293 EGV.

cc) Einbeziehung Dänemarks auf der Grundlage von Art. 293 EGV

Klärungsbedürftig ist die Abgrenzung zwischen Art. 293 EGV von der neuen Gemeinschaftszuständigkeit des Art. 65 EGV, dessen lit. a sehr ähnlich formuliert ist wie Art. 293 Spgstr. 4 EGV. Im Verlauf der Regierungskonferenz zum Amsterdamer Vertrag wurde insofern auch von der Kommission und der niederländischen Ratspräsidentschaft vorgeschlagen, letzteren Absatz zu streichen[240]. Dem wurde jedoch nicht entsprochen. Teilweise[241] wird aus dieser Beibehaltung des Art. 293 Spgstr. 4 EGV gefolgert, dass die justitielle Zusammenarbeit, trotz der Vergemeinschaftung durch Art. 65 EGV, der intergouvernementalen Zusammenar-

---

[239] Auf der Ratstagung vom 27./28.5.1999 hat die dänische Regierung eine Präferenz für diese völkerrechtliche Beteiligung erkennen lassen, Pressemitteilung des Rates 2184/99 S. 15.
[240] Generalsekretariat des Rates der EU (Hrsg.) Textsammlung „Regierungskonferenz zur Revision der Verträge - Halbjahr des Niederländischen Vorsitzes" - Addendum zu Dublin II: Allgemeiner Rahmen für einen Entwurf zur Änderung der Verträge, Teil B.

beit durch die Mitgliedstaaten vorbehalten bleiben sollte. Diese Ansicht verkennt jedoch, dass Art. 293 EGV nicht, wie Art. 65 EGV, auf die justitielle Zusammenarbeit in Zivilsachen beschränkt ist. Die Notwendigkeit von Staatsverträgen auf dem Gebiet des Straf-, Steuer- und Verwaltungsrechts rechtfertigen somit die Beibehaltung des Art. 293 IV EGV auch in der Amsterdamer Fassung[242]. Darüber hinaus dient Art. 293 EGV als Auffangvorschrift. Wie bereits erläutert, begründet er eine umgekehrte Subsidiarität zugunsten der Gemeinschaft. Die Mitgliedstaaten werden nur „soweit erforderlich" tätig, d.h. soweit der betroffene Bereich weder bereits durch den Vertrag selbst, noch durch Maßnahmen der Gemeinschaft oder durch bereits bestehende Übereinkommen geregelt ist. Da gegenüber Dänemark - und im Fall einer möglichen Nichtbeteiligung Großbritanniens und Irlands an der Annahme von Maßnahmen unter Titel IV des Vertrages auch diesen gegenüber - keine Regelung besteht, die der EheVO, der EuGVO oder sonstiger unter diesem Titel erlassenen Maßnahmen entspricht, wird die Auffassung[243] vertreten, diese Staaten aufgrund von Art. 293 Spgstr. 4 EGV durch Sonderübereinkommen im Ergebnis doch in die justitielle Zusammenarbeit in Zivilsachen mit einzubeziehen. Insofern wird auch von einer „partiellen Renaissance der Staatsverträge"[244] gesprochen.

Voraussetzung ist allerdings, dass die Übereinkommen vom Regelungsauftrag des Art. 293 EGV gedeckt sind. Vorliegend stellt sich diese Frage nur bezüglich Übereinkommen mit Dänemark, die die Regelungsbereiche der EuGVO und der EheVO auf diesen Mitgliedstaat erstrecken sollen, da Großbritannien und Irland diesbezüglich bereits ihre Teilnahme erklärten. Für den Anwendungsbereich der EuGVO, die das ursprüngliche EuGVÜ vergemeinschaftet, das selbst bereits auf der Grundlage von Art. 220 Spgstr. 4 EGV a.F./Art 293 Spgstr. 4 EGV erlassen wurde, kann diese Frage zweifelsfrei bejaht werden. Ein entsprechendes Übereinkommen ist von dessen Regelungsauftrag gedeckt. Zweifel könnten sich dagegen im Hinblick auf ein Übereinkommen betreffend das internationale Familienprozessrecht ergeben. Die Ausarbeitung des entsprechenden Übereinkommens im Jahre 1998 war auf Art. K ff EUV a.F. gestützt worden mit der Begründung, Art. 220 EGV a.F. stünde der klassischen Wirtschaftsgemeinschaft näher, während die Art. K ff EUV a.F. ausweislich der Verwirklichung der Personenfreizügigkeit dienten"[245].

Allerdings wird dabei verkannt, dass auch das EuGVÜ, das auf der Grundlage von Art. 220 EGV a.F. (Art. 293 EGV) ergangen ist, in Art. 5 Nr. 2 EuGVÜ die Angleichung der Verfahrensvorschriften zur Durchsetzung der Ehescheidungsfolgen erfasst. Diese Angleichung geht ebenfalls über die Ziele der klassischen Wirtschaftsgemeinschaft hinaus, so dass auch der Erlass des Eheübereinkommens als Übereinkommen unter den Mitgliedstaaten nach Art. 293 EGV möglich gewesen wäre. Dem steht auch der Wortlaut des Art. 293 Spgstr. 4 EGV, der allgemein von richterlichen Entscheidungen spricht, nicht entgegen. In Anbetracht der Fortentwicklung der Gemeinschaft zu einem umfassenden Rechtsraum und der Auswirkung des internationalen Familienprozessrechts auch auf den Binnenmarkt dürfte eine Einbezie-

---

[241] Kohler, in Gottwald, S. 7 insbes. FN 26; ders., rev.crit.1999, 1 (22 und 29).
[242] Basedow, CML Rev. 2000, 683 (700); Kotuby, NILR 2001, 1 (19).
[243] Hausmann, EuLF 2000/01, 40 (42); Heß, NJW 2000, 23 (28); Schwarze-*Wiedmann*, Art. 65 EGV Rz. 22.
[244] Jayme/Kohler, IPRax 1999, 401.
[245] S.o. unter Punkt II.3.a)dd).

hung Dänemarks auch in diesem Bereich auf der Grundlage des Art. 293 Spgstr. 4 EGV möglich sein.

Die Frage, wer in diesem Fall Verhandlungspartner Dänemarks ist bzw. nach Art. 293 EGV überhaupt sein kann, entweder die an der Vergemeinschaftung teilnehmenden Mitgliedstaaten oder die Gemeinschaft als solche, soll nachfolgend in Zusammenhang mit den Vertragsabschlusskompetenzen erörtert werden.

Die Sonderpositionen von Großbritannien, Irland und Dänemark lassen jedoch, wie bereits einleitend angedeutet, die Frage aufkommen, inwiefern der Erlass gemeinschaftlicher Maßnahmen auf der Grundlage dieses neuen Kompetenztitels noch die Voraussetzungen des Subsidiaritätsprinzips erfüllt.

f) Art. 65 EGV und das Subsidiaritätsprinzip

Vor allem aufgrund des dänischen Vorbehalts zu Maßnahmen unter Titel IV des Amsterdamer Vertrages und der dadurch drohenden Rechtsvielfalt stellt sich die Frage, ob nicht generell ein staatsvertragliches Übereinkommen der Mitgliedstaaten nach Art. 293 EGV besser geeignet wäre, im Sinne des Subsidiaritätsprinzips gemäß Art. 5 Abs. 2 EGV, die Vertragsziele zu erreichen, als ein gemeinschaftliches Tätigwerden nach Art. 65 EGV.

aa) Art. 65 EGV als ausschließliche Zuständigkeitsnorm

Das Subsidiaritätsprinzip gilt nach dem ausdrücklichen Wortlaut des Art. 5 Abs. 2 EGV nicht für Bereiche, die in die ausschließliche Zuständigkeit der Gemeinschaft fallen, da es dort ohnehin an einem Zuständigkeitskonflikt fehlt. Als ausschließliche Zuständigkeit der Gemeinschaft ist eine Befugnis dann anzusehen, wenn die Gemeinschaft allein zuständig sein soll und die Mitgliedstaaten nicht zum Handeln befugt sind[246]. Nach einer Mitteilung der Kommission zum Subsidiaritätsprinzip[247] komme es dabei für die Bejahung einer solchen ausschließlichen Zuständigkeit der Gemeinschaft darauf an, ob der Vertrag eine besonders zwingend formulierte, klare Verpflichtung für die Gemeinschaft enthalte, tätig zu werden, um ein bestimmtes Ergebnis zu erreichen. Unter Berücksichtigung dieses Gesichtspunktes begründet Art. 65 EGV keine ausschließliche Zuständigkeit der EG. Die Handlungsbereiche der Gemeinschaft werden zwar detailliert aufgezählt, sie erfassen die Sachbereiche jedoch lediglich enumerativ, lückenhaft[248]. Eine besonders zwingend, konkret formulierte Verpflichtung lässt sich angesichts dieser nicht abschließenden Aufzählung daher kaum bejahen. Insbesondere der Wortlaut „schließen ein" verdeutlicht, dass diese Aufzählung nicht erschöpfend ist. Bestätigt wird das vor allem auch durch die Entstehungsgeschichte des Art. 65 EGV[249]. Die niederländische Ratspräsidentschaft hatte nämlich eine Formulierung vorge-

---

[246] EuGH, Slg. 1993, I-1061 Tz. 8 - Gutachen 2/91; Lenz-*Langguth*, Art. 5 EGV Rz. 19; Müller-Graff, ZHR 159 (1995) 34 (59).
[247] Mitteilung der Kommission an den Rat und das europäische Parlament betreffend das Subsidiaritätsprinzip vom 30.10.1992, abgedruckt in Merten, Die Subsidiarität Europas, Anhang 2 S. 12.
[248] Eidenmüller, IPRax 2001, 2 (3); Grabitz/Hilf-*Röben*, Vor Art. 61 EGV Rz. 3; Hailbronner/Thiery, EuR 1998, 583 (586) Jayme/Kohler, IPRax 2000, 454 (455).
[249] So ausdrücklich Basedow, in Baur/Mansel, Systemwechsel im Europäischen Kollisionsrecht, S. 19 (36).

schlagen, die den abschließenden Charakter der Aufzählung betont hätte („bestehen aus")[250]. Dieser Vorschlag wurde jedoch abgelehnt.

Darüber hinaus besteht eine ausschließliche Zuständigkeit der Gemeinschaft nur ausnahmsweise[251]. Dieser Umstand begründet sich auf mehreren Überlegungen: Zum einen würde andernfalls der Anwendungsbereich des Subsidiaritätsprinzips erheblich eingeschränkt. Zum anderen würde ein damit einhergehendes restriktives Verständnis konkurrierender Zuständigkeiten der Mitgliedstaaten dazu führen, dass die Vertragsziele unter Umständen gar nicht erreicht werden könnten. Im Fall einer nicht zustande kommenden Einstimmigkeit im Rat könnte weder die Gemeinschaft ihre ausschließliche Zuständigkeit ausüben, noch stünde den Mitgliedstaaten eine konkurrierende Zuständigkeit offen[252]. Art. 65 EGV begründet damit keine primäre ausschließliche Gemeinschaftskompetenz. Dementsprechend wird der Raum der Freiheit, der Sicherheit und des Rechts, dessen schrittweisen Aufbau auch die Gemeinschaftszuständigkeit in Art. 65 EGV dient, im Europäischen Konvent als ein Bereich der geteilten Zuständigkeiten zwischen Gemeinschaft und Mitgliedstaaten festgelegt[253]

Somit stellt sich die Frage, ob eine ausschließliche Zuständigkeit im Sinne des Art. 5 Abs. 2 EGV, auf die das Subsidiaritätsprinzip nicht anwendbar wäre, auch durch sekundäres Gemeinschaftsrecht begründet werden kann, indem die Gemeinschaft von einer konkurrierenden Kompetenz Gebrauch macht[254]. Diese nachträgliche exklusive Zuständigkeit würde jedoch Sinn und Zweck des Art. 5 Abs. 1 EGV unterlaufen. Die primärrechtliche Zuordnung ausschließlicher Zuständigkeiten kann nicht einfach durch das Setzen von Sekundärrecht verändert werden[255]. Sekundärrecht kann nur eine punktuelle, vorübergehende Sperrwirkung für ein Handeln der Mitgliedstaaten entfalten. Eine ausschließliche Gemeinschaftszuständigkeit, auf die das Subsidiaritätsprinzip von vornherein keine Anwendung findet, besteht nur in den Fällen, in denen die Mitgliedstaaten unabhängig vom konkreten Tätigwerden der Gemeinschaft nicht handlungsbefugt sind[256].

Art. 65 EGV begründet somit lediglich eine konkurrierende Zuständigkeit der Gemeinschaft. Das Subsidiaritätsprinzip muss beim Tätigwerden der Gemeinschaft beachtet werden, d.h. das Ziel einer Maßnahme darf nicht auf der Ebene der Mitgliedstaaten ausreichend erreicht werden können, und es muss aufgrund seines Umfangs und seiner Wirkungen besser auf der Gemeinschaftsebene zu erreichen sein.

bb) Intergouvernementales Handeln als ausreichende Maßnahme

Es fragt sich, ob ein intergouvernementales Handeln der Mitgliedstaaten bereits eine ausreichende Maßnahme zur Zielerreichung darstellt, die ein Tätigwerden der Gemeinschaft aus-

---

[250] Art. F in der Fassung des Vorschlags der niederländischen Ratspräsidentschaft in Dok. CONF/2500/96 ADD 1.
[251] Konow, DÖV 1993, 405 (408).
[252] Bleckmann, Europarecht § 7 Rz 392; Stein, S. 32.
[253] Teil I und II der Verfassung, Art. I-13 in der Fassung vom 12.06.03 CONV 797/1/03.
[254] So Müller-Graff, ZHR 159 (1995) 34 (60).
[255] Callies/Ruffert- Callies, Art. 5 EGV Rz. 31; Callies, EuZW 1995, 693 (699).
[256] Streinz, Europarecht § 3 Rz. 130; Jarass, EuGRZ 1994, 209 (210); von Borries, EuR 1994, 263 (274).

schließen würde. Vorliegend würde das bedeuten, dass aufgrund des bestehenden EuGVÜ eine ausreichende Maßnahme der Zusammenarbeit in Zivilsachen gegeben ist, die den Erlass der EuGVO durch die Gemeinschaft sperren würde[257].

Anknüpfungspunkt dieser Frage ist, ob die Bedingung des Art. 5 Abs. 2 EGV, dass die Ziele „auf Ebene der Mitgliedstaaten nicht ausreichend erreicht werden können", erfüllt ist, wenn sie auf Ebene der einzelnen Mitgliedstaaten nicht erreicht werden können oder, wenn sie auf Ebene der Gesamtheit der Mitgliedstaaten, d.h. durch völkerrechtliche Übereinkommen, nicht erreicht werden können.

Für letztere Auslegung spricht, dass Art. 5 Abs. 2 EGV im Gegensatz zu früheren Vorschriften des EG-Vertrages das Wort „einzelnen" auslässt. Einer Auffassung[258] nach kann diese Auslassung nicht als Zufall gewertet werden, so dass auch völkerrechtliche Übereinkommen der Mitgliedstaaten ausreichen können, um die Gemeinschaft an der Ausübung ihrer Kompetenz gemäß Art. 5 Abs. 2 EGV zu hindern.

Dagegen spricht jedoch - was diese Meinung auch selbst eingesteht[259] -, dass eine solche Auslegung einer Rückentwicklung der Gemeinschaft zur internationalen Organisation des klassischen Typs gleichkomme. Aufgrund der relativ hohen Souveränitätsbeschränkungen der Mitgliedstaaten und der daraus resultierenden Möglichkeit der Gemeinschaft zur verbindlichen Rechtsetzung für die Mitgliedstaaten und mit Wirkung in den Mitgliedstaaten wird die Gemeinschaft gerade als Supranationale Organisation angesehen[260]. Die Ersetzung dieser gemeinschaftlichen, supranationalen Rechtsetzung durch staatsvertragliche Übereinkommen unter den Mitgliedstaaten, die erst in nationales Recht ratifiziert werden müssten, bevor sie in den einzelnen Mitgliedstaaten Geltung erlangen würden, stellt daher einen Rückschritt dar. Ein solcher Rückschritt verstößt jedoch gegen Art. 2 Abs. 1 Spgstr. 5 EUV, in dem als Unionsziel die volle Wahrung des gemeinschaftlichen Besitzstandes festgeschrieben ist[261].

Des Weiteren ist es nach Absatz 12 der Präambel zum EU-Vertrag Ziel, „den Prozess der Schaffung einer immer engeren Union der Völker Europas, in der die Entscheidungen entsprechend dem Subsidiaritätsprinzip möglichst bürgernah getroffen werden, weiterzuführen". EU- und EG-Vertrag haben die Subsidiarität somit als Mittel der Dezentralisierung, der bürgernahen Verwirklichung der Ziele der Gemeinschaft auf den Ebenen der Gemeinden, Regionen oder einzelnen Staaten, und nicht als Mittel zur Ersetzung der Methode der Integration durch die Kooperation zwischen Staaten eingeführt[262].

Auch im Hinblick auf das in Art. 10 EGV verankerte Prinzip der Gemeinschaftstreue kann aus dem Subsidiaritätsprinzip kein Vorrang intergouvernementaler Zusammenarbeit begründet werden, da ansonsten die Struktur der Gemeinschaft als Integrationsverband ausgehöhlt würde[263]. Die noch nicht ausgeübten nicht-ausschließlichen Kompetenzen der Gemeinschaft

---

[257] So Pechstein/Koenig, Kap.6 Rz. 380; Schack, ZEuP 1999,805 (808).
[258] Hochbaum, DÖV 1992, 285 (292); Lambers, EuR 1993, 229 (236).
[259] Lambers, EuR 1993, 229 (236).
[260] Ipsen, Völkerrecht § 6 Rz. 17/18; Seidl-Hohenveldern/Loibl, § 1 Rz. 0114/0115.
[261] Callies, Subsidiarität, S. 111.
[262] Schwartz, FS Everling S. 1354.
[263] Grabitz/Hilf-*vonBogdandy/Nettesheim*, Art. 3b EGV (in der Fassung von Maastricht) Rz. 37; Grabitz/Hilf-*von Bogdandy*, Art. 5 EGV Rz. 33; Kort, JZ 1997, 640 (643/644).

würden dadurch jeglicher Substanz entleert[264]. Dem entspricht auch, dass der EU- und der EG-Vertrag ausdrücklich und abschließend regeln, ob und inwieweit sie das Instrument der zwischenstaatlichen Zusammenarbeit zulassen (z.B. in Art. 293 EGV)[265].

Durch Abschluss eines völkerrechtlichen Übereinkommens können die Mitgliedstaaten somit nicht eine Maßnahme der Gemeinschaft ausschließen, für die sie konkurrierend zuständig ist.

Ansonsten wäre Art. 65 lit. a Spgstr. 3 EGV auch jeglicher Wirkung beraubt, da das EuGVÜ bereits bei Abschluss des Amsterdamer Vertrages bestand. Als aktuellere Verkörperung des Willens der Mitgliedstaaten, der Herrinnen der Verträge, ist daher davon auszugehen, dass die Existenz des EuGVÜ dem Erlass von Maßnahmen durch die Gemeinschaft auf der Grundlage des Art. 65 lit a EGV nicht entgegensteht[266].

Die Zusammenarbeit in Zivilsachen kann somit von den Mitgliedstaaten, in dem hier verstandenen Sinne der einzelnen Mitgliedstaaten, nicht ausreichend gewährleistet werden. Demgegenüber erweisen sich die Handlungsmöglichkeiten der Gemeinschaften auch als besser und effizienter. Die Verordnungen bedürfen keiner langwierigen Ratifikationen, denn sie gelten gemäß Art. 249 Abs. 2 EGV in den Mitgliedstaaten unmittelbar. Sie gelten auch mit gleichem Wortlaut in allen Mitgliedstaaten. Daher sind sie transparenter, auch hinsichtlich ihres Anwendungsbereichs und des Inkrafttretens, da nicht auf die verschiedenen Beitrittsübereinkommen in der jeweiligen Fassung Rücksicht genommen werden muss[267]. Auch einer Rechtsänderung und somit einer Weiterentwicklung des Rechts sind sie leichter zugänglich[268].

Zwar besteht gegenüber Dänemark sehr wahrscheinlich das staatsvertragliche Handlungsinstrumentarium fort. Dieser Nachteil der Rechtszersplitterung bezieht sich jedoch nur auf die Rechtsnatur der verschiedenen bestehenden Rechtsakte. Inhaltlich dürfte, wie bereits erläutert, mit einer großen inhaltlichen Übereinstimmung zu rechnen sein, insbesondere da die EuGVO sich inhaltlich eng an das EuGVÜ anlehnt, dessen Vertragspartei auch Dänemark ist. Auch im Hinblick auf die EheVO, die das bereits erarbeitete Eheübereinkommen in eine Gemeinschaftsverordnung überführt, besteht ein inhaltlicher Konsens mit Dänemark, das an der Ausarbeitung des Übereinkommens beteiligt war. Eine inhaltliche Spaltung ist somit nicht zu befürchten, was auch durch die Rahmenvorgabe der Kommission für die Beziehungen zwischen der Gemeinschaft und Dänemark im Bereich des Titels IV des EG-Vertrages[269] bestätigt wird: Danach sollen entsprechende Abkommen mit Dänemark nur dann abgeschlossen werden, wenn diese so ausgestaltet sind, dass innerhalb der Gemeinschaft, einschließlich Dänemark, inhaltsgleiche Regelungen Anwendung finden. Die verbleibenden Nachteile der Aufrechterhaltung des zumindest teilweisen staatsvertraglichen Instrumentariums sind zugunsten der abgestuften Integration, die Art. 69 EGV ausdrücklich

---

[264] Schwartz, FS Everling S. 1354.
[265] Callies, Subsidiarität, S. 112; Schwartz, AfP 1993, 409 (412).
[266] Besse, ZEuP 1999, 107 (119).
[267] Hausmann, EuLF 2000/01, 40 (41).
[268] Kort, JZ 1997, 640 (646).
[269] Pressemitteilung der Kommission vom 30.04.02 unter http://europa.eu.int. Commission Press Room.

zulässt, hinzunehmen; zumal diese Nachteile auch nur noch in verringertem Umfang fortbestehen. Zumindest für die an der Vergemeinschaftung teilnehmenden Mitgliedstaaten werden sie untereinander ausgeräumt.

Auch das Subsidiaritätsprinzip steht somit dem Rückgriff auf Art. 65 EGV als Ermächtigungsgrundlage zum Erlass der beiden Verordnungen nicht entgegen.

Allerdings wäre nach hier vertretener Auffassung die Vergemeinschaftung des EuGVÜ und des Eheübereinkommens durch den Erlass der EuGVO und der EheVO auch auf der Grundlage von Art. 95 EGV möglich gewesen. Es bleibt somit zu untersuchen, inwiefern die institutionelle Ausgestaltung des neuen Kompetenztitels des EG-Vertrags in der Fassung von Amsterdam, diese Neueinführung beeinflusst hat.

g) Institutionelle Ausgestaltung der justitiellen Zusammenarbeit nach Art. 65 EGV

Durch den Vertrag von Amsterdam ist die justitielle Zusammenarbeit in Zivilsachen zwar mit Art. 65 EGV in eine ausdrückliche Gemeinschaftskompetenz überführt worden. Diese Vergemeinschaftung war von der Bundesrepublik Deutschland schon bei den Vertragsverhandlungen von Maastricht angeregt worden, scheiterte jedoch an den Vorbehalten der übrigen Mitgliedstaaten[270]. Mit der vertraglich vorgegebenen Überarbeitung dieses Bereiches nach Art. B Spgstr. 5 iVm Art. N Abs. 2 EUV a.F. und der Festschreibung der Vergemeinschaftungsfähigkeit einiger Bereiche nach Art. K 9 EUV a.F. bereits im Maastrichter Unionsvertrag war also schon frühzeitig der Weg zur Überführung in eine Gemeinschaftskompetenz geebnet. Dennoch erwiesen sich die Vertragsverhandlungen auf der Regierungskonferenz 1996/1997 diesbezüglich als beschwerlich. Während mittlerweile zwar die meisten Mitgliedstaaten eine Vergemeinschaftung der justitiellen Zusammenarbeit in Zivilsachen befürworteten, bevorzugten insbesondere das Vereinigte Königreich und Dänemark die Beibehaltung der intergouvernementalen Basis, wie sie in Art. K ff EUV a.F. bestand[271]. Diese unterschiedlichen Positionen verlangten nach einer konsensfähigen Lösung im Vertrag von Amsterdam. Das Ergebnis ist eine, dem EG-Vertrag ansonsten fremde, Beibehaltung von Elementen intergouvernementaler Zusammenarbeit. Zum „schrittweisen Aufbau eines Raums der Sicherheit, der Freiheit und des Rechts" (Art. 61 EGV) verbleiben dabei den Mitgliedstaaten während eines Übergangszeitraums von fünf Jahren umfassende Kompetenzen aus dem ursprünglichen Bereich der Staatenkooperation. Das mag zwar hinsichtlich der Tatsache überraschen, dass gerade die Entscheidungsfindungsprozesse unter Titel VI des EU-Vertrages von Maastricht als dessen größte Schwäche empfunden wurden; eine Reform war jedoch angesichts des Kompetenzverlustes der Mitgliedstaaten in den sensiblen Bereichen Einwanderung, Visa und Asyl nur etappenweise möglich.

aa) Der Rat

Gemäß Art. 67 Abs. 1 EGV handelt der Rat während des Übergangszeitraums von fünf Jahren nach Inkrafttreten des Amsterdamer Vertrages am 1. Mai 1999, also bis zum 30. April

---

[270] S.o. unter Punkt II.3.a)bb).
[271] Monar, ELRev 1998, 320 (321).

2004, einstimmig. Der Grund für die Beibehaltung des Einstimmigkeitsprinzips liegt dabei in der deutschen Weigerung, in den Bereichen Asyl und Einwanderung Mehrheitsentscheidungen zuzulassen. Die historisch bedingte Stellung der justitiellen Zusammenarbeit in Zivilsachen unter Titel IV des Amsterdamer Vertrages, wirkt sich somit auch hier aus. Auch Maßnahmen in diesem Bereich unterliegen zunächst dem Einstimmigkeitsprinzip. Angesichts der Tatsache, dass die justitielle Zusammenarbeit in Zivilsachen jedoch bereits staatsvertraglich geregelt ist und somit bereits konsensfähige Lösungen bestehen, dürfte sich die Beibehaltung des Einstimmigkeitsprinzips nicht derart einschränkend auswirken wie in den anderen Bereichen des Titels IV.

Nach Ablauf der Übergangsfrist fasst der Rat einstimmig nach Anhörung des Parlaments einen Beschluss, wonach auf alle Bereiche oder Teile der Bereiche des Titels IV des Vertrages das Verfahren des Art. 251 EGV anzuwenden ist (Art. 67 Abs. 2 Spgstr. 2 EGV). Danach ist eine Beschlussfassung mit qualifizierter Mehrheit möglich. Der Bereich der Visumerteilung durch die Mitgliedstaaten sowie die Vorschriften über die einheitliche Visumerteilung nach Art. 62 Abs. 2 lit. b) ii) und iv) wird dagegen ohne einen solchen Überführungsbeschluss des Rates automatisch nach Ablauf der Übergangsfrist dem Mitentscheidungsverfahren nach Art. 251 EGV unterstellt (Art. 67 Abs. 4 EGV). In allen anderen Bereichen hängt der Überführungsbeschluss von der Einstimmigkeit im Rat ab. Insoweit wird bezweifelt, dass das Mehrstimmigkeitsprinzip jemals Anwendung finden wird[272]. Dagegen geht die überwiegende Meinung[273] davon aus, dass insbesondere die Formulierung des Art. 67 Abs. 2 Spgstr. 2 EGV im Indikativ Präsens eine Verpflichtung des Rates dahingehend begründe, einen solchen Beschluss nach fünf Jahren zu treffen. Das ergebe sich auch aus der Erklärung Nr. 21 der Amsterdamer Schlusskonferenz, wonach die Konferenz darin übereinkommt, dass der Rat die Einzelheiten des Beschlusses nach Art. 67 Abs. 2 Spgstr. 2 EGV vor Ablauf der darin genannten Übergangsfrist prüfen wird, damit er diesen Beschluss unmittelbar nach Ablauf dieses Zeitraums fassen und anwenden kann[274]. Ein Ermessen hat der Rat lediglich hinsichtlich der Frage, welche Teile des Titels IV er in das Verfahren des Art. 251 EGV überführen will, d.h. für einzelne Bereiche kann er das Einstimmigkeitsprinzip fortschreiben.

Diese implizite Möglichkeit der Vertragsänderung durch einen bloßen Ratsbeschluss, der nicht mehr der Ratifikation und somit der Kontrolle der Mitgliedstaaten unterliegt, ist jedoch auf verfassungsrechtliche Bedenken gestoßen. Insbesondere hat der französische Verfassungsrat (*Conseil constitutionnel*) in einer Entscheidung[275] für die Ratifikation des Vertrages von Amsterdam eine Änderung der französischen Verfassung verlangt, weil Art. 67 Abs. 2 EGV unvereinbar mit der französischen Verfassung sei. Während des fünfjährigen Übergangszeitraums sei die nationale Souveränität aufgrund des Einstimmigkeitsprinzips zwar nicht berührt. Allerdings könne die Überführung in das Mitentscheidungsverfahren mit dem Übergang zur Mehrstimmigkeit ohne Akt der nationalen Zustimmung oder Ratifikation dazu führen, dass die essentiellen Bedingungen der Ausübung der nationalen Souveränität beein-

---

[272] Monar, ELRev 1998, 320 (328) „this is a big if".
[273] Basedow, CML Rev. 2000, 687 (692/693); Besse, ZEuP 1999, 107 (110/111); Grabitz/Hilf-*Röben*, Art. 67 EGV Rz, 5; Thun-Hohenstein, S. 39.
[274] Auf diese Erklärung weist in diesem Zusammenhang ausdrücklich Geiger, Art. 67 EGV Rz. 5 hin.
[275] Déc. n° 97-394 DC, 31. Déc. 1997, deutsche Übersetzung in EuGRZ 1998, 27 ff.

trächtigt werden[276]. Auch das deutsche Bundesverfassungsgericht leitete bereits in seiner Maastricht-Entscheidung[277] aus der Volkssouveränität das Gebot der demokratischen Verantwortbarkeit und Bestimmtheit von Hoheitsübertragungen her. Das Demokratieprinzip verbiete die Übertragung von Hoheitsrechten, soweit deren künftige Inanspruchnahme im Vertrag nicht hinreichend voraussehbar bestimmt sei. Wesentliche Änderungen des im Vertrag angelegten Integrationsprogramms und seiner Handlungsermächtigungen seien demgemäß vom Zustimmungsgesetz nicht gedeckt. Diese Bedenken anlässlich des Vertrages von Maastricht könnten nunmehr ebenso auf Art. 67 Abs. 2 Spgstr. 2 EGV übertragbar sein, der den Übergang vom Einstimmigkeits- zum Mehrstimmigkeitsprinzip ohne die Möglichkeit der Beteiligung der Parlamente der Mitgliedstaaten durch bloßen Ratsbeschluss ermöglicht. Die demokratische Legitimation dafür beruht nur auf dem Zustimmungsgesetz des Bundestags - worauf sich die Bedenken des Bundesverfassungsgerichts im Maastricht-Urteil gerade stützten.

Dabei darf jedoch nicht übersehen werden, dass die nationalen Parlamente durch ihre Zustimmung den Rat auch gerade zu diesem Beschluss ermächtigt haben. Insbesondere die Tatsache, dass Art. 67 Abs. 2 EGV eine Verpflichtung des Rates dahingehend begründet, diesen Beschluss des Übergangs zur Abstimmung mit qualifizierter Mehrheit zumindest für Teile des Titels IV zu fassen, war den nationalen Parlamenten bereits bei Erlass des Zustimmungsgesetzes bewusst. Diese Fortentwicklung des Gemeinschaftsrechts war somit eben gerade vorhersehbar. Darüber hinaus fasst der Rat diesen Beschluss einstimmig; die Ausübung von Vetorechten diesbezüglich bleibt den Mitgliedstaaten also unbenommen. Vor allem ist jedoch zu bedenken, dass die Beibehaltung des Einstimmigkeitsprinzips als Element der intergouvernementalen Zusammenarbeit für den Übergangszeitraum von fünf Jahren den Mitgliedstaaten eine Schonfrist dahingehend gewähren sollte, sich an den Kompetenzverlust schrittweise zu gewöhnen. War die Einführung der Abstimmung mit qualifizierter Mehrheit somit von Anfang an möglich, so stellt diese Schonung der nationalen Souveränität, die den Zeitpunkt der Einführung lediglich verschiebt, erst recht keine dem Demokratieprinzip widersprechende Übertragung von Hoheitsrechten dar[278].

Fraglich ist jedoch, welche Rechtsfolgen ausgelöst werden, wenn der Rat keinen oder einen nicht fristgerechten Überführungsbeschluss trifft. Zum einen droht ihm eine Verurteilung wegen Untätigkeit nach Art. 232 EGV. Darüber hinaus besteht die Möglichkeit, dass der EuGH Art. 67 Abs. 2 Spgstr. 2 EGV hinsichtlich des Mitentscheidungsverfahrens nach Art. 251 EGV für unmittelbar anwendbar erklärt[279]. Voraussetzung dafür ist jedoch nach der Rechtsprechung des EuGH[280], dass die Norm der Sache nach abschließend, vollständig und rechtlich perfekt ist, d.h. zu ihrer Anwendbarkeit keiner weiteren Rechtsakte mehr bedarf. Diesbezüglich könnten sich jedoch Zweifel ergeben, was die unmittelbare Anwendbarkeit von Art. 67 Abs. 2 Spgstr. 2 EGV betrifft. Denn dieser räumt dem Rat ein Ermessen ein,

---

[276] Erwägungsgründe 23- 25 der Entscheidung.
[277] BVerfGE 89, 155 (191/192).
[278] Karpenstein, DVBL 1998, 942 (952).
[279] Besse, ZEuP 1999, 107 (111); Grabitz/Hilf-*Röben*, Art. 67 EGV Rz, 6; Thun-Hohenstein, S. 39 FN. 22.
[280] EuGH Slg. 1963, 1 Rs. 26/62 S. 25 - Van Gend & Loos.

welche Bereiche des Titels IV er in das Mitentscheidungsverfahren nach Art. 251 EGV überführen will.

Einer Ansicht[281] nach soll diese Unklarheit insofern „umgangen" werden, als der Gerichtshof das Mitentscheidungsverfahren zum allgemeinen Prinzip in Titel IV des Vertrages erklären könnte, das der Rat jedoch durch einstimmigen Beschluss für bestimmte Bereiche abwenden könnte. Nichtsdestotrotz bleibt abzuwarten, wie der Gerichtshof im Falle eines Untätigbleibens des Rates nach Ablauf der Fünfjahresfrist entscheiden wird.

Allerdings hat der Vertrag von Nizza[282] eine Änderung hinsichtlich des Gesetzgebungsverfahrens im Bereich der justitiellen Zusammenarbeit in Zivilsachen gebracht. Danach ist Art. 67 EGV ein neuer Abs. 5 hinzugefügt worden, wonach der Rat „abweichend von Abs. 1 gemäß dem Verfahren nach Art. 251 (...) die Maßnahmen nach Art. 65 mit Ausnahme der familienrechtlichen Aspekte" beschließt. Die dargestellten Unsicherheiten hinsichtlich des Ratsbeschlusses zur Anwendung des Mitentscheidungsverfahrens nach Art. 251 EGV sind daher nur noch auf Bereiche mit familienrechtlichen Aspekten beschränkt. Des Weiteren wurde bei den Vertragsverhandlungen in Nizza eine Erklärung[283] der Mitgliedstaaten zu Art. 67 EGV abgegeben, wonach der Rat bestrebt sein wird, das Verfahren des Art. 251 EGV ab dem 1. Mai 2004 oder so bald wie möglich nach diesem Zeitpunkt auf die übrigen unter Titel IV fallenden Bereiche oder auf einige dieser Bereiche anwendbar zu machen. Die Verpflichtung des Rates unter dem Amsterdamer Vertrag wird danach auf ein bloßes „Bestreben" abgeschwächt. Auch die Zeitvorgabe von fünf Jahren wird insoweit verschoben, als eine Umstellung des Verfahrens auch nach der Frist so bald wie möglich erfolgen kann. Allerdings kann diese Absichtserklärung der Mitgliedstaaten nicht die durch den Vertrag begründeten Verpflichtungen eines Gemeinschaftsorgans einschränken, so dass diese Erklärung an den Verpflichtungen des Rates unter dem Vertrag von Amsterdam nichts zu ändern vermag[284].

bb) Die Kommission

Gemäß Art. 67 Abs. 1 EGV hat die Kommission nicht - wie sonst - das Vorschlagsmonopol, sondern lediglich ein Koinitiativrecht neben den Mitgliedstaaten, wie dies bislang in der dritten Säule des Unionsvertrags von Maastricht der Fall war. Auch in Titel IV des Vertrages von Amsterdam stellt dieses Koinitiativrecht der Kommission das einzige supranationale Element dar. Insofern wird teilweise der Begriff der „Vergemeinschaftung der justitiellen Zusammenarbeit" in Zweifel gezogen. In diesem Zusammenhang wird nicht zu Unrecht von einem „Pfeiler innerhalb der ersten Säule"[285] oder von einer nur formellen Vergemeinschaftung durch die Stellung im EG-Vertrag, die jedoch keine materielle Vergemeinschaftung nach sich ziehe[286], gesprochen. Nach Ablauf der Fünfjahresfrist wird das alleinige Initiativrecht der Kommission jedoch gemäß Art. 67 Abs. 2 Spgstr. 1 EGV automatisch wiederhergestellt. Eines vorausgehenden Ratsbeschlusses bedarf es hierfür nicht. Allerdings bleibt den Mitgliedstaa-

---

[281] Basedow, CML Rev. 2000, 687 (694).
[282] ABl. EG 2001 C 80/14, seit dem 01.02.2003 in Kraft.
[283] ABl. EG 2001 C 80/78.
[284] Basedow, in Baur/Mansel, Systemwechsel im Europäischen Kollisionsrecht, S. 19 (26).
[285] Monar, ELRev 1998, 320 (329 FN 24).
[286] Thun-Hohenstein, S. 28.

ten insofern ein „indirektes Initiativrecht"[287], als die Kommission verpflichtet ist, jeden Antrag eines Mitgliedstaates zu überprüfen, der darauf abzielt, dass die Kommission dem Rat einen Vorschlag unterbreitet. Es handelt sich dabei jedoch nicht um eine Einschränkung ihres Vorschlagsmonopols, da sie nicht verpflichtet ist, dem Antrag zu folgen. Im Gegensatz zu ihrer Stellung bei der intergouvernementalen Zusammenarbeit nach Art. K ff EUV a.F. kommt der Kommission somit nach Ablauf der Übergangsfrist wieder ihre Motorfunktion in der Gemeinschaft zu[288].

cc) Das Europäische Parlament

Auch die Stellung des Europäischen Parlaments ist während der Übergangszeit von fünf Jahren ähnlich schwach ausgestaltet wie bereits in der justitiellen Zusammenarbeit nach dem Unionsvertrag von Maastricht. Dem Europäischen Parlament steht während der ersten fünf Jahre lediglich ein Anhörungsrecht zu, Art. 67 Abs. 1 EGV – seit dem Inkrafttreten des Vertrages von Nizza beschränkt auf Maßnahmen mit familienrechtlichen Aspekten. Erst nach dem Ablauf dieses Zeitraums wird dieses Anhörungsrecht durch einstimmigen Ratsbeschluss in das Mitentscheidungsverfahren des Art. 251 EGV überführt. Die Unklarheiten bezüglich dieses Beschlusses wurden bereits dargestellt. Sie belasten somit auch diese Überführung mit einigen Unsicherheiten.

dd) Der Europäische Gerichtshof

Eine weitere Schwäche des Titels IV betrifft die Vorlage von Rechtsfragen an den EuGH durch die Gerichte der Mitgliedstaaten. Zwar unterliegen die Rechtsakte der Gemeinschaft grundsätzlich gem. Art. 220 ff EGV der Rechtsprechungsbefugnis des Europäischen Gerichtshofs. Eine Begründung durch Protokolle oder durch die Aufnahme im jeweiligen Übereinkommen ist somit nicht mehr nötig. Allerdings wird die Auslegungskompetenz des Gerichtshofs nach Art. 234 EGV durch Art. 68 EGV insoweit eingeschränkt, als eine Vorlage betreffend die Auslegung des Titels IV des Vertrages sowie die Gültigkeit oder Auslegung von unter diesem Titel erlassenen Rechtsakten nur gestattet ist, wenn gegen die Entscheidung des vorlegenden nationalen Gerichts nach dessen nationalem Recht keine Rechtsmittel mehr gegeben sind. Art. 234 EGV verpflichtet dagegen die letztinstanzlich entscheidenden nationalen Gerichte zur Vorlage und erlaubt darüber hinaus allen anderen nationalen Gerichten, gemeinschaftsrechtliche Vorfragen, die sie für die Entscheidung eines bei ihnen anhängigen Rechtsstreits für erheblich halten, in einem Zwischenverfahren vor dem EuGH klären zu lassen. Diese Möglichkeit der Einleitung eines Vorabentscheidungsverfahrens ist diesen Gerichten nach Art. 68 EGV für die Bereiche des Titels IV des EG-Vertrages nunmehr verschlossen. Diese Einschränkung ist zu bedauern. Insoweit wird bereits kritisiert, der europäische Raum des Rechts sei ein Raum mit nationalen Gerichten, aber ohne europäische Justiz[289]. Gerade die Erfahrung mit Art. 234 EGV hat gezeigt, dass zahlreiche Leitentscheidungen des EuGH gerade durch unterinstanzliche Gerichte initiiert wurden[290]. Insbesondere im Bereich der justitiellen Zusammenarbeit in Zivilsachen sollte wieder eine umfas-

---
[287] Geiger, Art. 67 EGV Rz. 2.
[288] Grabitz/Hilf-*Röben*, Art. 67 EGV Rz. 12; Hailbronner, S. 191.
[289] Basedow, ZEuP 2001, 437 (439).
[290] Basedow, in Baur/Mansel, Systemwechsel im Europäischen Kollisionsrecht, S. 19 (28).

sende Vorlageberechtigung hergestellt werden, denn gerade im Vergleich zu der umfassenden Auslegungskompetenz des EuGH unter dem EuGVÜ, die lediglich erstinstanzliche Gerichte nicht erfasste, wird die Einschränkung durch Art. 68 EGV besonders deutlich. Die Furcht der Mitgliedstaaten, der Gerichtshof könne durch eine Flut von Vorlagen überlastet werden, die ausschlaggebend für die Entstehung des Art. 68 EGV war, bezog sich ohnehin nur auf Asylsachen[291]. Im Bereich des Internationalen Zivilverfahrens- und Privatrechts ist mit einer solchen Vorlagenflut jedoch wohl kaum zu rechnen. Die Erfahrungen bezüglich der Auslegung des EuGVÜ haben gezeigt, dass die Gerichte mit ihrer Vorlagebefugnis durchaus verantwortungsvoll umgingen. Darüber hinaus ergingen über die Hälfte der Urteile auf Vorlage letztinstanzlicher Gerichte[292]. Eine Beschränkung der Vorlagebefugnis der nationalen Gerichte stellt zugleich auch eine Beschränkung des individuellen Rechtsschutzes dar. Durch die Anknüpfung an nationale Streitverfahren kommt dem Vorabentscheidungsverfahren vor dem EuGH eine individualrechtsschützende Funktion zu. Die Vermeidung der Überlastung der Gerichte, die auch beim EuGH gerade im Hinblick auf die ambitionierten Aktionspläne von Rat und Kommission nicht ganz von der Hand zu weisen ist, kann jedoch nicht auf Kosten des Rechtsschutzes erfolgen. Erforderlich ist vielmehr eine Umstrukturierung des Gerichtssystems auf Gemeinschaftsebene. Darüber hinaus ist auch zu befürchten, dass die Streichung der Vorlagemöglichkeit für untere Instanzen lediglich dazu führt, dass der nationale Instanzenzug einschließlich der Verfassungsgerichtsbarkeit zunächst solange und soweit ausgeschöpft wird, bis es schließlich zur Vorlage zum EuGH kommt[293]. Die Gefahr zwischenzeitlicher Rechtsbeeinträchtigungen oder gar eines Rechtsverlusts geht dabei wiederum zu Lasten des rechtsschutzsuchenden Einzelnen.

Teilweise[294] wird angeführt, zum Ausgleich dieser Einschränkung eröffne Art. 68 Abs. 3 EGV ein Auslegungsersuchen im öffentlichen Interesse.

(1) Auslegungsersuchen nach Art. 68 Abs. 3 EGV

Nach Art. 68 Abs. 3 EGV sind der Rat, die Kommission oder ein einzelner Mitgliedstaat unabhängig von einem konkret anhängigen Rechtsstreit berechtigt, dem EuGH Fragen zur Auslegung dieses Titels oder eines darauf beruhenden Rechtsakts zu stellen. Die Begrenzung auf Auslegungsfragen ist dadurch gerechtfertigt, dass die genannten Vorlageberechtigten die Gültigkeit von Sekundärrecht bereits im Wege der Nichtigkeitsklage gemäß Art. 230 Abs. 2 EGV überprüfen lassen können[295]. Diese Vorlage im öffentlichen Interesse existiert bereits nach Art. 4 des Auslegungsprotokolls zum EuGVÜ[296], ist allerdings niemals in Anspruch genommen worden[297]. Die Situation unter Art. 68 Abs. 3 EGV wird jedoch teilweise[298] als günstiger eingeschätzt. Nach Art. 4 Abs. 1 des Auslegungsprotokolls beschränke sich die Vorlageberechtigung der zuständigen Stellen nämlich auf Auslegungsfragen betreffend die

---

[291] Heß, NJW 2000, 23 (28); Lenz-*Bardenhever*, Art. 68 EGV Rz. 3.
[292] Leible/Staudinger, EuLF 2000/01, 225 (227); Heß, NJW 2000, 23 (29).
[293] Dörr/Mager, AöR 125 (2000), 386 (392); Hailbronner, S. 191.
[294] Besse, ZEuP 1999, 107 (112); Schwarze-*Wiedmann*, Art. 68 EGV Rz. 7.
[295] Dörr/Mager, AöR 125 (2000), 386 (393).
[296] Luxemburger Protokoll betreffend die Auslegung des EuGVÜ durch den Gerichtshof vom 03.06.1971 ABl. EG C 189/25, abgedruckt bei Jayme/Haumann Nr. 73.
[297] Heß, NJW 2000, 23 (29); Besse, ZEuP 1999, 107 (113).
[298] Besse, ZEuP 1999, 107 (113); Schwarze-*Wiedmann*, Art. 68 EGV Rz. 8.

Entscheidung der Gerichte des jeweiligen Mitgliedstaates. Die nationalen Behörden hätten jedoch in der Vergangenheit nicht genug gemeineuropäisches Bewusstsein entwickelt, um im Interesse einer einheitlichen Auslegung des EuGVÜ Stellungnahmen des EuGH einzuholen[299]. Die Vorlageberechtigung der Kommission nach Art. 68 Abs. 3 EGV dagegen, die national unabhängig, und, im Unterschied zu den nationalen Behörden, vielmehr als „Motor der Gemeinschaft" verpflichtet sei, für die gleichmäßige Anwendung des Gemeinschaftsrechts Sorge zu tragen (Art. 211 EGV), lasse eine effektivere Nutzung dieser Vorlageberechtigung im öffentlichen Interesse erwarten, als das unter dem EuGVÜ der Fall gewesen sei. Zudem biete dieses Auslegungsersuchen, dem kein konkreter Rechtsstreit zugrunde liegen muss, die Möglichkeit zu beschleunigten Verfahren, da zum Beispiel Auslegungsfragen vor dem Auftreten von Streitfällen geklärt werden könnten[300].

Andere[301] dagegen sehen in dieser Möglichkeit der Vorlage im öffentlichen Interesse keinen Ausgleich zu der Einschränkung des Rechtsschutzes für den einzelnen Bürger. Das Zivilprozessrecht betreffe die Durchsetzung privater Rechte, ein Verfahren im öffentlichen Interesse sei dafür inadäquat. Die Tatsache, dass einem solchen Auslegungsersuchen nach Art. 68 Abs. 3 EGV kein konkreter Rechtsstreit zugrunde liegen muss, lasse zudem befürchten, dass eine daraufhin ergangene Entscheidung auf unzureichender Tatsachengrundlage beruhe[302]. Darüber hinaus haben die Entscheidungen, die der Gerichtshof aufgrund dieser Auslegungsersuchen trifft, nach Art. 68 Abs. 3 Satz 2 EGV keine Auswirkungen auf bereits in den Mitgliedstaaten rechtskräftig gewordene Urteile, so dass der einzelne Bürger dadurch auch nicht im Nachhinein von der Rechtsprechung des EuGH profitieren könnte[303]. Eine einheitliche Anwendung des Gemeinschaftsrechts wird also durch die Möglichkeit des Auslegungsersuchens nach Art. 68 Abs. 3 EGV - im Gegensatz zu dem Vorlageverfahren nach Art. 68 Abs. 1 EGV - nicht gewährleistet.

Fraglich ist darüber hinaus, ob die letztinstanzlich entscheidenden Gerichte lediglich vorlagebefugt oder zur Vorlage verpflichtet sind.

(2) Vorlagepflicht der nationalen Gerichte

Im Gegensatz zu Art. 234 EGV, wonach letztinstanzliche Gerichte „zur Anrufung des Gerichtshofes verpflichtet" sind (Art. 234 EGV a.E.), ist Art. 68 Abs. 1 EGV dahingehend formuliert, dass „dieses Gericht dem Gerichtshof die Frage zur Entscheidung vorlegt, wenn es eine Entscheidung darüber zum Erlass seines Urteils für erforderlich hält". Teilweise[304] wird aufgrund dieses Formulierungsunterschieds nach Art. 68 Abs. 1 EGV für die letztinstanzlichen Gerichte nur eine verminderte Vorlagepflicht begründet, wonach die Gerichte nur dann zur Vorlage an den EuGH verpflichtet seien, wenn die Vorlagefrage für das Gemeinschaftsrecht von hinreichender Bedeutung sei und ihre Beantwortung nach Ansicht des nationalen Gerichts Raum für einen vernünftigen Zweifel lasse. Dadurch würde die Gefahr umgangen, dass aufgrund der Verlängerung nationaler Gerichtsverfahren durch die Vorlage zum EuGH

---
[299] Schwarze-*Wiedmann*, Art. 68 EGV Rz. 8.
[300] Dörr/Mager, AöR 125 (2000), 386 (395); Hailbronner/Thiery, EuR 1998, 583 (596).
[301] Heß, NJW 2000, 23 (29).
[302] Classen, EuR Beiheft 1/99, 73 (82).
[303] Monar, ELRev 1998, 320 (331).

ein effektiver Rechtsschutz nicht mehr gewährleistet werden könnte. Insbesondere bei Insolvenzabwicklungen drohe aufgrund dieser Verlängerung eine Wertminderung der noch vorhandenen Vermögenswerte.

Dem steht jedoch der Vergleich mit der Formulierung des Art. 234 Abs. 2 EGV entgegen, wonach eindeutig eine Vorlagebefugnis begründet wird (das Gericht „kann" diese Frage ... zur Entscheidung vorlegen"). Die Formulierung des Art. 68 Abs. 1 EGV im Indikativ Präsens „legt vor" unterscheidet sich dagegen von der Formulierung „ist zur Vorlage verpflichtet" nicht derart, dass der nationale Richter dadurch von seiner Vorlagepflicht entbunden wäre[305]. Dafür wäre ein erneutes Tätigwerden des Gesetzgebers nötig, denn die Verwendung des Indikativ Präsens in der Rechtssprache begründet stets eine Verpflichtung[306]. Anders ist dagegen die Situation unter Art. 35 EUV, wo sich die Mitgliedstaaten durch entsprechende Erklärungen die Vorlageverpflichtung in ihrem nationalen Recht vorbehalten können. Eine solche Vorbehaltsmöglichkeit zwingt dort zu dem Schluss, dass der Gebrauch des Indikativ in Art. 35 Abs. 1 EUV keine Vorlagepflicht der Gerichte statuiert. Das Fehlen solcher Erklärungen zu Art. 68 EGV deutet daher darauf hin, dass die Vertragsparteien dort von einer entsprechenden Verpflichtung der Gerichte kraft des EG-Vertrages ausgingen. Denn es kann auch nicht vermutet werden, dass sie bereit waren, in der Gemeinschaftsrechtsordnung eine geringere justitielle Kontrolle zu gewährleisten als in der intergouvernementalen justitiellen Zusammenarbeit in Zivilsachen[307].

Allerdings unterliegt auch Art. 68 EGV dem fünfjährigen Übergangszeitraum des Art. 67 Abs. 2 EGV. Nach Art. 67 Abs. 2 Spgstr. 2 EGV fasst der Rat nach Ablauf der fünf Jahre den einstimmigen Beschluss, die Bestimmungen über die Zuständigkeit des Gerichtshofs anzupassen. Es wird teilweise bezweifelt, dass diese Anpassung eine vollständige Rückkehr zum Prinzip einer umfassenden Vorlagebefugnis nach Art. 234 EGV darstellen könnte[308]. Das Wort „Anpassung" schließe dies aus. Dieses Verständnis ist jedoch nicht zwingend. „Anpassung" bedeutet eine Orientierung an den Bedürfnissen, die sich mit der Zeit entwickelt haben, eine Angleichung an neue Gegebenheiten. Das schließt nicht aus, dass damit nicht auch eine Rückkehr zu einem vormals herrschenden Zustand möglich sein kann[309].

Problematisch ist jedoch auch hier wieder die Beantwortung der Frage, welche Rechtsfolgen an ein Untätigbleiben des Rates geknüpft werden. Zum einen besteht die Möglichkeit einer Untätigkeitsklage nach Art. 232 EGV gegen den Rat. Zwar ist diese als Feststellungsklage nicht direkt darauf gerichtet, den vertragswidrigen Zustand zu beseitigen[310], doch ist das Verfahren auch nicht bloß deklaratorischer Natur. Nach Art. 233 EGV sind die Organe verpflichtet, den für vertragswidrig erklärten Zustand zu beenden. Eine unmittelbare Anwendbarkeit des Art. 67 Abs. 2 Spgstr. 2 EGV kommt hier jedoch nicht in Betracht, da keineswegs

---

[304] Leible/Staudinger, ELF 2000/01, 225 (227); dies., KTS 2000, 533 (572/573); Meng, S. 169.
[305] Dementsprechend bejahen eine Vorlagepflicht: Callies/Ruffert-*Brechmann*, Art. 68 EGV Rz. 2; Grabitz/Hilf-*Röben*,Art. 68 EGV Rz. 6; Pechstein/Koenig, Kap. 6 Rz. 383.
[306] Eidenmüller, IPRax 2001, 2 (8); Dörr/Mager, AöR 125 (2000) 386 (390).
[307] Grabitz/Hilf-*Röben*,Art. 68 EGV Rz. 6.
[308] Basedow, in Baur/Mansel, Systemwechsel im Europäischen Kollisionsrecht, S. 19 (27/28).
[309] Ebenso Hailbronner, S. 193; Schlussbericht der Gruppe X „Freiheit, Sicherheit und Recht" des Europäischen Konvents CONV 426/02 vom 02.12.2002 S. 25.
[310] Deshalb hält Karpenstein, DVBL 1998, 942 (944) eine Untätigkeitsklage für nicht statthaft.

hinreichend bestimmt festgelegt ist, inwiefern eine Anpassung der Zuständigkeitsvorschriften des Gerichtshofs erfolgen soll[311].

Diese besondere institutionelle Ausgestaltung des „neuen" Kompetenztitels des Art. 65 EGV lässt bereits erahnen, dass darin der Grund zu finden ist, warum Art. 95 EGV nicht zum Erlass der EheVO und der EuGVO herangezogen worden ist.

h) Abgrenzung zu Art. 95 EGV

Eine Vergemeinschaftung des internationalen Zivilverfahrensrechts auf der Grundlage von Art. 95 EGV hätte gegenüber Art. 65 EGV den Vorteil, dass - zumindest während des Übergangszeitraums der ersten fünf Jahre - der gemeinschaftsübliche, integrative Handlungsrahmen beim Erlass der Maßnahmen erhalten werden könnte. Nach Art. 95 EGV kann der Rat Beschlüsse mit qualifizierter Mehrheit erlassen, die Kommission besitzt das alleinige Vorschlagsrecht und das Parlament wird gem. Art. 251 EGV im Rahmen des Mitentscheidungsverfahrens beteiligt. Auch die Einschränkungen hinsichtlich der Vorlageberechtigung zum EuGH, wie sie Art. 68 EGV aufstellt, bestünden unter Art. 95 EGV nicht. Dort kommt das übliche Verfahren des Art. 234 EGV zur Anwendung. Im Vergleich damit erscheint eine Vergemeinschaftung auf der Grundlage nach Art. 65 EGV nicht nur als integrativer Rückschritt, vielmehr lässt sich generell in Frage stellen, inwieweit er überhaupt eine echte Gemeinschaftskompetenz zur Vergemeinschaftung des internationalen Zivilverfahrensrechts begründet.

Teilweise[312] wird deshalb die Vergemeinschaftung zumindest des EuGVÜ auf der Grundlage des Art. 95 EGV befürwortet. Denn durch Art. 65 EGV sei klargestellt worden, dass auch Unterschiede des Kollisionsrechts integrationshindernde Auswirkungen auf den Binnenmarkt haben können. Diese Bedeutung ermögliche eine neue, weitere Interpretation des Art. 95 EGV. Art. 65 EGV komme somit lediglich klarstellende Funktion zu. Er sei Auslegungshilfe für Art. 95 EGV. Eigenständige Bedeutung erlange er nur hinsichtlich der Personenfreizügigkeit, die von Art. 95 Abs. 1 EGV nach dessen Abs. 2 ausgeschlossen sei.

Andere[313] dagegen legen der Abgrenzung die Intensität des Binnenmarktbezuges der jeweiligen Maßnahme zugrunde. Je enger dieser Bezug, desto mehr spreche für Art. 95 EGV als richtige Rechtsgrundlage. Werde das Funktionieren des Binnenmarktes durch eine Maßnahme dagegen nur flankierend unterstützt, so komme Art. 65 EGV zur Anwendung. Dementsprechend hätte auch nach dieser Auffassung die Vergemeinschaftung des EuGVÜ auf der Grundlage des Art. 95 EGV erfolgen müssen.

Diese Auffassung findet allerdings keine Stütze in den Materialien zum Amsterdamer Vertrag[314]. Auch die Entstehungsgeschichte des Art. 65 EGV, als Weiterentwicklung der intergouvernementalen Zusammenarbeit in Zivilsachen nach dem Unionsvertrag von Maastricht,

---

[311] Basedow, CML Rev. 2000, 687 (695); ders., in Baur/Mansel, Systemwechsel im Europäischen Kollisionsrecht, S. 19 (27/28).
[312] Basedow, CML Rev. 2000, 687 (699); ders., in Baur/Mansel, Systemwechsel im Europäischen Kollisionsrecht, S. 19 (32).
[313] Kohler, IPRax 2003, 401.
[314] Leible/Staudinger, EuLF 2000/01, 225 (232).

spricht gegen eine Auslegung, die Art. 65 EGV auf Maßnahmen, die nur den freien Personenverkehr betreffen, beschränkt. Diese intergouvernementale Zusammenarbeit, die ersatzlos weggefallen ist, bezog sich nämlich nicht nur auf den freien Personenverkehr. Anhaltspunkte dafür, dass die Vergemeinschaftung dieses Bereichs der justitiellen Zusammenarbeit in Zivilsachen durch Art. 61 lt. c EGV iVm Art. 65 EGV Gegenstände ausschließen sollte, die früher unter die intergouvernementale Zusammenarbeit gefallen sind, liegen nicht vor[315].

Auch die institutionelle Ausgestaltung des neuen Titels IV des Vertrages, und damit auch des Art. 65 EGV, ist nicht vereinbar mit einer Auslegung, die Art. 65 EGV lediglich Komplementärfunktion zu Art. 95 EGV einräumt. Insbesondere der Übergangszeitraum von fünf Jahren, in dem lediglich durch das Koinitiativrecht der Kommission ein supranationales Element verankert wird und ansonsten der Handlungsrahmen der intergouvernementalen Zusammenarbeit aufrechterhalten wird, verdeutlicht die Souveränitätsvorbehalte der Mitgliedstaaten. Dieser institutionelle Kompromiss fungiert als Schutzvorkehrung in Bezug auf den neuen Kompetenzzuwachs der Gemeinschaft [316]. Der Widerstand der Mitgliedstaaten im Rahmen der Vertragsverhandlungen gegen die Übertragung neuer gesetzgeberischer Kompetenzen an die Gemeinschaft konnte nur durch Übergangsregelungen in Form eines abgestuften, schrittweisen Entscheidungsverfahrens überwunden werden[317]. Art. 65 EGV erweitert somit nicht nur den Anwendungsbereich des Art. 95 EGV, sondern ist eine eigenständige neue Kompetenzgrundlage der Gemeinschaft. Andernfalls würde eine an enge Erlassvoraussetzungen geknüpfte Norm den Anwendungsbereich einer Norm, die an weitere Voraussetzungen anknüpft, erweitern[318].

Auch ein Vergleich mit Art. 153 II EGV verdeutlicht, dass dieser Ansatzpunkt, Art. 65 EGV habe lediglich ergänzende Funktion, schon aus systematischen Gründen nicht aufrecht erhalten werden kann[319].

Art. 153 II EGV bestimmt die Subsidiarität der Verbraucherkompetenz im Verhältnis zu anderen Gemeinschaftskompetenzen. Die „Querschnittsklausel" des Art. 153 II EGV verlangt die Berücksichtigung des Verbraucherschutzes auch bei der Festlegung und Durchführung anderer Gemeinschaftspolitiken. Somit ergänzt sie diese. Daraus lässt sich schlussfolgern, dass der Gemeinschaftsgesetzgeber festlegt, wann einer Vorschrift ergänzende Funktion bezüglich anderer Vorschriften zukommen soll. Art. 65 EGV dagegen enthält keine solchen Subsidiaritätserwägungen, sondern vielmehr eine eigene Spezialkompetenz.

Art. 65 EGV ist daher nicht bloße Auslegungshilfe oder Ergänzung zu Art. 95 EGV. Zwar stellt der Kompromisscharakter des Art. 65 EGV einen integrativen Rückschritt gegenüber Art. 95 EGV dar, doch wird daran gerade deutlich, dass der Versuch, das internationale Zivilverfahrensrecht auf der Grundlage von Art. 95 EGV zu vergemeinschaften, wahrscheinlich

---

[315] Kreuzer, S. 530; Wagner, IPRax 2002, 75 (86); noch zu Art. 73 m EGV a.F.: BT-Drs. 13/9339 S. 152.
[316] Hailbronner/Thiery, EuR 1998, 583 (585); Schelo, S. 49/50; BT-Drs. 13/9339 S. 152 zu Art. 73 m EGV a.F.
[317] Basedow, in Baur/Mansel, Systemwechsel im Europäischen Kollisionsrecht, S. 19 (25).
[318] Mansel, in Baur/Mansel, Systemwechsel im Europäischen Kollisionsrecht, S. 1 (8).
[319] Heß, JZ 2001, 573 (574).

am politischen Widerstand der Mitgliedstaaten gescheitert wäre[320]. Selbst die etappenweise Überführung, wie sie der institutionelle Rahmen des Titels IV des Vertrages nun vorsieht, war nur zu dem Preis des „opt-outs" dreier Mitgliedstaaten möglich. Die Gründe für die Vergemeinschaftung des internationalen Zivilverfahrensrechts auf der Grundlage des neu eingeführten Art. 65 EGV, und nicht auf Grundlage des Art. 95 EGV, liegen somit in den politischen Bedenken der Mitgliedstaaten und nicht im rechtlichen Bereich der Verträge.

Allerdings stellt sich dadurch die Frage, inwieweit dieser integrative Rückschritt gegenüber Art. 95 EGV mit dem Gebot der Wahrung und Weiterentwicklung des gemeinschaftlichen Besitzstandes sowie der Kohärenz und der Kontinuität der Maßnahmen zur Erreichung der Gemeinschaftsziele nach Art. 3 Abs. 1 EUV vereinbar ist. Dabei ist jedoch zu berücksichtigen, dass gerade aufgrund des größeren Integrationspotentials des Art. 95 EGV eine Vergemeinschaftung des internationalen Zivilverfahrensrechts auf dessen Grundlage mit Sicherheit nicht stattgefunden hätte. Vielmehr hätten die mitgliedstaatlichen Souveränitätsbedenken, die sogar die Zusammenarbeit unter Art. K ff EUV a.F. hemmten, entgegengestanden. Insofern wird gerade durch den Kompromisscharakter des Art. 65 EGV der gemeinschaftliche Besitzstand weiterentwickelt und damit auch die europäische Integration im Bereich des internationalen Zivilverfahrensrechts. Die Reduzierung der Mitwirkungsmöglichkeiten der Gemeinschaftsorgane während des Übergangszeitraums von fünf Jahren ist dafür in Kauf zu nehmen.

Das Europäische Parlament hat zwar in seiner Entschließung vom 15.11.2001[321], basierend auf dem Bericht des Ausschusses für Recht und Binnenmarkt[322], die Kommission aufgefordert, bei der weiteren Konsolidierung und Entwicklung der Zivilrechtsharmonisierung auf die Rechtsgrundlage des Art. 95 EGV zurückzugreifen. Dabei ist auch das Europäische Parlament der Ansicht, dass wegen des aktuellen Problemdrucks primär die Arbeiten für die Vereinheitlichung des Zivilprozessrechts (Zuständigkeit und Vollstreckung), die Anerkennung von Urteilen und die Rechtshilfe vorangetrieben werden sollten. Allerdings bestehe es darauf, dass die Gesetzgebung im Bereich des Zivilrechts grundsätzlich nach dem Mitentscheidungsverfahren unter voller Beteiligung des Europäischen Parlaments zu erfolgen habe[323]. Im Hinblick auf die vorliegende Arbeit, die sich auf das Zivilverfahrensrecht beschränkt, stellt sich die Frage, ob die eindeutige Differenzierung in der Ausdrucksweise des Parlaments zwischen Zivilprozessrecht und Zivilrecht dahingehend zu verstehen ist, dass das Parlament den Rückgriff auf Art. 95 EGV und damit auf das Mitentscheidungsverfahren nur für den Bereich des Zivilrechts, nicht jedoch auch für das Zivilprozessrecht fordert. Die Frage, ob die Angleichung des materiellen Zivilrechts auf der Grundlage von Art. 65 EGV möglich ist, soll hier jedoch nicht erörtert werden. Versteht man die begriffliche Unterscheidung des Parlaments in diesem Sinn, so schlösse sich auch das Parlament der Auffassung an, dass aufgrund der Notwendigkeit der Vereinheitlichung des Zivilprozessrechts Art. 65 EGV der Vorzug zu geben ist, da dieser eine konsensfähige Grundlage für die Mitgliedstaaten darstellt,

---

[320] Drappatz, S. 63 und S. 136.
[321] Entschließung des Europäischen Parlaments zur Annäherung des Zivil- und Handelsrechts der Mitgliedstaaten KOM (2001) 398 – C5-0471/2001 – 2001/2187 (COS).
[322] Bericht vom 06.11.2001, Berichterstatter Klaus – Heiner Lehne, A5 – 0384/2001.
[323] Rz. 17 und 21 der Entschließung, s.o. FN 319.

so dass eine Vorantreibung der Vereinheitlichung nicht an deren Widerstand scheitern würde.

Auf der anderen Seite könnten durch ein solches Verständnis der Entschließung des Parlaments reine Begriffsunterschiede überbewertet werden. Der Rückgriff auf Art. 95 EGV könnte nach der Aufforderung des Parlaments auch das Zivilprozessrecht erfassen. Dabei ist jedoch zu berücksichtigen, dass die Wahl der Rechtsgrundlage auch von den politischen Interessen der Gemeinschaftsorgane beeinflusst ist, denn von dieser Wahl hängt auch die Festlegung des Gesetzgebungsverfahrens, die Stellung der Organe und deren Mitwirkungsmöglichkeiten ab[324]. Es überrascht daher nicht, dass das Parlament Rechtsgrundlagen bevorzugt, die die Anwendung des Mitentscheidungsverfahrens erfordern, wie das bei Art. 95 EGV, im Gegensatz zu Art. 65 EGV, der Fall ist.

Der Anwendungsvorrang einer Norm beurteilt sich jedoch nicht nach ihrer institutionellen Ausgestaltung, sondern nach der inhaltlichen Ausgestaltung entsprechend dem Prinzip des Vorrangs der spezielleren vor der allgemeinen Norm. Aus dem Gebot der Rechtssicherheit folgt insbesondere, die Abgrenzung der Kompetenznormen der Gemeinschaft in objektivierter Weise vorzunehmen und nicht den subjektiven Einschätzungen oder Absichten des jeweiligen Gemeinschaftsorgans zu überlassen[325]. Insofern hat auch der EuGH die Wahl der Rechtsgrundlage nicht von deren institutioneller Ausgestaltung abhängig gemacht, auch wenn die Beteiligung des europäischen Parlaments am Gesetzgebungsverfahren der Gemeinschaft ein grundlegendes demokratisches Prinzip widerspiegele, nach dem die Völker durch eine Versammlung ihrer Vertreter an der Ausübung der hoheitlichen Gewalt beteiligt seien[326]. Vielmehr bestimmt er die richtige Rechtsgrundlage eines Rechtsaktes nach dessen inhaltlicher Reichweite und des Regelungsgegenstandes der Handlungsermächtigung im EG-Vertrag. Ausgehend vom Zweck des betreffenden Rechtsaktes ist die dafür speziellere, objektiv sachnähere Norm anzuwenden[327]. Insoweit stellt der sachlich-gegenständlich bestimmte Anwendungsbereich des Art. 65 EGV, gegenüber der weiten, final ausgerichteten Kompetenzbestimmung des Art. 95 EGV, die speziellere Befugnisnorm zur Vereinheitlichung des Zivilverfahrensrechts dar[328].

Art. 65 EGV stellt somit – zwar als politischer Kompromiss - die richtige Kompetenzgrundlage zum Erlass der beiden Verordnungen EuGVO und EheVO dar.

Insofern fragt sich im Rahmen der vorliegenden Erörterung des räumlichen Anwendungsbereichs des Art. 65 EGV, inwieweit durch den intern zulässigen Erlass dieser Verordnungen der Gemeinschaft in diesen Regelungsbereichen eine ausschließliche Außenkompetenz erwachsen ist, die ein mitgliedstaatliches Auftreten nach außen verdrängt.

---

[324] Barents, CML Rev. 1993, 85 (89).
[325] EuGH, Slg. 1991, I–2867 Rs. C 300/89 Tz. 10 - Kommission/Rat – Titandioxid.
[326] EuGH, Slg. 1991, I–2867 Rs. C 300/89 Tz. 20 - Kommission/Rat – Titandioxid.
[327] EuGH, Slg. 1991, I–2867 Rs. C 300/89 Tz. 23 - Kommission/Rat – Titandioxid.
[328] So auch Geimer, IPRax 2002, 69 FN 5, der, allerdings ohne Begründung, davon ausgeht, dass der EuGH, trotz der schmalen Ermächtigungsgrundlage, die Art. 65 EGV darstellt, die EuGVO nicht für nichtig erklären wird.

III. Vertragsabschlusskompetenz der Gemeinschaft gegenüber Drittstaaten im Bereich des internationalen Zivilverfahrensrechts

Wie bereits dargestellt[329] hat der EuGH in seiner Rechtssprechung zu den Außenkompetenzen der Gemeinschaft zum einen den Grundsatz der Parallelität von Innen- und Außenzuständigkeiten der Gemeinschaft begründet; zum anderen hat er die Vorraussetzungen zur Bejahung einer ungeschriebenen ausschließlichen Außenkompetenz, die ein Tätigwerden der Mitgliedstaaten nach außen sperrt, festgelegt. Dabei ist jedoch zu berücksichtigen, dass diese Rechtsprechung des EuGH die Verkehrspolitik, die Fischerei sowie den Waren-, und Dienstleistungsverkehr betrifft, also ausschließlich auf die Wirtschaftsunion und die wirtschaftliche Integration bezogen ist. Insofern bedarf die Herleitung einer impliziten Außenkompetenz aus Art. 65 EGV, der die Personenfreizügigkeit betrifft, einer Übertragung dieser Rechtsprechung des Gerichtshofs auch auf diesen „Raum der Freiheit, der Sicherheit und des Rechts" (Art. 61 EGV), der *„European judicial area"*[330].

1. Übertragbarkeit der Rechtsprechung auf Art. 65 EGV

Zum Teil[331] wird die Anwendung dieser Rechtsprechung auf Art. 65 EGV in Frage gestellt.

a) Vollendung des Justizraums

Die Schaffung eines europäischen Justizraumes, der eine entsprechende Zuständigkeit der Gemeinschaft nach außen erforderlich mache, müsse von Vorschriften getragen werden, die staatliche ordnungspolitische Gesichtspunkte zum Gegenstand haben, und nicht, wie Art. 65 EGV, lediglich Verfahrensvorschriften für Privatstreitigkeiten enthalten. Wenn dieser Einwand so zu verstehen ist, dass die Parallelität von gemeinschaftlichen Innen- und Außenkompetenzen und die Frage nach der Ausschließlichkeit einer solchen Außenkompetenz erst dann relevant werden, wenn der europäische Justizraum vollendet ist, nachdem auch Rechtsgebiete vereinheitlicht wurden, die durch staatliche ordnungspolitische Gesichtspunkte geprägt sind, wie etwa das Strafprozess- oder Polizeirecht, so ist dieser Auffassung nicht zuzustimmen. Dadurch würde impliziert, dass eine Beeinträchtigung durch völkerrechtliche Abkommen der Mitgliedstaaten mit Drittstaaten erst dann vorliegen kann, wenn der Justizraum vollständig erschaffen ist.

Nach Art. 61 EGV soll der Aufbau eines Raums der Freiheit, der Sicherheit und des Rechts jedoch gerade schrittweise erfolgen. Auch ein schrittweiser Aufbau eines einheitlichen europäischen Rechtsraums kann durch unterschiedliche Abkommen mit Drittstaaten gefährdet werden. Die Schaffung eines europäischen Justizraumes mit der Vereinheitlichung des Zivilverfahrensrechts, das lediglich Verfahrensvorschriften für Privatstreitigkeiten festlegt, zu beginnen, entspricht dabei diesem schrittweisen Vorgehen. Insbesondere sieht Art. 61 lit. c iVm Art. 65 EGV den Bereich des internationalen Zivilverfahrensrechts ausdrücklich als Bestandteil dieses Justizraumes an. Diesem ausschließlich Regelungen staatlich ordnungspolitischer Gesichtspunkte zugrunde zu legen widerspricht daher dem eindeutigen Willen der

---

[329] S.o. Punkt unter I.4.a).
[330] Kotuby, NILR 2001, 1 (14).
[331] Tebbens, in Baur/Mansel, Systemwechsel im Europäischen Kollisionsrecht, S. 171 (186).

Vertragsautoren. Zudem ist auch das Zivilverfahrensrecht eines Staates von dessen ordnungspolitischer Auffassung geprägt, was zum Beispiel an den exorbitanten Gerichtsständen gegenüber Nicht-Staatsangehörigen deutlich wird. Indem der Zivilprozess Rechte und Rechtspositionen der Parteien verwirklicht, dient er nicht nur der Durchsetzung individueller Rechte, sondern zugleich auch der Bewahrung der objektiven Rechtsordnung, der Wiederherstellung des gestörten Rechtsfriedens und damit der Konfliktlösung. Damit erfüllt er zum Beispiel eine dem Sozialstaatsprinzip entsprechende soziale Funktion[332].

Zwar ist der oben angeführten Ansicht insofern zuzustimmen, dass die Vollendung eines einheitlichen europäischen Rechtsraumes erst mit der einheitlichen Regelung auch primär ordnungspolitischer Bereiche, insbesondere der Vereinheitlichung auch der justiziellen Zusammenarbeit in Strafsachen, die den sensiblen Bereich des staatlichen Gewaltmonopols betrifft, erfolgen kann. Doch berührt die Vollendung des einheitlichen Rechtsraums nicht die Parallelität der Innen- und Außenkompetenzen der Gemeinschaft im internationalen Zivilverfahrensrecht, dessen Angleichung der Gemeinschaft durch Art. 65 EGV ausdrücklich zugewiesen wurde. Die Bejahung dieser Parallelität setzt nach der Rechtsprechung des Gerichtshofes lediglich voraus, dass der Gemeinschaft intern eine Regelungsbefugnis zugewiesen ist, die auch nicht notwendigerweise den Bereich einer gemeinsamen Politik betreffen muss[333]. Die Vollendung eines einheitlichen europäischen Rechtsraumes, die ganz bestimmt auch die Regelung ordnungspolitischer Gesichtspunkte voraussetzt, betrifft somit nicht die Parallelität von Außen- und Innenkompetenzen und steht somit der Übertragbarkeit der Rechtssprechung des Gerichtshofs zum Grundsatz der Parallelität auf Art. 65 EGV nicht entgegen. Einer Außenkompetenz der Gemeinschaft in diesem Gebiet muss keine vollendete Schaffung des europäischen Justizraums vorausgehen.

b) Bezug zur wirtschaftlichen Integration

Auch die Tatsache, dass die Rechtsprechung des EuGH zu den Außenkompetenzen der Gemeinschaft sich ausschließlich auf Bereiche der wirtschaftlichen Integration bezieht, steht einer Übertragung auf den Bereich eines europäischen Justizraums nicht entgegen. Denn zum einen ist das Ziel der Wirtschaftsintegration in der Gemeinschaft schon seit langem um andere politische Bereiche, wie zum Beispiel den Umweltschutz, ergänzt worden. Begrifflich wurde diese Komplementierung des Aufgabenbereiches der Gemeinschaft mit der Umbenennung der Europäischen Wirtschaftsgemeinschaft (EWG) in Europäische Gemeinschaft und mit der Gründung der Europäischen Union zum Ausdruck gebracht. Zum anderen steht auch die Schaffung eines Justizraums, in dem die Urteilsfreizügigkeit gewährleistet wird, nicht außerhalb des Binnenmarkts, sondern vervollständigt diesen vielmehr durch eine umfassende Personenverkehrsfreiheit. Insofern scheitert die Übertragung der Rechtsprechung auf neue Bereiche des Gemeinschaftsrechts auch nicht daran, dass eine solche nicht ausdrücklich in der Rechtsprechung des Gerichtshofs vorgesehen ist. Eine solche Auffassung unterliefe die Autorität der EG-Rechtsprechung[334].

---

[332] Stürner, S. 547ff; Zöller-*Vollkommer*, Einleitung Rz. 39.
[333] EuGH, Slg. 1993, I-1061 Tz. 10/11 - Gutachten 2/91.
[334] Tebbens, Systemwechsel im Europäischen Kollisionsrecht, S. 171 (186).

Zudem finden nach der Rechtsprechung des Gerichtshofs die Grundsätze zu den impliziten Vertragsschlusskompetenzen ausdrücklich *immer dann* Anwendung, wenn den Gemeinschaftsorganen die interne Zuständigkeit zugeteilt ist[335], also auch im Bereich der justitiellen Zusammenarbeit in Zivilsachen für den die Gemeinschaft gemäß Art. 61 lit. c EGV iVm Art. 65 EGV zuständig ist.

Der Parallelitätsgrundsatz nach der Rechtsprechung des Gerichtshofs ist daher auf Art. 65 EGV übertragbar, was ohnehin sowohl vom Europäischen Parlament[336] als auch in der wissenschaftlichen Diskussion ohne weitere Hinterfragung getan wurde[337].

Der Grundsatz der begrenzten Einzelermächtigung erfordert in Verbindung mit dem Prinzip der Parallelität der Innen- und Außenkompetenzen der Gemeinschaft allerdings auch, dass die Gemeinschaft im Außenbereich eine Materie nur in dem Ausmaß regelt, wie ihr entsprechende Innenkompetenzen zustehen. Demnach ist im Folgenden der Umfang der Außenkompetenz nach Art. 65 EGV zu hinterfragen.

2. Umfang der Außenkompetenz der Gemeinschaft nach Art. 65 EGV

Bezüglich des Umfangs impliziter Vertragsschlusskompetenzen der Gemeinschaft wird in der Literatur[338] darauf hingewiesen, dass die Gemeinschaft im Bereich der Freizügigkeit (Art. 39 EGV), des Niederlassungsrechts (Art. 43 EGV) sowie des Dienstleistungsverkehrs (Art. 49 EGV) intern nur dazu berechtigt ist, Regelungen zugunsten der Staatsangehörigen der Mitgliedstaaten zu treffen. Sie könne sich daher in diesen Bereichen nicht völkerrechtlich gegenüber Drittstaaten dazu verpflichten, deren Staatsangehörigen Gemeinschaftsbehandlung zuteil werden zu lassen. Umgekehrt könne sie auch nicht die Behandlung der Staatsangehörigen der Mitgliedstaaten in diesen dritten Staaten regeln.

Art. 65 EGV enthält jedoch keine Beschränkung auf die Staatsangehörigen oder Entscheidungen der Mitgliedstaaten. Allerdings wird gegen die Wahrnehmung der parallelen Außenkompetenz der Gemeinschaft im Bereich des Art. 65 EGV angeführt, dass dieser ausdrücklich auf den Binnenmarkt Bezug nimmt[339]. Art. 65 EGV ermächtigt die Gemeinschaft lediglich zum Erlass von Maßnahmen, die für das reibungslose Funktionieren des Binnenmarktes erforderlich sind. Unstreitig sind dadurch interne Gemeinschaftsmaßnahmen vom Anwendungsbereich des Art. 65 EGV erfasst. Hinsichtlich des Abschlusses von Abkommen mit Drittstaaten, insbesondere auch im Rahmen der Haager Konferenz für Internationales Privatrecht, wird deshalb teilweise darauf hingewiesen, dass solche externen Maßnahmen über das ausdrückliche Binnenmarktziel hinausgingen[340]. Eine völkerrechtliche Tätigkeit der Ge-

---

[335] EuGH, Slg. 1993 I-1061 Tz. 7 - Gutachten 2/91.
[336] Bericht A5-0253/2000 vom 18.09.2000 Berichterstatterin Diana Wallis, S, 14 insbesondere FN 3.
[337] so z. B. Geimer, IPRax 2002, 69 (73); Heß, IPRax 2001, 389 (396); Leible/Staudinger, EuLF 2000/01, 225 (234) Basedow, CML Rev. 2000, 687 (704); ders., FS Lorenz, S. 472 "Dieses Prinzip [der Parallelität von Außen- und Innenkompetenz] ist vom Gerichtshof bereits vor drei Jahrzehnten für den Bereich der gemeinsamen Verkehrspolitik und des Gemeinsamen Marktes anerkannt worden und fraglos auf den neuen Politikbereich ... zu übertragen."
[338] Bleckmann, EuR 1977, 109 (116); ders., Europarecht, § 17 Rz. 1396; Callies/Ruffert- *Schmalenbach*, Art. 300 EGV Rz. 14; Grabitz/Hilf-*Vedder*, Art. 228 EGV (in der Fassung von Maastricht) Rz. 9.
[339] Remien, CML Rev. 2000, 53 (75).
[340] Beaumont, ICLQ 1999, 223 (228 FN 25).

meinschaft, die die Zuständigkeit drittstaatlicher Gerichte für Gemeinschaftsangehörige oder die Anerkennung und Vollstreckung drittstaatlicher Entscheidungen in der Gemeinschaft, oder umgekehrt die Anerkennung und Vollstreckung mitgliedstaatlicher Urteile in Drittstaaten betreffe, sei daher nicht mehr von Art. 65 EGV erfasst. Entsprechend der oben dargestellten Auffassung zum Umfang der Außenkompetenz der Gemeinschaft in den Bereichen Freizügigkeit, Dienstleistungs- und Kapitalverkehr sowie zum Niederlassungsrecht könne die Gemeinschaft auf der Grundlage von Art. 65 EGV nur Regelungen gegenüber Drittstaaten treffen, in denen die Beziehungen zwischen den Mitgliedstaaten untereinander geregelt werden, zum Beispiel, dass eine Entscheidung eines Gerichts eines Mitgliedstaates gegenüber einem Drittstaatenangehörigen in einem anderen Mitgliedstaat nicht der erleichterten Anerkennung und Vollstreckung der EuGVO unterliegt.

Dieser Einwand stimmt zwar mit der Entstehung des Art. 65 EGV als Überführung der justitiellen Zusammenarbeit in Zivilsachen unter dem Unionsvertrag in den Gemeinschafsvertrag überein. Denn unter Art. K 1 Nr. 6 EUV a.F. stellte die justitielle Zusammenarbeit in Zivilsachen eine "Angelegenheit von gemeinsamem Interesse" dar. Darunter ist eher eine bloße innergemeinschaftliche Zusammenarbeit zu verstehen als eine Zusammenarbeit, die auch Drittstaaten mit einbezieht[341].

Dennoch scheint es nach anderer Ansicht auf der Hand zu liegen[342], dass die Rechtsvereinheitlichung betreffend das internationale Zivilverfahrensrecht, insbesondere die gerichtliche Zuständigkeit und die Anerkennung und Vollstreckung von Entscheidungen, sich auch auf Entscheidungen aus Drittstaaten beziehen muss, um die Freizügigkeit von Personen als Bestandteil des Binnenmarktes wirksam und umfassend garantieren zu können. Unterliegen drittstaatliche Urteile nur in einem Mitgliedstaat der Gemeinschaft erleichterten Anerkennungs- und Vollstreckungsvoraussetzungen, in einem anderen Mitgliedstaat dagegen nicht, so ist diesbezüglich die Freizügigkeit innerhalb der Gemeinschaft eingeschränkt[343]. Ebenso verdeutlicht der umgekehrte Fall, dass ein deutsches Urteil in den USA eher Beachtung findet als ein französisches Urteil, ein Ungleichgewicht an prozessualen Risiken in der Gemeinschaft, das nicht nur in Bezug auf den Personenverkehr, sondern auch hinsichtlich der Warenverkehrsfreiheit eine Beschränkung darstellen kann. Wird innerhalb der Gemeinschaft weitgehend die Freizügigkeit von Urteilen hergestellt, so ist es daher nicht konsequent, dass drittstaatliche Entscheidungen in einzelnen Teilen der Gemeinschaft unter leichteren Bedingungen vollstreckbar sein sollen als in anderen. Insbesondere beeinflusst die Anerkennung drittstaatlicher Entscheidungen mittelbar auch die Anerkennung von Entscheidungen aus anderen Mitgliedstaaten. Nach Art. 34 Nr. 4 EuGVO (Art. 27 Nr. 5 EuGVÜ) liegt nämlich ein Anerkennungshindernis vor, wenn eine Entscheidung mit einer früheren Entscheidung unvereinbar ist, die in einem Drittstaat ergangen ist, sofern diese die notwendigen Voraussetzungen für ihre Anerkennung in dem Mitgliedstaat erfüllt, in dem die Anerkennung geltend gemacht wird[344].

---

[341] Basedow, in Baur/Mansel, Systemwechsel im Europäischen Kollisionsrecht, S. 19 (40).
[342] Basedow, CML Rev. 2000, 687 (704): *„it is almost obvious"*.
[343] Kotuby, NILR 2001, 1 (16).
[344] Darauf weist explizit Martiny, § 1 Rz. 264 hin.

Auch bezüglich der Zuständigkeit von Gerichten in Drittstaaten sollte es, gerade zur Vermeidung von *forum-shopping*, d.h. der bewussten Wahl klägerfreundlicher Gerichte, gleichgültig sein, in welchem Mitgliedstaat sich Kläger oder Beklagter befinden. Eine einheitliche gemeinschaftsweite Vereinbarung bezüglich der gerichtlichen Zuständigkeit auch mit Drittstaaten ermöglicht somit eine diskriminierungsfreie Personenverkehrsfreiheit in der Gemeinschaft, denn jeder Einwohner eines Mitgliedstaates könnte nur unter den gleichen Voraussetzungen in einem Drittstaat klagen.

Die Freizügigkeit von Urteilen aus Drittstaaten sowie die einheitliche Regelung auch drittstaatlicher gerichtlicher Zuständigkeiten ist daher Voraussetzung für die innergemeinschaftliche Personenfreizügigkeit und damit für das Funktionieren des Binnenmarktes. Der einheitlichen Regelung des auswärtigen Rechtsverkehrs der Gemeinschaft mit Drittstaaten kommt daher eine ebenso große integrationspolitische Bedeutung zu wie der Freizügigkeit mitgliedstaatlicher Urteile in der Gemeinschaft selbst[345]. Eine Regelung dieses Bereichs durch die Gemeinschaft aufgrund der parallelen Außenkompetenz zu Art. 65 EGV ist aufgrund dieser Binnenmarktrelevanz vom Umfang des Art. 65 EGV gedeckt. Der Binnenmarktbezug in Art. 65 EGV schließt somit, anders als die Beschränkung auf die Staatsangehörigen der Mitgliedstaaten in den Art. 39 und 43 EGV, externe Regelungen mit Drittstaaten, die die justitielle Zusammenarbeit in Zivilsachen zwischen der Gemeinschaft und den Drittstaaten betreffen, nicht aus.

Die Gemeinschaft besitzt damit auf der Grundlage von Art. 65 EGV die Befugnis, im Bereich des internationalen Zivilverfahrensrechts Verträge mit Drittstaaten zu schließen, die auch das Verhältnis der Gemeinschaft gegenüber diesen betreffen. Eine Beschränkung dieser Außenbeziehungen auf die Regelung des Verhältnisses der Mitgliedstaaten untereinander kann aus dem Binnenmarktbezug des Art. 65 EGV nicht hergeleitet werden.

Fraglich ist lediglich, ob diese Befugnis durch das innergemeinschaftliche Tätigwerden der Gemeinschaft bereits zu einer ausschließlichen Gemeinschaftsbefugnis erstarkt ist, die ein Tätigwerden der Mitgliedstaaten sperrt.

3. Ausschließlichkeit der Außenkompetenz der Gemeinschaft

Insbesondere in seinem Gutachten 2/92, das insofern das Gutachten 1/94 bestätigt, legte der EuGH die Voraussetzungen für das Bestehen einer ausschließlichen Außenzuständigkeit der Gemeinschaft fest. Danach folgt die ausschließliche externe Zuständigkeit der Gemeinschaft nicht ohne Weiteres aus ihrer Befugnis zum Erlass von Vorschriften auf interner Ebene. Abgesehen von dem Fall, wo sie wirksam nur zugleich mit der externen Zuständigkeit ausgeübt werden kann, kann eine interne Zuständigkeit nur dann eine ausschließliche externe Zuständigkeit begründen, wenn sie ausgeübt wird. Diesbezüglich ist zu prüfen, ob diese internen Rechtsetzungsakte, vorliegend die EuGVO und die EheVO, entweder Klauseln enthalten, die die Behandlung von Drittstaatensachverhalten regeln, oder die den Organen ausdrücklich eine Zuständigkeit für Verhandlungen mit Drittstaaten übertragen oder ob durch diese Rechtsakte eine vollständige Harmonisierung stattgefunden hat. Nach der Rechtsprechung des Gerichtshofs verfügt die Gemeinschaft nur in diesen Fällen über eine ausschließliche Zuständigkeit für den Abschluss internationaler Vereinbarungen[346]. Insoweit ist eine entsprechende Prüfung der Sekundärrechtssetzung der Gemeinschaft zur Beantwortung der Frage der Ausschließlichkeit ihrer Außenkompetenz vorzunehmen. Da weder die EuGVO noch die EheVO den Gemeinschaftsorganen die Kompetenz zur Verhandlung mit Drittstaaten ausdrücklich durch entsprechende Klauseln zuweisen[347], sind diese beiden Rechtsakte dahingehend zu untersuchen, inwieweit sie Drittstaatensachverhalte erfassen. Das soll für jede Verordnung getrennt untersucht werden.

a) Verordnung über die gerichtliche Zuständigkeit und die Anerkennung und Vollstreckung von Entscheidungen in Zivil- und Handelssachen

Die Verordnung Nr. 44/2001 über die gerichtliche Zuständigkeit und die Anerkennung und Vollstreckung von Entscheidungen in Zivil- und Handelssachen, die EuGVO, ersetzt ausweislich ihres Art. 68 ab ihrem Inkrafttreten am 1. März 2002 das EuGVÜ im Verhältnis aller Mitgliedstaaten, mit Ausnahme Dänemarks, das sich gemäß seines Protokolls Nr. 5 nicht an der Annahme von Maßnahmen unter Titel IV des EG-Vertrages beteiligt. Irland und Großbritannien dagegen haben schriftlich mitgeteilt, an der Annahme der Verordnung teilzunehmen[348], so dass diese auch im Verhältnis zu Irland und Großbritannien das EuGVÜ ersetzt.

aa) Entstehungsgeschichte

Auf Initiative der Kommission setzten die damaligen sechs EG Mitgliedstaaten, Belgien, Deutschland, Frankreich, Italien, Luxemburg und die Niederlande, 1960 einen Sachverständigenausschuss ein, der das Übereinkommen auf der Grundlage von Art. 220 EGV a.F. erarbeitete. Nachdem der Text von den Sachverständigen bereits im Jahre 1966 verabschiedet und im Jahre 1967 im Rat der Europäischen Gemeinschaften nochmals erörtert worden war, wurde das EuGVÜ am 27. September 1968 auf einer Sitzung des Ministerrates der EG in Brüssel unterzeichnet. Nach der Ratifizierung durch alle unterzeichnenden Staaten trat es dann am 1. Februar 1973 in Kraft.

Neue Mitgliedstaaten, die der EG bzw. EU beitraten, wurden allerdings nicht automatisch auch Vertragsstaaten des EuGVÜ, denn es wurde befürchtet, dass dadurch die Beitrittsverhandlungen noch mehr in die Länge gezogen würden[349]. Vielmehr mussten sich die Beitrittskandidaten in den jeweiligen Beitrittsübereinkommen verpflichten, dem EuGVÜ und den dazugehörigen Protokollen, wie etwa dem Luxemburger Auslegungsprotokoll von 1971, das die Auslegungskompetenz des EuGH bezüglich des EuGVÜ begründet[350], beizutreten und zu diesem Zweck mit den ursprünglichen Mitgliedstaaten Verhandlungen im Hinblick auf die erforderlichen Anpassungen aufzunehmen. Dementsprechend gab es vier Beitrittsüberein-

---

[345] Basedow, Hdb. Int. ZivilverfR, Kap II Rz. 166.
[346] EuGH, Slg. 1995, I-521 Tz. 31; 36; 33 - Gutachten 2/92.
[347] Gilsdorf, EuR 1996, 145 (155 FN 32) weist bezüglich solcher Klauseln darauf hin, dass sich insbesondere die Mitgliedstaaten künftig, d.h. nach der Rechtsprechung des EuGH in seinem 1/94 Gutachten, noch mehr als bisher darum bemühen werden, solche Klauseln in internen Gemeinschaftsrechtsakten zu vermeiden, weil sie wissen, dass sie damit einen Kompetenzverzicht ausüben.
[348] S.o. unter Punkt II.3.f)aa); Erwägungsgrund Nr. 20 der EuGVO.
[349] Schlosser, Einl. Rz. 8.
[350] BGBl. 1972 Teil II 846, abgedruckt bei Jayme/Hausmann, Nr. 73.

kommen. Das erste Beitrittsübereinkommen wurde anlässlich des Beitritts von Großbritannien, Irland und Dänemark am 9. Oktober 1978 als Luxemburger Übereinkommen[351] unterzeichnet. Das zweite Luxemburger Übereinkommen vom 25. Oktober 1982[352] regelte den Beitritt Griechenlands. Das Beitrittsübereinkommen von Donostia/San Sebastiàn[353] wurde anlässlich des Beitritts Spaniens und Portugals am 26. Mai 1989 unterzeichnet. Das letzte Beitrittsübereinkommen vom 29. November 1996[354] betraf den Beitritt Finnlands, Österreichs und Schwedens.

Drittstaaten dagegen war der Beitritt verwehrt, denn Art. 220 EGV a.F. (Art. 293 EV) ermächtigt die Mitgliedstaaten nur zu Verhandlungen und damit auch Abschlüssen von Übereinkommen untereinander, nicht jedoch auch mit Drittstaaten. Insofern wurde mit den Staaten der Europäischen Freihandelszone (EFTA), mit Ausnahme Liechtensteins, am 16. September 1988 das Luganer Übereinkommen über die gerichtliche Zuständigkeit und die Vollstreckung gerichtlicher Entscheidungen in Zivil- und Handelssachen[355] (LugÜ) unterzeichnet. Um eine inhaltliche Rechtsvielfalt zu vermeiden, lehnt sich das LugÜ inhaltlich an die Regelungen des EuGVÜ an. Der einheitlichen Auslegung von LugÜ und EuGVÜ ist dadurch Rechnung getragen worden, dass dem LugÜ ein Protokoll Nr. 2 über die einheitliche Auslegung des Übereinkommens[356] beigefügt ist, nach dem den Grundsätzen gebührend Rechnung zu tragen ist, die in maßgeblichen Entscheidungen von Gerichten der anderen Vertragsstaaten zu den Bestimmungen des EuGVÜ entwickelt worden sind. Durch die ausdrückliche Erwähnung des EuGH in der Präambel des Protokolls ist demnach auch die Rechtsprechung des EuGH bei der Auslegung des LugÜ zu berücksichtigen[357]. Derzeit gilt das Übereinkommen gegenüber Island, Norwegen, der Schweiz und Polen, das am 1. Februar 2000 als erster osteuropäischer Staat Vertragspartner des LugÜ geworden ist. Tschechien und Ungarn haben ihre Beitrittanträge nach Art. 62 b LugÜ gestellt[358].

Sprachliche und rechtliche Ungereimtheiten im Text des EuGVÜ und die Notwendigkeit der Anpassung an den deutlich gewachsenen grenzüberschreitenden Handel sowie an die Möglichkeiten der elektronischen Kommunikation erforderten allerdings schon seit längerem eine Überarbeitung des EuGVÜ[359]. Denn seit seiner Unterzeichnung im Jahr 1968 wurde das Übereinkommen nur in sehr begrenztem Umfang geändert. Auch anlässlich der jeweiligen Beitrittsverhandlungen kam es zu keiner Neubewertung sämtlicher Bestimmungen des EuGVÜ, sondern es wurden lediglich die durch den Beitritt der neuen Mitgliedstaaten erforderlichen Anpassungen vorgenommen. 1995 hat der Rat eine Ad-hoc-Gruppe aus Vertretern der EG - Mitgliedstaaten und der Lugano-Staaten Schweiz, Island und Norwegen eingesetzt, um eine Revision der Übereinkommen von Brüssel und Lugano vorzubereiten. Bei den Beitrittsverhandlungen Finnlands, Österreichs und Schwedens 1996 unterbreiteten die österreichische und die finnische Delegation konkrete Änderungsvorschläge. Die Kommission legte

---

[351] BGBl. 1983 Teil II 802, abgedruckt bei Jayme/Hausmann, Nr. 74.
[352] BGBl. 1988 Teil II 453, abgedruckt bei Jayme/Hausmann, Nr. 75.
[353] BGBl. 1994 Teil II 518, abgedruckt bei Jayme/Hausmann, Nr. 76.
[354] ABl. EG 1997 C 15 S. 1, abgedruckt bei Jayme/Hausmann, Nr. 76a.
[355] BGBl. 1994 Teil II 2660, abgedruckt bei Jayme/Hausmann, Nr. 77.
[356] BGBl. 1994 Teil II 2697, abgedruckt bei Jayme/Hausmann, Nr. 77.
[357] Schlosser, Einl. Rz. 15.
[358] Jayme/Kohler, IPRax 2000, 454 (462).

daraufhin 1998 auf der Grundlage von Art. K 3 Abs. 2 lit. c EUV a.f. einen Vorschlag zur Änderung des EuGVÜ vor[360], den der Rat am 28. Mai 1999 grundsätzlich billigte. Mit Inkrafttreten des Vertrages von Amsterdam griff die Kommission auf diese Arbeiten zurück und legte auf der Grundlage von Art. 65 lit. a EGV iVm Art. 61 lit. c EGV einen entsprechenden Verordnungsvorschlag vor[361]. Nach Änderungswünschen des Europäischen Parlaments[362], die sich vor allem auf den Bereich des elektronischen Geschäftsverkehrs konzentrierten, legte die Kommission am 26. Oktober 1999 einen geänderten Entwurf vor[363], der mit geringfügigen Änderungen vom Rat am 22. Dezember 2000 als Verordnung Nr. 44/2001 verabschiedet wurde.

bb) Inhalt der Verordnung

Wie schon das EuGVÜ als *convention double,* so unterscheidet auch die Verordnung bezüglich Regelungen betreffend die Zuständigkeiten von Gerichten (Kapitel II) und Regeln betreffend die Anerkennung und Vollstreckung von Entscheidungen (Kapitel III). Die Überarbeitung des EuGVÜ, die aufgrund des Inkrafttretens des Amsterdamer Vertrages schließlich in eine Überführung des Übereinkommens in eine Gemeinschaftsverordnung mündete, ließ die Grundstrukturen des EuGVÜ unberührt. Soweit Vorschriften des EuGVÜ unverändert übernommen wurden, soll die dafür geltende Auslegung weiter gelten, vorausgesetzt, dass die Neuerungen und der systematische Zusammenhang mit anderen gemeinschaftsrechtlichen Rechtsakten nicht entgegenstehen. Über die inhaltlichen Änderungen soll im Folgenden ein kurzer Überblick gegeben werden, der keine Auseinandersetzung bzw. Bewertung der Änderungen geben soll, sondern lediglich die Schwerpunkte herausgreift.

Im Bereich der Zuständigkeitsregeln erfolgten folgende, punktuelle Änderungen[364]: Die Bestimmung des Sitzes von Gesellschaften und juristischen Personen wurde harmonisiert. Dieser bestimmt sich nicht mehr nach den Vorschriften des Internationalen Privatrechts der lex fori, sondern besteht in Übereinstimmung mit der Niederlassungsfreiheit in Art. 48 EGV dort, wo die Gesellschaft entweder ihren satzungsmäßigen Sitz, ihre Hauptverwaltung oder ihre Hauptniederlassung hat (Art. 60 Abs. 1 EuGVO).

Überarbeitet wurde auch die Zuständigkeit für Vertragssachen nach Art. 5 Nr. 1 EuGVO. Unter dem EuGVÜ bestimmte sich der Erfüllungsort als Anknüpfungsort dieser Zuständigkeit gemäß der Tessili-Formel des EuGH[365] nach dem Recht, das nach den Regeln des Internationalen Privatrechts des Staates des angerufenen Gerichts für die streitige Verpflichtung maßgebend ist. Diese Anknüpfung hatte eine Bevorzugung des Verkäufers, insbesondere in Fällen, in denen UN-Kaufrecht zur Anwendung gelangte, zur Folge. Art. 5 Nr. 1 lit. b EuGVO definiert nun den Begriff des Erfüllungsorts für den größten und wichtigsten Teil der Fälle, nämlich die Verträge über den Verkauf beweglicher Sachen und die Erbringung von Dienstleistungen, autonom. Hinsichtlich der Zuständigkeit für Klagen aus unerlaubter Handlung

---

[359] Micklitz/Rott, EuZW 2001, 325 (326).
[360] ABl. EG 1998 C 33 S. 20 KOM (1997) 609 endg.
[361] ABl. EG C 376 E KOM (1999) 348 endg.
[362] Bericht von Diana Wallis vom 18.9.2000 A5-0253/2000.
[363] ABl. EG 2000 C 62 E KOM (2000) 689.
[364] Überblick bei Hausmann, EuLF 2000/01, 40 ff; Micklitz/Rott, EuZW 2001, 325 ff.
[365] EuGH, Slg 1976, 1473 Rs 12/76 Tz. 13 – Tessili/Dunlop.

wird durch die Formulierung in Art. 5 Nr. 3 a.E. EuGVO „oder einzutreten droht" nunmehr klargestellt, dass auch vorbeugende Unterlassungsklagen und Klagen im einstweiligen Rechtsschutz von dieser Zuständigkeitsvorschrift erfasst werden.

In Bezug auf die Zuständigkeit für Versicherungssachen wird durch Art. 9 Abs. 1 lit. b EuGVO klargestellt, dass dieser besondere alternative Gerichtsstand nicht mehr nur für Klagen des Versicherungsnehmers gilt, sondern auch für Klagen eines, vom Versicherungsnehmer verschiedenen, Versicherten und des Begünstigten gegen den Versicherer. Denn diese befinden sich ebenso wie der Versicherungsnehmer gegenüber dem Versicherer in einer schwächeren Position.

Kernpunkt der Revision ist die Zuständigkeit in Verbrauchersachen. Art. 15 Abs. 1 lit. c EuGVO ist nun nicht mehr auf Verträge beschränkt, die die Erbringung einer Dienstleistung oder die Lieferung beweglicher Sachen zum Gegenstand haben. Darüber hinaus wird nunmehr auch der „aktive Verbraucher" geschützt. Voraussetzung für eine abweichende Zuständigkeit am Wohnsitz des Verbrauchers ist nicht mehr, dass der Verbraucher dort die erforderlichen Rechtshandlungen vorgenommen haben muss[366]. Dem Vertragsschluss muss auch nicht mehr ein ausdrückliches Angebot oder Werbung des Vertragspartners am Wohnsitz des Verbrauchers vorausgegangen sein. Ausreichend ist nunmehr schon die Ausrichtung der beruflichen oder gewerblichen Tätigkeit des Vertragspartners auf irgendeinem Wege auf den Mitgliedstaat des Verbrauchers. Damit wird insbesondere den Besonderheiten des elektronischen Handels Rechnung getragen. Eine Definition dieses Begriffs der „Ausrichtung" fehlt allerdings in der Verordnung. Im Hinblick auf das Ziel der Neuregelung, nämlich den Verbraucherschutz für Geschäfte im Internet zu erweitern, dürfte allerdings eine weite Auslegung zu erfolgen haben[367]. Im Gegensatz zum EuGVÜ regelt die EuGVO in Art. 16 über die internationale Zuständigkeit in Verbrauchersachen hinaus auch die örtliche Zuständigkeit. Damit wird die Schwierigkeit überwunden, dass zum Beispiel mangels einer nationalen Regelung eines Verbrauchergerichtsstands die örtliche Zuständigkeit weit entfernt vom Wohnsitz des Verbrauchers liegen könnte.

Auch die Vorschriften über die Zuständigkeit in Arbeitssachen werden in der EuGVO in einem eigenständigen Zuständigkeitskatalog im fünften Abschnitt zusammengefasst. Damit wird eine Angleichung mit den Sonderregelungen für Verbraucher und Versicherungsnehmer erreicht. Der Schutz des Arbeitnehmers wird dabei insofern verstärkt, als eine Agentur, Zweigniederlassung oder sonstige Niederlassung des Arbeitgebers, der keinen Wohnsitz in einem Mitgliedstaat hat, als dessen Wohnsitz gilt (Art. 18 Abs. 2 EuGVO). Eine Schlechterstellung des Arbeitnehmers gegenüber Verbrauchern oder Versicherten besteht allerdings dadurch, dass eine Verletzung der Zuständigkeitsvorschriften in Arbeitssachen gemäß Art. 35 Abs. 1 EuGVO kein Anerkennungshindernis darstellt.

Wie schon das EuGVÜ enthält auch die EuGVO keine ausdrückliche Regelung zur Zulässigkeit von Verboten ausländischer Prozessführung, sog. *antisuit injunctions*.

---

[366] Kohler, in Gottwald, S. 33/34.
[367] Micklitz/Rott, EuZW 2001, 325 (331); enger, Hausmann, EuLF 2000/1, 40 (45), der das Bereithalten von passiven websites am Wohnsitz des Verbrauchers nicht als Ausrichtung erfasst.

Dabei handelt es sich um gerichtliche Ermessensentscheidungen, die dem Beklagten im *antisuit*-Verfahren untersagen, ein ausländisches Verfahren als Kläger fortzuführen. Insbesondere in der anglo-amerikanischen Rechtsprechung sind diese Abwehrmaßnahmen gegen ausländische Prozesse weit verbreitet. In England findet sich ihre Rechtsgrundlage heute in § 37 Abs. 1 des *Supreme Court Act* aus dem Jahre 1981, wonach der High Court einstweilige oder endgültige Anordnungen erlassen kann, wenn dies dem Gericht gerecht und vorteilhaft erscheint.

Seit dem Beitritt Großbritanniens zum EuGVÜ 1978 ist im europäischen Raum umstritten, inwieweit englische Gerichte einer Partei die Einleitung bzw. Fortführung eines Verfahrens in einem anderen Vertragstaat des EuGVÜ, nunmehr in einem anderen Mitgliedstaat der EuGVO, mittels dieser Prozessführungsverbote untersagen können. Da diese Anordnungen nicht an das ausländische Gericht, sondern gegen die im Ausland prozessierende Partei gerichtet sind, stellen sie zumindest keinen völkerrechtswidrigen Eingriff in die Justizhoheit des anderen Staates dar[368].

Allerdings besteht in der Literatur weitgehend Einigkeit darüber, dass im Anwendungsbereich der EuGVÜ und nunmehr auch der EuGVO kein Raum für *antisuit-injunctions* sei[369]. Zwar verbieten diese europäischen Regelungen die Prozessführungsverbote nicht ausdrücklich, aber nicht alles, was nicht ausdrücklich untersagt werde, sei auch automatisch erlaubt. Vielmehr stehe die Gesamtkonzeption des EuGVÜ bzw. der EuGVO dem Erlass von *antisuit-injunctions* entgegen. Insbesondere der Vergemeinschaftung des internationalen Zuständigkeitsrechts durch die EuGVO liege die Vorstellung zugrunde, dass die Rechtspflege in allen Mitgliedstaaten gleichwertig sei. Nach Erwägungsgrund Nr. 16 der EuGVO rechtfertige das gegenseitige Vertrauen in die Justiz innerhalb der Gemeinschaft, dass die in einem Mitgliedstaat ergangenen Entscheidungen von Rechts wegen, ohne ein besonderes Verfahren, anerkannt werden. Fehlentscheidungen würden nur in den engen Grenzen der Art. 34, 35 EuGVO korrigiert. Des Weiteren überprüften die angerufenen Gerichte nach dieser Zuständigkeitsordnung selbst, ob sie die internationale Entscheidungszuständigkeit besitzen. Dementsprechend dürfe die Einhaltung der Zuständigkeitsnormen bei der Urteilsanerkennung gemäß Art. 35 Abs. 1 und 2 EuGVO auch nicht nachgeprüft werden. *Antisuit-injunctions* dagegen, auch wenn sie nicht gegen das ausländische Gericht adressiert seien, brächten eine Geringschätzung der ausländischen Rechtspflege zum Ausdruck. Sie unterliefen die Eigenprüfungskompetenz der Gerichte und griffen somit mittelbar in das Verfahren in dem anderen Mitgliedstaat ein. Dadurch stellten sie die Grundwerte des EuGVÜ bzw. der EuGVO in Frage. Diese böten keinen Raum für Ermessensentscheidungen über die internationale Zuständigkeit der Gerichte. Insbesondere lasse es auch der gegenseitige Respekt der Mitgliedstaaten untereinander nicht zu, dass die Gerichte eines Mitgliedstaates mittels grenzüberschreitender Prozessführungsverbote ihre eigene Sichtweise darüber, wo ein Verfahren sinnvollerweise stattzufinden habe, gegenüber den anderen Mitgliedstaaten durchsetzen könnten.

---

[368] Maack, S. 157; Schack, IZVR, § 16 Rz. 770; Thiele, RIW 2002, 383 (384).
[369] Zur EuGVO: Kropholler, Europäisches Zivilprozessrecht, Art. 27 EuGVO Rz. 20; Schack, Internationales Zivilverfahrensrecht § 16 Rz. 773; de Lind van Wijngaarden-Maack, IPRax 2003, 153 (155); zum

Dieser bislang umstrittenen Frage der Zulässigkeit von *antisuit-injunctions*, die im Kern den Widerstreit der Rechtssicherheit der Regeln des europäischen Zivilprozessrechts gegen die der Einzelfallgerechtigkeit dienenden Prozessführungsverbote betrifft[370], steht nunmehr eine Entscheidung durch den EuGH bevor. Denn das *House of Lords* in England selbst hat in seinem Vorlagebeschluss vom 13.12.01 in der Sache *Turner v. Grovit and Others* dem EuGH die Frage zur Entscheidung vorgelegt, ob es mit dem EuGVÜ unvereinbar ist, wenn die Gerichte des Vereinigten Königreichs einem Beklagten verbieten, in einem anderen Mitgliedstaat ein Verfahren einzuleiten oder fortzuführen, sofern dieser dadurch sittenwidrig und mit der Absicht und dem Ziel handelt, ein Verfahren, das ordnungsgemäß vor den englischen Gerichten eingeleitet wurde, zu stören oder zu verhindern[371].

Für den Zeitpunkt der Rechtshängigkeit bei Klagekonkurrenzen in verschiedenen Mitgliedstaaten ist nunmehr eine einheitliche Regelung getroffen worden. Nach Art. 30 Nr. 1 EuGVO kommt es künftig für den Zeitpunkt der Anrufung des Gerichts auf den Zeitpunkt der Einreichung der Klageschrift bei Gericht an, vorausgesetzt, der Kläger hat alle weiteren Maßnahmen zur unverzüglichen Zustellung des Schriftstücks an den Beklagten getroffen.

Im Bereich der Anerkennung und Vollstreckung von Entscheidungen wurde das Verfahren diesbezüglich durch die EuGVO gestrafft und dadurch beschleunigt[372]. Die Versagungsgründe gegen die Anerkennung einer Entscheidung (Art. 34, 35 EuGVO) wurden reduziert und enger gestaltet. Entfallen ist zum Beispiel der Versagungsgrund des Art. 27 Nr. 4 EuGVÜ, der die Anerkennung einer Entscheidung, die in Widerspruch zum Internationalen Privatrecht des Anerkennungsstaates stand, untersagte. Die Kommission begründet die Abschaffung mit dem Argument der Harmonisierung des Internationalen Privatrechts der Mitgliedstaaten[373]. Die restriktive Auslegung des *ordre public* - Vorbehalts unter dem EuGVÜ ist durch Art. 34 Nr. 1 EuGVO gesetzlich festgeschrieben worden. Demnach können nur „offensichtliche" Verstöße gegen die öffentliche Ordnung des Anerkennungsstaates eine Anerkennung verhindern. Auch die von manchen Autoren[374] entgegen der Rechtssprechung des EuGH[375] geforderte teleologische Reduktion des Versagungsgrundes des rechtlichen Gehörs aufgrund von Zustellungsmängeln in Art. 27 Nr. 2 EuGVÜ ist in Art. 34 Nr. 2 EuGVO normiert worden. Mängel in der Zustellung stellen nur dann ein Anerkennungshindernis dar, wenn der Beklagte sich aufgrund dieser Mängel nicht mehr verteidigen kann. Neu ist jedoch die Gegenausnahme in Art. 34 Nr. 2 a.E. EuGVO, dass die Anerkennung dann nicht zu versagen ist, wenn der Beklagte es versäumt hat, Rechtsmittel gegen die Entscheidung einzulegen.

Wesentliches Anliegen bei der Ausarbeitung der EuGVO war auch die Beschleunigung und Steigerung der Effektivität von Vollstreckungen der in einem anderen Mitgliedstaat ergangenen Entscheidungen. Fernziel ist dabei die Schaffung eines europäischen Vollstreckungsti-

---

EuGVÜ, Hau, IPRax 1996, 44 (47/48); Jayme/Kohler, IPRax 1994, 405 (412); Maack, S. 163 –183; Mansel, EuZW 1996, 335 (337); Müko-*Gottwald*, Art. 21 EuGVÜ Rz. 18; Smith, RIW 1993, 802 (808).
[370] Thiele, RIW 2002, 383 (386).
[371] S. IPRax, 2002, Heft 4 neueste Informationen S. VII.
[372] Überblick bei Micklitz/Rott, EuZW 2002, 15 ff.
[373] Vorschlag der Kommission KOM (1999) 348 endg., S. 25.
[374] Geimer/Schütze, Art. 27 EuGVÜ Rz. 86.
[375] EuGH, Slg. 1990, I-2725 Rs C-305/88 Tz. 18 – Lancray/Peters.

tels, der in jedem EU-Mitgliedstaat vollstreckbar ist, ohne dass ein zusätzliches Verfahren der fremden Entscheidung im Vollstreckungsstaat Vollstreckungswirkung verleiht (Exequaturverfahren)[376]. Hierzu besteht bereits der Entwurf einer Verordnung über einen europäischen Vollstreckungstitel für unbestrittene Forderungen[377]. Durch die EuGVO wird dieses Exequaturverfahren bislang lediglich umgestaltet. Dabei ist das Gericht, das über die Vollstreckbarerklärung entscheidet, nicht mehr befugt, Vollstreckungshindernisse zu überprüfen (Art. 41 EuGVO). Diese werden nunmehr allein im nachgelagerten Rechtsbehelfsverfahren berücksichtigt (Art. 45 EuGVO).

Das System des einstweiligen Rechtsschutzes wurde durch die EuGVO neu gestaltet. Einstweilige Maßnahmen sind nunmehr mit Erlangung einer anerkennungsfähigen Entscheidung möglich (Art. 47 Abs. 1 EuGVO). Eine Zustellung der Vollstreckbarerklärung ist nicht mehr erforderlich. Die Vollstreckbarerklärung allein gibt die Befugnis, einstweilige Maßnahmen zu erlassen (Art. 47 Abs. 2 EuGVO).Dadurch können unter der EuGVO auch vorläufige Entscheidungen, die ohne Anhörung des Beklagten ergangen sind, in einem anderen Mitgliedstaat anerkannt und vollstreckt werden.

In ihrem zeitlichen (Art. 66 EuGVO) und ihrem räumlichen Anwendungsbereich geht die EuGVO gemäß Art. 68 EuGVO dem EuGVÜ vor. Soweit der zeitliche oder räumliche Anwendungsbereich nicht eröffnet sind, ist das EuGVÜ in seiner jeweiligen Fassung anzuwenden. Im Verhältnis zu Dänemark ist daher das EuGVÜ in der Fassung des vierten Beitrittsübereinkommens anzuwenden (Erwägungsgrund Nr. 22 der EuGVO).

Da die EuGVO als EG-Verordnung grundsätzlich nur im Verhältnis zu den Mitgliedstaaten der EU gilt, ist gegenüber den Vertragsstaaten des LugÜ, Island, Norwegen und der Schweiz, die nicht Mitglied der EU sind, weiterhin das LugÜ anzuwenden.

Hinsichtlich der Frage, ob die EuGVO auch Drittstaatensachverhalte erfasst, und falls ja, in welchem Umfang, ist vorliegend insbesondere der räumlich-persönliche Anwendungsbereich ausschlaggebend.

cc) Räumlich – persönlicher Anwendungsbereich

Diesbezüglich soll zwischen den Zuständigkeitsregeln und den Regeln betreffend die Anerkennung und Vollstreckung von Urteilen differenziert werden.

(1) Zuständigkeit

Den Zuständigkeitsregelungen der EuGVO, wie auch denen des EuGVÜ, ist gemein, dass sie einen hinreichenden räumlichen Bezug zum Gebiet der EU voraussetzen. Bei Personen bestimmt sich die Zuständigkeit in der Regel nach dem Wohnsitz des Beklagten (Art. 2 Abs. 1 EuGVO), bei Immobilien nach dem Belegenheitsort (Art. 22 EuGVO). Aus den Art. 2 Abs. 1, 3 Abs. 1, 4 Abs. 1 EuGVO lässt sich das allgemeine Prinzip entnehmen, dass Beklagte mit Wohnsitz im Hoheitsgebiet eines Mitgliedstaates der EU nach den Regeln der EuGVO verklagt werden können. Hat der Beklagte seinen Wohnsitz dagegen in einem Drittland, so

---

[376] Maßnahmenprogramm des Rates vom 24.11.2000, ABl. EG Nr. C 12 S. 1.
[377] KOM (2002) 159 vom 18.04.2002.

bestimmt sich gem. Art. 4 Abs. 1 EuGVO die internationale Zuständigkeit nicht nach den Zuständigkeitsregeln der EuGVO, sondern nach dem nationalen Prozessrecht der Mitgliedstaaten, es sei denn, die internationale Zuständigkeit ergibt sich aus den ausschließlichen Gerichtsständen des Art. 22 EuGVO oder aus einer Gerichtsstandsvereinbarung nach Art. 23 EuGVO. Dabei kann auch auf die, in Art. 3 Abs. 2 EuGVO aufgezählten, sogenannten exorbitanten Gerichtsstände zurückgegriffen werden, deren Anwendung zu Lasten von Beklagten mit Wohnsitz innerhalb eines Mitgliedstaates ausgeschlossen ist.

Die EuGVO unterscheidet somit zwischen sachlich angemessenen und unangemessenen Zuständigkeiten. Personen, die ihren Wohnsitz innerhalb der Gemeinschaft haben, können nur in den als sachgerecht empfundenen Gerichtsständen verklagt werden. Die exorbitanten Zuständigkeiten der na-tionalen Rechte können nur gegenüber Bewohnern von Drittstaaten geltend gemacht werden. Art. 4 Abs. 2 EuGVO erweitert zudem den Kreis von Personen, die sich auf diese Gerichtsstände berufen können, auf jeden Einwohner der EU. Indem daher nicht auf eine etwaige EG-Staatsangehörigkeit abgestellt wird, wird zwar dem Diskriminierungsverbot innerhalb der EU Rechnung getragen. Allerdings bewirkt Art. 4 EuGVO eine Diskriminierung der Einwohner von Drittstaaten, zu denen durchaus auch Staatsangehörige der EU gehören können, die in einem Drittstaat wohnen. Folge der exorbitanten Gerichtsstände ist nämlich, dass gegenüber in Drittstaaten wohnenden Beklagten der Kläger am eigenen Wohnsitz klagen kann. Der Beklagtenschutz, dem vor allem durch den Grundsatz des „actor sequitur forum rei", des allgemeinen Gerichtsstands am Wohnsitz des Beklagten, Rechnung getragen werden soll, wird dadurch gegenüber Einwohnern in Drittstaaten erheblich eingeschränkt. Grund für diese Regelung des Art.4 Abs. 2 EuGVO ist, dass dem Kläger möglichst oft ein Gerichtsstand innerhalb der EU eröffnet werden soll. Dadurch vervielfachen sich auch die Möglichkeiten der erleichterten Anerkennung und Vollstreckung von Entscheidungen nach der EuGVO, da gemäß Art. 33 Abs. 1, 38 Abs. 1 EuGVO grundsätzlich alle in einem anderen Mitgliedstaat ergangenen Entscheidungen anzuerkennen bzw. zu vollstrecken sind[378]. Bereits an dieser Regel des Art. 4 Abs. 2 EuGVO, die auf außerhalb der Gemeinschaft liegende Gegebenheiten Bezug nimmt, werden die Auswirkungen dieser Verordnung auf Drittstaaten deutlich[379].

Bedeutung für Drittstaaten erlangt die EuGVO auch auf dem Gebiet der ausschließlichen Zuständigkeit nach Art. 22 EuGVO, wonach unabhängig vom Wohnsitz der Parteien oder etwaiger Gerichtsstandsvereinbarungen (Art. 23 Abs. 5 EuGVO) die ausschließliche Zuständigkeit der Gerichte des Mitgliedstaats begründet ist, sofern einer der in Art. 22 EuGVO vorgesehenen Fälle vorliegt. Die Ortsfestigkeit der Belegenheit eines Grundstücks, der Gültigkeit oder Nichtigkeit von Gesellschaften, der Eintragung in öffentliche Register oder der Durchführung der Zwangsvollstreckung rechtfertigt diese Zuständigkeitsbegründung. Die EuGVO hat daher Auswirkungen auf Sachverhalte, die unter Umständen „tief im Ausland"[380] liegen, zum Beispiel wenn beide Parteien ihren Wohnsitz in Drittstaaten haben. Darüber hin-

---

[378] v Hoffmann, Internationales Privatrecht, § 3 Rz. 208.
[379] In Bezug auf Art. 4 EuGVÜ weist darauf ausdrücklich Kerameus, in Gottwald S. 76, hin.
[380] Kerameus, in Gottwald S. 79.

aus wird in der wissenschaftlichen Diskussion[381] auch eine Reflexwirkung des Art. 22 EuGVO (Art. 16 EuGVÜ) auf Fälle befürwortet, in denen der Anknüpfungspunkt des Art. 22 EuGVO in einem Drittstaat liegt. Art. 22 EuGVO ist in einem solchen Fall nicht unmittelbar anzuwenden, da er ausdrücklich von den Gerichten des Mitgliedsstaats spricht, in denen der Anknüpfungspunkt, wie etwa das Grundstück oder das Register, liegt. Eine ausschließliche Zuständigkeit von Gerichten eines Drittstaates außerhalb der Gemeinschaft vermag die Verordnung ohnehin nicht zu begründen. Problematisch ist jedoch, ob die Gerichte der Mitgliedstaaten in solchen Fällen ihre Zuständigkeit nach den Art. 2 oder 5 EuGVO bejahen können oder ob sie die ausschließliche Zuständigkeit des Drittstaates respektieren müssen, ob sie also Art. 22 EuGVO gegenüber Drittstaaten im Spiegelbildprinzip beachten müssen und folglich ihre eigene Zuständigkeit verneinen müssen. Dies wird zum Teil[382] bejaht, sofern der Drittstaat eine dem Art. 22 EuGVO entsprechende ausschließliche internationale Zuständigkeitsregelung kennt. Es könne nicht Sinn der Verordnung bzw. des Übereinkommens sein, die Berücksichtigung der in Art. 22 EuGVO/Art. 16 EuGVÜ allein sachgerecht erklärten Anknüpfungspunkte in diesen Fällen auszuschalten, gerade vor dem Hintergrund der Evidenz und der globalen Verbreitung des Grundsatzes vom *forum lex rei sitae*. Das gebiete auch der Grundsatz der internationalen Fairness sowie das Bedürfnis nach Vermeidung hinkender Rechtsverhältnisse.

Eine Auswirkung auf Drittstaaten haben die Zuständigkeitsregelungen der EuGVO auch in den Fällen, in denen ein die Gerichte der Gemeinschaft zuständigkeitsbegründender Wohnsitz/Sitz fiktiv verliehen wird, wie im Fall des Arbeitgebers nach Art. 18 Abs. 2 EuGVO oder im Fall des Versicherers nach Art. 9 Abs. 2 EuGVO, wo an Zweigniederlassungen, Agenturen oder sonstige Niederlassungen angeknüpft wird.

Umstritten ist die Anwendung der EuGVO auf reine Inlandsfälle, d.h. Fälle ohne Auslandsbezug und die Frage der Qualifizierung des Gemeinschaftsbezugs.

(1.1) Rechtsstreitigkeiten ohne Auslandsbezug

Legt man die Zuständigkeitsvorschriften der EuGVO wörtlich aus, so werden auch reine Inlandsfälle erfasst. Teilweise wird in diesem Zusammenhang geltend gemacht, dass sich die Frage der internationalen Zuständigkeit rechtslogisch in jedem Prozess stelle[383]. Des Weiteren bestehe kein Grund für eine teleologische Reduktion des Anwendungsbereichs. Maßgebend sei vielmehr der klare und eindeutige Verordnungstext, der jedoch in den entsprechenden Zuständigkeitsvorschriften keinen Anhaltspunkt enthalte, reine Inlandsfälle auszuklammern. Insbesondere in Hinblick auf eine klare Definition und Abgrenzung von Auslandsfällen gegenüber Inlandsfällen sei eine solche Einschränkung der Zuständigkeitsordnung aufgrund

---

[381] Zur EuGVO: Kropholler, Europäisches Zivilprozessrecht, Art. 22 EuGVO Rz. 7; Schack, Internationales Zivilverfahrensrecht, § 8 Rz 316; zum EuGVÜ: Coester-Waltjen, FS Nakamura, S. 105; Grundmann, IPRax 1985, 249; Kerameus, S. 87; Kropholler, FS Ferid, S. 241; Schlosser, Art. 16 EuGVÜ Rz. 14.
[382] S. vorherige FN; andere Ansicht zum EuGVÜ: Geimer, IPRax 1991, 31 (32/33); Geimer/Schütze, Europäisches Zivilverfahrensrecht, Art. 16 EuGVÜ Rz. 13/14.
[383] Zur EuGVO: Zöller-*Geimer*, Art. 2 EuGVO Rz. 14; zum EuGVÜ: Geimer/Schütze, Art. 2 EuGVÜ Rz. 65.

ungeschriebener Anwendungsvoraussetzungen problematisch[384]. Darüber hinaus würde sich in solchen Fällen eine Koexistenz verschiedener Prozessrechtsebenen abzeichnen; eine für rein nationale Fälle, eine für Fälle innerhalb der EU und unter Umständen eine für den Rest der Verfahren mit Drittstaaten. Dies führe jedoch zu einer Zersplitterung des Prozessrechts, die dem Ziel der Vereinheitlichung durch Prozessrechtsangleichung gerade zuwiderlaufe[385].

Nach der überwiegenden Ansicht[386] fallen reine Inlandssachverhalte jedoch nicht in den Anwendungsbereich des EuGVÜ und der EuGVO. Denn nach der Präambel bzw. den Erwägungsgründen soll lediglich die internationale Zuständigkeit, demnach Sachverhalte mit Auslandsbezug, geregelt werden[387].

Die Argumente der Gegenseite sind zwar zweifellos gewichtig. Ob ein hinreichender Auslandsbezug besteht, ergibt sich erst aus den einzelnen Zuständigkeitsregeln, kann mithin also nicht im Voraus bestimmt werden, sondern erst nach der entsprechenden Subsumtion des Sachverhalts unter die entsprechenden Zuständigkeitsregeln[388]. Dadurch würde auch die Frage entbehrlich, wie ein Fall mit Auslandsberührung zu definieren sein soll, mithin rechtssicher von reinen Inlandsfällen abzugrenzen sein soll. In diesem Zusammenhang wird auch darauf hingewiesen, dass der Jenard-Bericht zum EuGVÜ[389], nach dem das EuGVÜ die internationale Zuständigkeit der Gerichte der Vertragsstaaten bestimme und insofern die in den Staaten geltenden autonomen Zuständigkeitsregeln nur in Fällen mit Auslandsbeziehungen abändere, nicht unbedingt dahingehend verstanden werden müsse, dass er eine zusätzliche eigenständige Anwendungsvoraussetzung des Auslandsbezugs postuliere[390]. Denn in dem Bericht selbst hieße es weiter, dass der Begriff des Falles mit Auslandsberührung im Übereinkommen selbst nicht näher bestimmt ist, da die Auslandsbeziehung sich aus den besonderen Umständen des Rechtsstreits ergeben kann. Bei Rechtsstreitigkeiten, die vor den Gerichten eines Vertragsstaates anhängig sind und die ausschließlich Personen betreffen, die in diesem Staat ihren Wohnsitz haben, spielt das Übereinkommen grundsätzlich keine Rolle[391]. Diese Passage des Berichts sei somit dahingehend zu verstehen, dass in solchen reinen Inlandsfällen keine Abänderung der nationalen Zuständigkeitsnormen durch das Übereinkommen erfolge, da das Übereinkommen zum Beispiel in Art. 2 EuGVÜ selbst auf diese verweise. Der Bericht stelle dagegen keine Anwendungsvoraussetzung dahingehend auf, dass die Fälle, die dem Anwendungsbereich des EuGVÜ unterfallen, eine Auslandsberührung aufweisen müssten.

---

[384] Zum EuGVÜ: Aull, S. 89; Geimer/Schütze, Art. 2 EuGVÜ Rz. 68; Jayme/Kohler, IPRax 1994, 405 (411).
[385] Kerameus, RabelsZ 66 (2002), 1 (15).
[386] Zur EuGVO: Schack, Internationales Zivilverfahrensrecht § 8 Rz. 239; Thomas/Putzo-Hüßtege, Vorbem. EuGVO Rz. 11; zum EuGVÜ: Piltz, NJW 1979, 1071; Wieczorek/Schütze-Hausmann, Vor Art. 2 EuGVÜ Rz. 9.
[387] S. Erwägungsgrund Nr. 2 EuGVO; zum EuGVÜ: Kröll, ZZP 113 (2000) 135 (138); Müko-Gottwald, Art. 17 Rz. 4; Samtleben, NJW 1974, 1590 (1593).
[388] v. Hoffmann, Internationales Privatrecht § 3 Rz. 210; Kropholler, Europäisches Zivilprozessrecht, Vor Art. 2 EuGVO Rz. 7.
[389] Jenard-Bericht, Kap. 3 I S. 61.
[390] Kropholler, Europäisches Zivilprozessrecht, Vor Art. 2 EuGVO Rz. 7; Schlosser, Art. 2 EuGVÜ Rz. 5.
[391] Jenard-Bericht, 3. Kap. I S. 61.

Gegen ein solches Verständnis des Berichts spricht jedoch der Schlosser - Bericht[392] zum ersten Beitrittsübereinkommen, der auf den Jenard - Bericht verweist und diesbezüglich feststellt, dass nur Verfahren und Entscheidungen betroffen werden, welche Sachverhalte mit internationalem Bezug zum Gegenstand haben.

Die praktische Relevanz dieses Streits ist allerdings gering. In den meisten Fällen führt die Anwendbarkeit des EuGVÜ bzw. der EuGVO zu denselben Ergebnissen wie die Anwendbarkeit von nationalem Recht.

So verweist Art. 2 EuGVÜ/EuGVO auf das nationale Recht am Wohnsitz des Beklagten, Art. 16 EuGVÜ/ Art. 22 EuGVO auf das Recht am Belegenheitsort des Grundstückes, unabhängig vom Wohnsitz der Parteien, also auch, wenn sowohl Grundstück als auch Wohnsitz in demselben Mitgliedsstaat liegen. Ebenso bedeutungslos ist der Streit um einen internationalen Sachverhalt in den Fällen, in denen die Zuständigkeitsvorschriften des EuGVÜ/ der EuGVO diesen internationalen Bezug in ihren Anwendungsvoraussetzungen selbst bestimmen. Die Zuständigkeitsregeln für Versicherungs- oder Arbeitsverträge bestimmen zum Beispiel ausdrücklich, wann jemand in einem anderen Mitgliedstaat verklagt werden kann.

Bedeutsam wird der Streit lediglich im Fall von Gerichtsstandsvereinbarungen, bei denen Parteien mit demselben Wohnsitz den Gerichtsstand in diesem Staat vereinbart haben und dadurch auch nicht den Gerichtsstand eines anderen Mitgliedstaates abbedungen haben. Bei der Überprüfung der Zuständigkeit kraft Gerichtsstandsvereinbarung ergeben sich nämlich Unterschiede hinsichtlich der Anwendung des EuGVÜ bzw. der EuGVO und nationalem Recht. Bei der Anwendung der EuGVO bzw. des EuGVÜ auf reine Inlandsfälle bestünde somit die Gefahr, dass die nationalen Regeln zu sehr eingeschränkt, wenn nicht sogar überflüssig würden[393]. Im Anwendungsbereich der Verordnung/ des Übereinkommens verdrängen deren Regelungen das nationale autonome Prozessrecht. Die Vorschriften für Gerichtsstandsvereinbarungen nach der ZPO (§§ 38 – 40 ZPO), insbesondere deren Formerfordernisse in § 38 ZPO, die erheblich von denjenigen der EuGVO/ des EuGVÜ abweichen, wären daher zur Bedeutungslosigkeit verurteilt, würden die Regelungen der EuGVO/ des EuGVÜ auch reine Binnensachverhalte zwischen den Bewohnern eines Mitgliedsstaates erfassen.

Zwar können sich bei der Unanwendbarkeit des EuGVÜ/ der EuGVO auf Binnensachverhalte Schlechterstellungen von Inländern gegenüber EG-Angehörigen ergeben, sogenannte Fälle der Inländerdiskriminierung, da z.B. eine Gerichtsstands-vereinbarung unter Deutschen die wesentlich strengeren Formerfordernisse der ZPO zu erfüllen hat als eine Gerichtsstandsvereinbarung zwischen einem Deutschen und einem Franzosen, oder einem Italiener und einem Franzosen, die lediglich die Voraussetzungen des Art. 23 EuGVO erfüllen muss. Allerdings ist eine solche Inländerdiskriminierung nach der Rechtsprechung des EuGH[394] zulässig. Das Diskriminierungsverbot des Art. 12 EGV (Art. 6 EGV a.F.) verlangt nach der Rechtssprechung des Gerichtshofs nur, dass der eigene Staatsangehörige, wenn er sich in derselben Situation wie der Staatsangehörige eines anderen Mitgliedstaates befindet, wie

---
[392] Schlosser-Bericht, 3. Kap. I Rz. 21.
[393] Müko-*Gottwald*, Vor Art. 1 EuGVÜ Rz. 21.
[394] EuGH, Slg. 1979, 1129 Rs 175/78 Tz. 11 – Saunders; EuGH, Slg. 1979, 399 Rs 115/78 Tz. 17 – Knoors.

ein solcher fremder Staatsangehöriger zu behandeln ist. Dagegen wird nicht festgelegt, dass die Bevorzugung der Staatsangehörigen fremder Mitgliedstaaten zu Lasten der eigenen Staatsangehörigen verboten ist, dass also der eigene Staatsangehörige, der im Inland wohnt, wie ein Staatsangehöriger anderer Mitgliedstaaten behandelt werden muss.

Gerade bezüglich der EuGVO sprechen aber die stärkeren Argumente dafür, dass reine Inlandsfälle nicht erfasst werden. Zum einen wäre eine solche Verordnung von der Reichweite der Ermächtigungsgrundlage des Art. 65 EGV nicht erfasst. Art. 65 EGV setzt ausdrücklich voraus, dass die zu erlassende Maßnahme grenzüberschreitende Bezüge aufweist. Das wäre bei einer Anwendung der EuGVO auf reine Inlandssachverhalte nicht der Fall. Darüber hinaus dürfte diese Vereinheitlichung für das reibungslose Funktionieren des Binnenmarktes kaum erforderlich sein. Ohne grenzüberschreitenden Bezug ergeben sich keine Hemmnisse bezüglich der Grundfreiheiten. Zumal eine Anwendbarkeit auch auf reine Inlandsfälle weder nach dem Subsidiaritätsprinzip noch nach dem Grundsatz der Verhältnismäßigkeit erforderlich wäre und somit über das Ziel des Funktionierens des Binnenmarktes hinausgehen würde. Zum anderen ist zu bedenken, dass den Vertragsautoren dieser Streit bei der Ausarbeitung der EuGVO bekannt war. Die Anlehnung der Erwägungsgründe an die Präambel des EuGVÜ durch die ausdrückliche Zielvorgabe der Vereinheitlichung nur der internationalen Zuständigkeit und die Tatsache, dass der Streit nicht ausdrücklich durch eine gesetzliche Normierung entschieden worden ist, ist zumindest ein Indiz dafür, dass die bislang herrschende Situation unter dem EuGVÜ beibehalten werden soll. Demnach ist der Anwendungsbereich der EuGVO auf Fälle mit grenzüberschreitenden Bezügen, also mit Auslandsberührung beschränkt und schließt eine Anwendung der Verordnung auf reine Binnensachverhalte aus.

Die EuGVO nimmt darüber hinaus keine Stellung zu der bereits im Hinblick auf das EuGVÜ umstrittenen Frage, ob über den Beklagtenwohnsitz hinaus noch ein Gemeinschaftsbezug, d.h. ein Bezug zu mindestens einem anderen Mitgliedsstaat bestehen muss, um zur Anwendbarkeit von europäischem Zuständigkeitsrecht zu gelangen.

(1.2) Berührungspunkte zu mehreren Mitgliedstaaten als Anwendungsvoraussetzung

Fraglich ist, ob der räumliche Anwendungsbereich der EuGVO bereits dann eröffnet ist, wenn der Sachverhalt lediglich Bezüge zu nur einem Mitgliedstaat und zu Drittstaaten aufweist, aber nicht zu anderen Mitgliedstaaten. Die EuGVO verändert das EuGVÜ bezüglich des räumlich-persönlichen Anwendungsbereichs nicht, insbesondere die Spaltung der Zuständigkeitsvorschriften für Beklagte mit Wohnsitz in der Gemeinschaft und solchen in Drittstaaten wird durch die Beibehaltung des Art. 4 EuGVO aufrechterhalten[395]. Der Meinungsstand zur Beantwortung dieser Problematik unter dem Geltungsbereich des EuGVÜ bleibt somit zu berücksichtigen.

Die Frage der Reduktion des Anwendungsbereichs auf lediglich solche Sachverhalte, die Berührungspunkte zu mehreren Mitgliedstaaten aufweisen, stellt sich insbesondere bei Art. 2, 23 und 24 EuGVO (Art. 2 und 17,18 EuGVÜ), aber auch bei den ausschließlichen Ge-

---
[395] Geimer, Anm. zu EuGH Group/Josi in EuLF 2000/01, 54 (55).

richtsständen des Art. 22 EuGVO (Art. 16 EuGVÜ), die sich unabhängig vom Wohnsitz des Beklagten bestimmen.

Neben dem Gemeinschaftsbezug, der durch den Wohnsitz des Beklagten bzw. einer Partei in einem Mitgliedstaat, durch die Lage des Grundstücks, den Sitz der Gesellschaft oder die Führung eines Registers vermittelt wird, soll nach teilweise vertretener Ansicht sowohl in Rechtsprechung[396] als auch in Literatur[397] für die Anwendbarkeit des EuGVÜ ein Gemeinschaftsbezug dergestalt vorliegen, dass der Sachverhalt Bezüge zu mindestens einem weiteren Vertragsstaat aufweist. Als Übereinkommen zwischen den Mitgliedsstaaten solle lediglich der Rechtsverkehr zwischen denselben und nicht auch mit Drittstaaten erleichtert werden. Hinsichtlich des EuGVÜ ergebe sich diese Voraussetzung insbesondere aus dessen Präambel, „innerhalb der Gemeinschaft den Rechtsschutz der dort ansässigen Personen zu verstärken". Dieses Ziel müsse insbesondere dann berücksichtigt werden, wenn die Vorschriften des Übereinkommens aufgrund strengerer Anforderungen als nach nationalem Recht in Fällen ohne Gemeinschafsbezug für den Angehörigen des allein betroffenen Vertragsstaats Nachteile bewirkten[398].

Insbesondere bezüglich Gerichtsstandsvereinbarungen nach Art. 17 EuGVÜ sei eine Reduktion des weiten Anwendungsbereiches zu fordern. Es sei unbestritten, dass eine Gerichtsstandsabrede, in der die Zuständigkeit eines Drittstaates vereinbart wird, grundsätzlich nach den Kollisionsnormen der jeweiligen lex fori, also des im Gerichtsstaat anzuwendenden nationalen Rechts, zu beurteilen sei. Werde dagegen die Zuständigkeit eines Vertragsstaats im Verhältnis zu einem Drittstaat ohne Beteiligung eines weiteren Vertragsstaates vereinbart, so könne nichts anderes gelten: Die Zuständigkeit der Gerichte des Vertragsstaates richte sich in diesen Fällen ohne Gemeinschaftsbezug nach dessen eigenen Gesetzen[399]. Dafür spreche auch, dass es in solchen Fällen ausschließlich um die Abgrenzung der Zuständigkeitsbereiche zwischen einem Vertragsstaat und einem Drittstaat gehe, wofür das EuGVÜ jedoch keine Regelung treffe. Das Übereinkommen wolle lediglich die Zuständigkeitsprobleme lösen, die zwischen den Vertragsstaaten auftreten, nicht jedoch solche, die nur zwischen einem Vertragsstaat und einem Nichtvertragsstaat bestehen. Es sei kein Grund dafür ersichtlich, warum sich die Vertragspartner des Übereinkommens auch dann hätten binden wollen, wenn nur das Verhältnis eines Vertragsstaates zu einem Drittstaat berührt und zu Lasten eines Vertragsstaates der Schutz des beklagten Angehörigen eines Drittstaates bewirkt werde. Die Interessen der Vertragspartner des Übereinkommens würden erst dann berührt, wenn die die Zuständigkeit betreffenden Rechtsbeziehungen eines Vertragsstaats einen Bezug zu einem anderen Vertragsstaat erhielten[400].

---

[396] Zum EuGVÜ: BGH, IPRax 1990, 318 (319) zu Art. 16 Nr. 1 EuGVÜ; BGH, NJW 1997, 397 (398) zu Art. 18 EuGVÜ; OLG München, IPRax 1991, 46 (47) zu Art. 17 EuGVÜ; OGH, ZfRV 1998, 209 Nr. 61zu den Parallelbestimmungen der Art. 17 und 18 des LugÜ; zur schwedischen Rechtsprechung Palsson, IPRax 1999, 52 (54 FN 10).
[397] Zum EuGVÜ: Benecke, S. 113 - 116; Piltz, NJW 1979, 1071 (1072); Wieczorek/Schütze-Hausmann, Vor Art. 2 EuGVÜ Rz. 10.
[398] OLG München, IPRax 1991, 46 (47/48), zum EuGVÜ.
[399] OLG München, IPRax 1991, 46 (48), zum EuGVÜ.
[400] OLG München, IPRax 1991, 46 (48), zum EuGVÜ.

Dieser Auffassung ist aus folgenden Gründen nicht zuzustimmen:

Die Schlussfolgerung, Gerichtsstandsabreden, die den Gerichtsstand eines Vertragsstaates vereinbaren, müssten genauso wie diejenigen, die den Gerichtsstand eines Nichtvertragsstaates vereinbaren, nach nationalem Recht und nicht nach Art. 17 EuGVÜ/ Art. 23 EuGVO beurteilt werden, ist nicht zwingend. Letztere Gerichtsstandsklauseln werden von den europäischen Gerichten an den unter Umständen strengeren Regeln des nationalen Rechts gemessen, eben weil der Gerichtsstand außerhalb der Gemeinschaft liegt. Diese strengere Beurteilung auch auf Gerichtsstände in der Gemeinschaft anzuwenden, ist nicht erforderlich. Das Vertrauen in die Rechts- und Justizsysteme innerhalb der Gemeinschaft, auf dem die Vereinheitlichung des internationalen Verfahrensrechts notwendigerweise basiert, macht eine Überprüfung der Gerichtsstandsabrede anhand des strengeren nationalen Rechts entbehrlich.

Des Weiteren stellt sich nach der Reduktionstheorie, wie auch schon bei der Ermittlung eines internationalen Sachverhalts mit Auslandsbezug in Abgrenzung zum reinen Binnensachverhalt, die Schwierigkeit, woran der Bezug zu mehreren Mitgliedstaaten festzumachen sein soll. Insbesondere im Hinblick auf Gerichtsstandsvereinbarungen nach Art. 17 EuGVÜ/ Art. 23 EuGVVO wird selbst unter den Befürwortern der Reduktion des Anwendungsbereichs keine Einigkeit erzielt, wie der Gemeinschaftsbezug zu mehreren Mitgliedstaaten zu ermitteln ist:

(1.2.1) Ermittlung des Gemeinschaftsbezugs als Anwendungsvoraussetzung der EuGVO

Einer Ansicht[401] nach müssen das vereinbarte zuständige Gericht und das Gericht, dessen eigentlich gegebene Zuständigkeit durch diese Vereinbarung abbedungen wurde, also *forum prorogatum* und *forum derogatum*, in verschiedenen Mitgliedstaaten liegen.

Diese Voraussetzung widerspricht jedoch Sinn und Zweck der Vereinheitlichung der Zuständigkeitsregeln, nämlich die Ermittlung der internationalen Zuständigkeiten so zu vereinfachen, dass sie sich nach einfachen und leicht feststellbaren Kriterien richten soll[402]. Folgte man der oben angeführten Meinung, so müsste der jeweilige Richter zur Bejahung der Anwendbarkeit der EuGVO/des EuGVÜ stets eine umfassende Prüfung der Gerichtsstände der EuGVO/des EuGVÜ, unter Umständen mit erheblichem rechtlichem Prüfungsaufwand, vornehmen.

Darüber hinaus wird gegen diese Ermittlung des Gemeinschaftsbezugs eingewandt, dass sie in den Fällen versage, in denen lediglich ein zusätzlicher, fakultativer Gerichtsstand begründet werden soll, also gerade kein Forum abbedungen wird[403]. Die Vereinbarung eines solchen zusätzlichen Forums wird bereits von Art. 17 EuGVÜ, der einen durch Prorogation erklärten Gerichtsstand grundsätzlich als ausschließlichen Gerichtsstand ansieht, nach all-

---
[401] Zum EuGVÜ: Benecke, S. 149; Jung, S. 73; Kohler IPRax 1983, 265 (266).
[402] EuGH, Slg. 1983, 987 Rs 34/82 Tz. 17 – Peters/ZNAV, wonach gerade die Zuständigkeitsregeln im Hinblick auf die Zielsetzung und den Geist des Übereinkommens so ausgelegt werden müssen, dass das nationale Gericht über seine Zuständigkeit entscheiden kann, ohne in eine Sachprüfung eintreten zu müssen.

gemeiner Auffassung[404] aufgrund herrschender Vertragsfreiheit erfasst. Danach sind auch solche Gerichtsstandsvereinbarungen möglich, in denen der vereinbarte Gerichtsstand nur konkurrierend neben den normativen treten soll, sofern die Parteien dies ausdrücklich so vereinbart haben. Durch die Neuregelung in Art. 23 Abs. 1 Satz 2 EuGVO, wonach diese Gerichte dann ausschließlich zuständig sind, wenn die Parteien nichts anderes vereinbart haben, wird diese bereits unter dem EuGVÜ herrschende Auffassung gesetzlich festgeschrieben. Doch ist der Einwand, die Ermittlung des Gemeinschaftsbezugs anhand der oben genannten Anknüpfung an *forum derogatum* und *forum prorogatum* versage in solchen Fällen der Vereinbarung eines nur zusätzlichen Gerichtsstandes, nicht zwingend. Vielmehr muss diese Anknüpfung bei solchen Gerichtsstandsabreden modifiziert dahingehend ausgelegt werden, dass ursprüngliches, gesetzliches Forum und zusätzlich vereinbartes Forum in verschiedenen Vertragsstaaten liegen müssen. Dennoch bleibt auch danach die umfassende Prüfungspflicht des Richters bestehen, da er zunächst das gesetzliche Forum ermitteln muss.

Des Weiteren ist der Ansicht, die den Gemeinschaftsbezug an dem vereinbarten und dem abbedungenen Forum festmacht, die Zufälligkeit ihrer Ergebnisse entgegenzuhalten: Vereinbaren zum Beispiel ein deutscher Autokäufer und ein deutscher Autoverkäufer einen deutschen Gerichtsstand und fährt der Käufer mit dem Auto nach Frankreich und verursacht dort aufgrund eines Mangels am Wagen einen Unfall, so ist durch die Gerichtsstandsvereinbarung der Deliktsgerichtsstand des Art. 5 Nr. 3 EuGVO/ EuGVÜ ausgeschlossen, mit der Folge dass Art. 23 EuGVO/ Art. 17 EuGVÜ anwendbar wäre. Anders wäre dies dagegen, wenn sich der Unfall noch in Deutschland ereignete[405].

Deshalb soll nach anderer Auffassung[406] der Anwendungsbereich des Art. 17 EuGVÜ/ Art. 23 EuGVO eröffnet sein, wenn Gerichtsstaat und Wohnsitzstaat einer Partei, unabhängig von der Kläger- oder Beklagtenrolle, in verschiedenen Vertragsstaaten liegen. Die Prüfung der Anwendbarkeit der Verordnung bzw. des EuGVÜ beschränke sich darauf, ob Wohnsitz einer Partei und der vereinbarte Gerichtsstand aus der Sicht des inländischen Richters innerhalb der Mitgliedstaaten liegen und mindestens eines von beiden in einem anderen Vertragsstaat liege. Demnach gelte Art. 17 EuGVÜ/ Art. 23 EuGVO dann, wenn Personen in verschiedenen Vertragsstaaten einen Gerichtsstand innerhalb der Vertragsstaaten vereinbaren, wenn Personen mit Wohnsitz im gleichen Vertragsstaat einen Gerichtsstand in einem anderen Vertragsstaat vereinbaren oder auch dann, wenn eine Person mit Wohnsitz in einem Vertragsstaat mit einer Person aus einem Drittstaat einen Gerichtsstand in einem anderen Vertragstaat vereinbart[407]. Für diese Auslegung spreche insbesondere auch der Jenard-Bericht zum EuGVÜ[408]. Danach gelte Art. 17 EuGVÜ zwar bei Gerichtsstandsvereinbarungen zwischen einer in einem Vertragsstaat und einer außerhalb der Gemeinschaft wohnenden Person, sofern die Zuständigkeit eines Gerichts eines Vertragsstaats vereinbart worden ist, so dass einer wörtlichen Auslegung des Art. 17 EuGVÜ der Vorzug zu gebühren scheine.

---

[404] Kohler, IPRax 1986, 340 (341); Müko-*Gottwald*, Art. 17 EuGVÜ Rz. 69.
[405] Beispiel bei Kohler IPRax 1985, 265 (266), der diese Ansicht des „*forum prorogatum* ungleich *forum derogatum*" jedoch befürwortet.
[406] Samtleben, RabelsZ 59 (1995), 670 (696); ders. NJW 1974, 1590 (1594).
[407] Samtleben, NJW 1974, 1590 (1594);
[408] Jenard-Bericht, Kap. 4 B Seite 83.

Allerdings beschreiben die Anwendungsfälle, die diese Passage einrahmen, nur Fälle mit Bezügen zu mehreren, verschiedenen Vertragsstaaten. Insofern müsse auch bei dem Fall der Gerichtsstandsvereinbarungen zwischen Personen in der Gemeinschaft und außerhalb der Gemeinschaft Voraussetzung sein, dass Bezüge zu einem weiteren Vertragsstaat bestünden[409].

Diese Ansicht kann jedoch bei der Beurteilung mancher Fallkonstellationen zu gespaltenen Ergebnissen führen: Je nachdem, wo Klage erhoben wird, ergeben sich unterschiedliche Ergebnisse hinsichtlich der Anwendbarkeit des Art. 17 EuGVÜ/ Art. 23 EuGVO; so zum Beispiel wenn durch Wohnsitz und Gerichtsstandswahl allein Verbindung nur zu einem Vertragsstaat besteht, aber vereinbarungswidrig Klage in einem anderen Vertragstaat erhoben wird. Bei der Prüfung der Frage, ob seine Zuständigkeit wirksam vereinbart wurde, prüft dieser Richter Art. 17 EuGVÜ/ Art. 23 EuGVO, da aus seiner Sicht Bezüge zu mehreren Vertragsstaaten bestehen. Insbesondere lägen Gerichtsstand und Wohnsitz des Beklagten in verschiedenen Vertragsstaaten. Dieser Fall wäre allerdings anders zu beurteilen, wenn die Klage am vereinbarten inländischen Gericht erhoben worden wäre. Dieser Richter würde Art. 17 EuGVÜ/ Art. 23 EuGVO mangels Gemeinschaftsbezug zu einem anderen Vertragstaat nicht anwenden[410].

Von den Vertretern dieser Ansicht, die den Gemeinschaftsbezug anhand der Beurteilung von Wohnsitz und Gerichtsstand ermitteln wollen, wird dagegen eingewandt, diese Inkongruenz sei der Preis für die formale Einfachheit dieser Auslegung, zumal sie auch praktisch nur selten bedeutsam würde[411]. Sie sei darüber hinaus auch systemkonform, wie die Vorschrift des Art. 17 Abs. 1 Satz 3 EuGVÜ (Art. 23 Abs. 3 EuGVO) bestätige, wonach für die Prorogation der Gerichte eines Vertragsstaates durch Parteien mit Wohnsitz in Drittstaaten das nationale Recht des Gerichtsstaates, für die Derogation der Gerichte der anderen Vertragsstaaten jedoch das EuGVÜ gelte[412].

Die Regelung des Art. 17 Abs. 1 Satz 3 EuGVÜ (Art. 23 Abs. 3 EuGVO) erklärt sich folgendermaßen: Hat keine Partei ihren Wohnsitz in einem Mitgliedstaat, so ist Art. 17 EuGVÜ kraft seiner ausdrücklichen Voraussetzungen nicht anwendbar. Das Gericht eines Vertragsstaates, das aufgrund einer Gerichtsstandsabrede in einem solchen Fall angerufen wird, beurteilt die Annahme seiner Zuständigkeit somit nach seinem nationalen Recht. Der derogative Effekt einer solchen Abrede soll dagegen nach Art. 17 Abs. 1 Satz 3 EuGVÜ in allen anderen Mitgliedstaaten gleichbehandelt werden, vorausgesetzt, die Gerichtsstandsvereinbarung entspricht dessen Formvorschriften. Die Vereinbarung des Forums eines Vertragsstaates durch zwei Parteien aus Drittstaaten muss von den anderen Vertragsstaaten daher insoweit respektiert werden, als ihre Gerichte auch dann nicht in der Sache entscheiden können, wenn sie nach ihrem nationalen Recht eigentlich zuständig wären[413].

---

[409] OLG München, ZPP 103 (1990), 84, Anm. Schmidt, 91 (92/93).
[410] Beispiel von Geimer/Zöller, Int. Urteilsanerkennung, § 29 S. 231.
[411] Samtleben, RabelsZ 59 (1995), 670 (693).
[412] Samtleben, RabelsZ 59 (1995), 670 (695).
[413] Zur EuGVO: Kropholler, Europäisches Zivilprozessrecht, Art. 23 EuGVO Rz. 12, Zum EuGVÜ: Schlosser- Bericht, 4. Kap. Rz. 174.

Dabei ist jedoch zu berücksichtigen, dass diese Regelung eine Ausnahmevorschrift für jene Fälle darstellt, in denen Art. 17 EuGVÜ an sich gar nicht anwendbar ist, da keine Partei einen Wohnsitz innerhalb der Gemeinschaft hat, die Einheitlichkeit der Zuständigkeitsregeln zumindest hinsichtlich des Derogationseffekts aber dennoch gewährleistet sein soll. Diese Ausnahmeregelung zur Rechtfertigung der teleologischen Reduktion des Anwendungsbereichs des Art. 17 EuGVÜ heranzuziehen, ohne die die einheitliche Anwendung des Art. 17 EuGVÜ gar nicht in Frage stünde, widerspricht jedoch dem Sinn der Vereinheitlichung des internationalen Zivilverfahrensrechts. Darüber hinaus kann aus der ausdrücklichen Ausnahmeregelung des Art. 17 Abs. 1 Satz 3 EuGVÜ geschlossen werden, dass die Autoren ansonsten die einheitliche Anwendung des EuGVÜ innerhalb der Gemeinschaft nicht als gefährdet ansahen, dass sie die uneinheitliche Anwendung des Art. 17 EuGVÜ aufgrund ungeschriebener einschränkender Tatbestandsmerkmale gerade nicht in Betracht gezogen haben.

Beide Ansichten zur Ermittlung des Gemeinschaftsbezugs bei Gerichtsstandsvereinbarungen führen somit entweder zu widersprüchlichen oder zufälligen Ergebnissen bezüglich der Anwendung von europäischem Zuständigkeitsrecht. Diese Schwierigkeiten werden dagegen umgangen, wenn man einen Gemeinschaftsbezug zu mehreren Mitgliedstaaten als Anwendungsvoraussetzung des EuGVÜ bzw. der EuGVO ablehnt. Eine solche Anwendung der Zuständigkeitsvorschriften ohne Rückgriff auf ungeschriebene Tatbestandsmerkmale garantiert vielmehr eine rechtssichere und vorhersehbare Ermittlung der jeweiligen Zuständigkeit.

Darüber hinaus ist auch zu bedenken, dass eine solche sachgerechte Auslegung des EuGVÜ nicht nur dessen Entstehungsgeschichte, sondern auch die seitherige Entwicklung des europäischen internationalen Zivilverfahrensrechts zu berücksichtigen hat. Diese führte zu einer Vergemeinschaftung des EuGVÜ in eine Gemeinschaftsverordnung. Ziel dieser Verordnung ist es dabei, ausweislich ihres Erwägungsgrundes Nr. 1, einen Raum der Freiheit, der Sicherheit und des Rechts, in dem der freie Personenverkehr gewährleistet ist, zu erhalten und weiterzuentwickeln. Eine umfassende Personenverkehrsfreiheit, die Bestandteil des Binnenmarktes ist, betrifft jedoch nicht nur Fälle innerhalb der Gemeinschaft, sondern durchaus auch Fälle zwischen lediglich einem Mitgliedstaat und einem Drittstaat. Diese aus dem Anwendungsbereich der Verordnung aufgrund ungeschriebener Tatbestandsmerkmale auszunehmen und dem nationalen Recht zu unterwerfen, widerspricht dem ausdrücklichen Ziel des Amsterdamer Vertrages, durch ein immer stärkeres Zusammenwachsen der Mitgliedstaaten zu einem europäischen Prozessraum den gemeinschaftsweiten Entscheidungseinklang zu fördern[414]. Durch eine integrationsfreundliche Auslegung, die zu gleichen Ergebnissen eines Rechtsstreits - gleichgültig in welchem Mitgliedstaat er angestrengt wurde - führt, wird der Aufbau eines Rechtssystems, das die Gleichheit des Zugangs zum Recht und der Erfolgschancen bezüglich seiner Durchsetzung zu verwirklichen sucht, verfolgt. Die Anwendbarkeit divergierender nationaler Prozessrechte in Fällen mit Bezügen nur zu Drittstaaten, in denen zum Beispiel der Beklagte oder, im Fall von Gerichtsstandsvereinbarungen, eine Partei außerhalb der Gemeinschaft ansässig ist, droht die Personenfreizügigkeit

---

[414] Staudinger, IPRax 2000, 483 (484).

des Klägers in der Gemeinschaft zu beschränken, indem er etwa in einem anderen Mitgliedstaat aufgrund ungünstigerer Zuständigkeitsregeln benachteiligt würde.

Insbesondere findet im Rahmen der teleologischen Auslegungsmethode des Gemeinschaftsrechts auch der Effektivitätsgrundsatz „effet utile"[415] Anwendung, wonach die Norm zur Entfaltung der Vertragsziele ergiebig und mit größter Nutzwirkung auszulegen und auszuschöpfen ist. Durch eine dynamische Interpretation gemeinschaftsrechtlicher Normen wird zudem berücksichtigt, dass die Entwicklung Europas auf eine fortschreitende Integration gerichtet ist. Diese integrationsfreundliche Auslegung, die die Gleichheit der Ergebnisse fördert, indem sie das gemeinsame Zuständigkeitsrecht der EuGVO auch in Fällen gegenüber Drittstaaten, d.h. ohne Bezug zu mehreren Mitgliedstaaten der Gemeinschaft, anwendet, ist vor allem dann vorzuziehen, wenn andere Auslegungsmöglichkeiten nicht gegen sie sprechen. Das ist insbesondere dann der Fall, wenn praktische Schwierigkeiten nicht zu befürchten sind und Rechtssicherheitsinteressen nicht tangiert werden[416].

Deshalb wird in der Literatur teilweise[417] auch hinsichtlich der EuGVO eine teleologische Reduktion ihres Anwendungsbereichs auf Fälle mit Gemeinschaftsbezug bejaht. Um Konventionskonflikte zu vermeiden, die entstünden, wenn der Beklagte in Deutschland, der Kläger aber in Dänemark oder der Schweiz wohnt, also deutsche Gerichte die EUGVVO, dänische das EuGVÜ und Schweizer Gerichte das LugÜ anwendeten, sollte in Fällen ohne Gemeinschaftsbezug im Interesse der Rechtssicherheit nationales Zuständigkeitsrecht Anwendung finden.

Andere[418] dagegen lehnen eine Reduktion des Anwendungsbereichs auf Sachverhalte mit Bezügen zu mehreren Mitgliedstaaten ab.

Zum einen sei der Wortlaut des EuGVÜ als auch der EuGVO eindeutig und setze gerade keinen Bezug zu mehreren Vertragsstaaten voraus. Insbesondere sei auch die Formulierung aus der Präambel des EuGVÜ „innerhalb der Gemeinschaft den Rechtsschutz der dort ansässigen Personen zu verstärken" nicht in die EuGVO aufgenommen worden. Diese wolle ausweislich ihrer Erwägungsgründe vielmehr „einen Raum der Freiheit, der Sicherheit und des Rechts" schaffen. Diese Zielsetzung sei allein durch einen möglichst weiten Anwendungsbereich der Verordnung gewährleistet. Zudem widerspreche die teleologische Reduktion des Anwendungsbereichs anhand ungeschriebener Voraussetzungen auch dem Sinn und Zweck sowohl des EuGVÜ als auch der EuGVO, die Zuständigkeitsregeln in Europa schnell und einfach zu ermitteln und damit dem Bürger den Zugang zum Recht in der Europäischen Union zu erleichtern. Im „Anzeiger der Fortschritte bei der Schaffung eines Raumes der Freiheit, der Sicherheit und des Rechts in der Europäischen Union", mitgeteilt von der Kommission, wird ausdrücklich darauf hingewiesen, ein echter Raum des Rechts müsse sicherstellen, dass sich Einzelpersonen und Unternehmen in jedem Mitgliedstaat ebenso

---

[415] EuGH, Slg. 1956 Rs 8/55 S. 297 (312) – Fédéchar; zu den Auslegungsmethoden des Gemeinschaftsrechts, Oppermann, § 7 Rz. 680 ff.
[416] Grundmann, IPRax 1985, 249 (252) zu Art. 16 EuGVÜ.
[417] Schack, Internationales Zivilverfahrensrecht, § 8 Rz 241.
[418] Zur EuGVO: Hausmann, EuLF 2000/01, 40 (44); Kropholler, Europäisches Zivilprozessrecht, Vor Art. 2 EuGVO Rz. 8; Thomas/Putzo-*Hüßtege*, Vorbem. EuGVO Rz. 12; Zöller-*Geimer*, Art. 2 EuGVO Rz. 15; v. Hoffmann, Internationales Privatrecht § 3 Rz. 213.

einfach wie in ihrem eigenen Staat an Gerichte wenden können und nicht durch komplexe rechtliche Systeme daran gehindert werden[419].

Die dargelegten Probleme bei der Ermittlung des Gemeinschaftsbezugs verdeutlichen, dass die integrationsfreundlichere Auslegung, die diesen Gemeinschaftsbezug als ungeschriebene Anwendungsvoraussetzung ablehnt, sowohl praktischer in ihrer Anwendung als auch rechtssicherer im Hinblick auf ihre Ergebnisse ist, da der Richter seine Zuständigkeit einfach und auch für alle Parteien vorhersehbar ermitteln kann. Darüber hinaus kommt sie auch dem Bestreben der Vertragsstaaten entgegen, den Geltungsbereich des einheitlichen europäischen Zivilverfahrensrechts über den Verbund der Mitgliedstaaten hinaus auch auf die zivilprozessualen Außenbeziehungen zu Drittstaaten zu erstrecken[420]. Dieses Bestreben verdeutlichte sich bereits beim Abschluss des LugÜ mit den EFTA–Staaten[421]. Eine Reduktion des Anwendungsbereichs der EuGVO ist mit dieser Tendenz gerade im Hinblick auf ein verstärktes Zusammenwachsen der Mitgliedstaaten im Bereich der justitiellen Zusammenarbeit in Zivilsachen nicht zu vereinbaren[422].

Der gegenteiligen Auffassung, die Mitgliedstaaten hätten gerade nicht auch die Zuständigkeit gegenüber Drittstaaten vereinheitlichen wollen, ist auch entgegenzuhalten, dass eine Anwendung des EuGVÜ/ der EuGVO auch auf Fälle ohne Bezüge zu einem weiteren Mitgliedstaat dem Anwendungsbereich des Römischen Übereinkommens über das auf vertragliche Schuldverhältnisse anzuwendende Recht[423] entspricht. Dieses Übereinkommen, das als Ergänzung zum EuGVÜ gedacht ist[424], ist nämlich nicht auf Fragen innerhalb der Gemeinschaft beschränkt. Vielmehr bestimmt sein Art. 2, dass das vom Übereinkommen bezeichnete Recht auch dann anzuwenden ist, wenn es das Recht eines Nichtvertragsstaates ist. Das Übereinkommen bezieht also das Verhältnis zu Drittstaaten ausdrücklich mit ein. Gerade im Hinblick auf den ergänzenden Charakter der beiden Übereinkommen erscheint es daher „keineswegs überzogen"[425], einheitliche Maßstäbe an alle internationalen Gerichtsstandsvereinbarungen zu stellen, also auch bei solchen, bei denen kein Bezug zu mehreren Vertragsstaaten, sondern nur zu einem Vertrags- und einem Drittstaat besteht.

Für die Ablehnung einer teleologischen Reduktion des Anwendungsbereichs des EuGVÜ/ der EuGVO wird auch angeführt, dass Art. 12 Nr. 4 EuGVÜ/ Art. 13 Nr. 4 EuGVO nach der Gegenauffassung, die Bezüge zu mehreren Vertragsstaaten fordert, nicht zu deuten wäre[426]. Nach dieser Vorschrift kann von den Zuständigkeitsvorschriften für Versicherungssachen im Wege der Vereinbarung abgewichen werden, wenn sie von einem Versicherungsnehmer geschlossen ist, der seinen Wohnsitz nicht in einem Mitgliedstaat hat. Nach dem Schlosser -

---

[419] KOM (2000) 167 endg. vom 24.03.2000 S. 13.
[420] Basedow, IPRax 1985, 133 (135); Kropholler, Hdb. ZivilverfR 1982 Kap III Rz. 817.
[421] Dörner/Staudinger, IPRax 1999, 338 (340); Reithmann/Martiny-*Hausmann*, Rz. 2121.
[422] Geimer, IPRax 1991, 31 (32 und 34); Kropholler, FS Ferid, S. 239 (245); Reithmann/Martiny-*Hausmann*, Rz. 2121.
[423] BGBl. 1986 Teil II S. 810.
[424] Denkschrift der Bundsregierung zum Übereinkommen BT-Drs. 10/503 1983 Bd. 296 S. 21; Giuliano/Lagarde - Bericht, S. 36/37.
[425] Kropholler, Europäisches Zivilprozessrecht, Art. 23 EuGVO Rz. 5; ders., FS Ferid, S. 245.
[426] Geimer, IPRax 1991, 31 (34); Killias, S. 66, zu der Parallelvorschrift im Lugano-Übereinkommen.

Bericht[427] können daher nach Art. 12 Nr. 4 EuGVÜ, in Fällen, in denen ein Versicherungsnehmer mit Wohnsitz außerhalb der Gemeinschaft in England ein Risiko versichert, unter anderem sowohl die englischen als auch die Gerichte am Wohnsitz des Versicherungsnehmers für ausschließlich zuständig erklärt werden. In einem solchen Fall besteht jedoch kein Bezug zu einem anderen Mitgliedsstaat, trotzdem wird die Anwendbarkeit des EuGVÜ bejaht.

Der Ansicht, die einen Bezug zu mehreren Mitgliedstaaten als Kriterium zur Einschränkung des Anwendungsbereichs ablehnt, scheint nunmehr auch der EuGH zu folgen.

(1.2.2) Entscheidung durch den EuGH

In seinem Urteil *Group Josi/UGIC*[428] erklärt der Gerichtshof ausdrücklich, dass für die Bestimmung der Zuständigkeit nach dem EuGVÜ – und somit in gleicher Weise nach der EuGVO - Art. 2 Abs. 1 EuGVÜ die allgemeine Grundregel aufstelle, dass Personen, die ihren Wohnsitz im Hoheitsgebiet eines Vertragsstaates haben, vor den Gerichten dieses Staates zu verklagen sind. Maßgebend sei somit, in Übereinstimmung mit dem Rechtssprichwort *actor sequitur forum rei*, der Beklagtenwohnsitz. Nur in Ausnahme von diesem Grundprinzip sehe das EuGVÜ abschließend aufgezählte Fälle vor, in denen ein in einem Vertragsstaat ansässiger Beklagter anstatt vor den Gerichten seines Wohnsitzstaates vor denen eines anderen Vertragsstaates verklagt werden kann bzw. im Falle ausschließlicher Zuständigkeit sogar verklagt werden muss. Nur in diesen bestimmten Sondervorschriften gestehe das EuGVÜ dem Wohnsitz des Klägers einen gewissen Einfluss zu. Das EuGVÜ stelle also nur in ganz wenigen Ausnahmen auf Beziehungen zu weiteren Vertragsstaaten ab, nämlich in Art. 5 Nr.2 für Klagen des Unterhaltsberechtigten, in Art. 8 Abs. 1 Nr. 2 für Klagen des Versicherungsnehmers und in Art. 14 Abs. 1 für Klagen des Verbrauchers[429]. Aus diesen Ausnahmen kann somit nicht auf eine allgemeine Regel geschlossen werden.

Hinzu komme, wie bereits aus Art. 3 Abs. 2 EuGVÜ hervorgehe, wonach der Kläger gegen den in einem Vertragsstaat ansässigen Beklagten keine nationalen Zuständigkeitsvorschriften geltend machen könne, die auf den Wohnsitz des Klägers abstellten, dass das EuGVÜ einer Zuständigkeit der Gerichte am Wohnsitz des Klägers eindeutig ablehnend gegenüberstehe. Folglich dürfe das EuGVÜ nicht dahingehend ausgelegt werden, dass es, außer in den ausdrücklich vorgesehenen Fällen, die Zuständigkeit der Gerichte am Wohnsitz des Klägers anerkennen und dem Kläger dadurch erlauben würde, durch die Wahl seines Wohnsitzes das zuständige Gericht zu bestimmen. Auch Art. 4 EuGVÜ, den Rückgriff auf Art. 3 Abs. 2 EuGVÜ nur in den Fällen ermögliche, in denen der Beklagte nicht im Hoheitsgebiet eines Vertragsstaates ansässig sei, bestätige insoweit das Grundprinzip des Art. 2 Abs. 1 EuGVÜ[430].

---

[427] Schlosser-Bericht, 4. Kap. Rz. 137.
[428] EuGH, Slg. 2000, I–5925 Rs C 412/98 vom 13. Juli 2000 - Group Josi Reinsurance Company SA / Universal General Insurance Company (UGIC).
[429] EuGH, Slg. 2000, I–5925 Rs C 412/98 Tz. 34 - 39 – Group Josi.
[430] EuGH, Slg. 2000, I–5925 Rs C 412/98 Tz. 50 - 52 – Group Josi.

Der Auslegung dieses Urteils dahingehend, dass auch der EuGH dadurch der ungeschriebenen Voraussetzung des Vertragsstaatenbezugs zu mehreren Vertragsstaaten eine Absage erteilt habe[431], wird jedoch nicht uneingeschränkt zugestimmt.

Teilweise[432] wird eingewandt, der EuGH habe lediglich festgestellt, dass die Grundregel des Beklagtenwohnsitzes auch dann Anwendung finde, wenn der Kläger nicht innerhalb der Gemeinschaft, sondern in einem Drittstaat domiziliert ist. Über die darüber hinausgehende Frage der Drittstaatenproblematik, d.h. der Frage der Anwendbarkeit des EuGVÜ in den Fällen, in denen Bezüge nur zu einem Vertragsstaat und einem Drittstaat bestehen, habe der EuGH dagegen nicht entschieden. Auf die diesbezüglichen Ausführungen des Generalanwalts Fennelly zum Vertragsstaatenbezug[433] sei er gerade nicht eingegangen.

Diesen Bedenken ist zuzugestehen, dass die Entscheidung des EuGH insoweit eigenartig erscheint, als die zu entscheidende Konstellation gerade keinen umstrittenen Fall der Reduktionstheorie darstellte[434]. Die Beklagte Belgierin wurde in Frankreich, also nicht vor den Gerichten ihres Wohnsitzes, verklagt. Somit lag der für die Vertreter der Reduktionstheorie notwendige Vertragsstaatenbezug vor. Eine Entscheidung des EuGH dazu war in diesem Fall gerade nicht erforderlich. Der EuGH geht auf diese Besonderheit jedoch nicht ein. Er grenzt den zu entscheidenden Sachverhalt nicht zu denen ab, in denen eine Stellungnahme zur Lehre vom Vertragsstaatenbezug erforderlich gewesen wäre. Diese unterlassene Abgrenzung kann zum einen darin begründet sein, dass der EuGH die Konstellation ohne Bezug zu mehreren Vertragsstaaten nicht anders behandelt sehen will als diejenige des Ausgangsverfahrens. Dann enthielte die Entscheidung des EuGH zumindest ein *obiter dictum*, mit dem der Gerichtshof seine ablehnende Auffassung gegenüber der Reduktionstheorie zum Ausdruck gebracht hätte. An diese Selbstfestlegung wäre der EuGH auch zukünftig gebunden[435].

Dafür spricht, die explizite Feststellung durch den EuGH, dass die Anwendung der Zuständigkeitsregeln des EuGVÜ *grundsätzlich nur* vom Wohnsitz des Beklagten in einem Vertragstaat abhänge[436]. Der EuGH impliziert damit nicht nur, dass das EuGVÜ wortlautgetreu verstanden werden kann ohne Rückgriff auf ungeschriebene Tatbestandsmerkmale zur Reduktion seines Anwendungsbereichs. Wenn der Gerichtshof nämlich der Ansicht gewesen wäre, zur Anwendbarkeit der Zuständigkeitsregeln des EuGVÜ bedürfe es dieser weiteren Voraussetzung des Vertragsstaatenbezugs zu mehreren Mitgliedstaaten, so hätte er nicht die Ausdrucksweise wählen dürfen, dass die Anwendbarkeit dieser Zuständigkeitsvorschriften *grundsätzlich nur* vom Kriterium des Wohnsitzes des Beklagten in einem Vertragsstaat abhänge, es sei denn, etwas anderes sei ausdrücklich normiert. Danach ist kein weiteres Kriterium für die Anwendung der Zuständigkeitsvorschriften des EuGVÜ entscheidend, auch nicht das des Vertragsstaatenbezugs. Insbesondere bezüglich Art. 17 EuGVÜ stellt der

---

[431] So ausdrücklich v Hoffmann, Internationales Privatrecht § 3 Rz. 211/212; Rauscher, S. 346; Staudinger, IPRax 2000, 483.
[432] Jayme/Kohler, IPRax 2000, 454 (459).
[433] Schlussanträge des Generalanwalts Nr. 16, EuGH Slg. 2000, I-5925.
[434] Anders, Koch, NVersZ 2001, 60 (61), „ob das Ausgangsverfahren hier wirklich Bezüge zu zwei Vertragsstaaten aufwies ... halte ich indessen für sehr zweifelhaft."
[435] Diese Auslegungsmöglichkeit diskutiert Gebauer, ZEuP 2001, 943 (960).
[436] EuGH, Slg. 2000, I-5925 Rs C 412/98 Tz. 57 – Group Josi.

EuGH ausdrücklich klar, dass danach die ausschließliche Zuständigkeit des Gerichts oder der Gerichtsstaaten eines Vertragsstaates vorgesehen sei, die von Parteien vereinbart worden sei, sofern eine Partei ihren Wohnsitz im Hoheitsgebiet eines Vertragsstaates habe. Aus diesem Artikel ergebe sich jedoch auch weiter, dass er bereits gelte, wenn der Beklagte seinen Wohnsitz in einem Vertragsstaat hat, auch wenn der Wohnsitz des Klägers in einem Drittland liege[437]. Von weiteren Voraussetzungen ist keine Rede. Vielmehr spricht auch hier die Ausdrucksweise des EuGH „bereits gelten" für eine Absage an den Gemeinschaftsbezug zu mehreren Mitgliedsstaaten. Die Zuständigkeitsvorschriften gelten bereits, wenn der Gemeinschaftsbezug lediglich durch den Wohnsitz des Beklagten oder, im Fall von Gerichtsstandsvereinbarungen, einer Partei vermittelt wird[438].

Dagegen wird jedoch auch darauf hingewiesen, dass die Nichterwähnung des gegebenen Vertragstaatenbezugs im Ausgangsverfahren auch bedeuten könne, dass der EuGH sich gerade diesbezüglich nicht festlegen will[439]. In diesem Zusammenhang wird auch die Umformulierung der Vorlagefrage durch den EuGH gesehen. Der *Cour d'appel Versailles* fragte, ob das Brüsseler Übereinkommen nicht nur auf innergemeinschaftliche Streitigkeiten, sondern auch auf Streitigkeiten, die Bezug zur Gemeinschaft haben, angewandt wird[440]. Der EuGH formulierte diese Frage dahingehend um, dass gefragt sei, ob die Zuständigkeitsregeln des Übereinkommens auch dann Anwendung finden, wenn der Beklagte seinen Wohnsitz oder Sitz im Hoheitsgebiet eines Vertragsstaates hat, der Kläger aber in einem Drittstaat ansässig ist[441]. Während die Vorlagefrage es dem EuGH erlaubt hätte, auf die Problematik des Vertragsstaatenbezugs einzugehen, hat mancher Ansicht nach[442] der Gerichtshof die Frage dahingehend umformuliert, dass diese Problematik nicht mehr zum Ausdruck gekommen ist. Daher sei es gewagt, das Urteil als Streitentscheidung diesbezüglich in Anspruch zu nehmen.

Auch wenn diesen Bedenken durchaus zuzugeben ist, dass der Streit um den Vertragstaatenbezug durch die Entscheidung des EuGH nicht so eindeutig entschieden ist wie dies zunächst erscheinen mag[443], so ist bezüglich der EuGVO jedoch zu beachten, dass sich die Gewichte gegen die Reduktionstheorie aus den bereits erwähnten Gründen der fortschreitenden Integration verschoben haben. Unter der EuGVO lässt sich diese Theorie nicht mehr aufrecht erhalten[444]. Dafür spricht auch, dass die Verordnungsgeber in Kenntnis des Streits bezüglich des EuGVÜ diese teleologische Reduktion des Anwendungsbereichs aufgrund ungeschriebener Merkmale nicht in den Verordnungstext übernahmen. Bei der Insolvenzverordnung dagegen wurde ausdrücklich hervorgehoben, dass dieser nur diejenigen Kon-

---

[437] EuGH, Slg. 2000, I–5925 Rs C 412/98 Tz. 41/42 – Group Josi.
[438] So auch ausdrücklich Koch, NVersZ 2001, 60 (61); Staudinger, IPRax 2000, 483.
[439] Gebauer, ZEuP 2001, 943 (961); Jayme/Kohler IPRax 2000, 453 (459).
[440] Nachweis bei Jayme/Kohler IPRax 2000, 453 (459 FN 62).
[441] EuGH, Slg. 2000, I–5925 Rs C 412/98 Tz. 33 – Group Josi.
[442] Gebauer, ZEuP 2001, 943 (961); Jayme/Kohler IPRax 2000, 453 (459).
[443] Eine erneute Entscheidungsmöglichkeit durch den EuGH ist unter Umständen mit der Vorlage des *Court of Appeal* vom 19.6.2002in Sachen *Owusu / Jackson et al.* gegeben. Die Vorlagefrage betrifft zwar die Zulässigkeit des Forum non conveniens im Anwendungsbereich des EuGVÜ. The Court of Appeal bezieht in seiner Vorlagefrage aber die Frage des Vertragsstaatenbezugs mit ein, siehe IPRax Heft 1 aus 2003, neueste Informationen.
[444] So auch Gebauer, ZEuP 2001, 943 (962).

kursverfahren unterfallen, bei denen der Mittelpunkt der hauptsächlichen Interessen des Schuldners in der Gemeinschaft liegt[445], also gerade nicht in einem Drittstaat. Sollte die EuGVO auch einen solchen Schwerpunkt innerhalb der Gemeinschaft durch Bezüge zu mehreren Mitgliedstaaten voraussetzen, so hätte der Gemeinschaftsgesetzgeber dies wohl, wie bei der InsVO auch, entsprechend festgelegt. Zumal ein solches Erfordernis des Gemeinschaftsbezugs auch problemlos in die Verordnung hätte aufgenommen werden können. Dass das dennoch nicht geschehen ist, ist daher im Sinne eines *argumentum e contrario* als bewusste Entscheidung gegen das Vorliegen eines Gemeinschaftsbezugs zu mehreren Mitgliedstaaten als Anwendungsvoraussetzung der EuGVO zu werten[446].

Vielmehr stellt der achte Erwägungsgrund der EuGVVO ausdrücklich klar, dass Rechtsstreitigkeiten, die unter diese Verordnung fallen, einen Anknüpfungspunkt an das Hoheitsgebiet *eines* der Mitgliedstaaten aufweisen müssen, die durch diese Verordnung gebunden sind. Die gemeinsamen Zuständigkeitsvorschriften finden daher grundsätzlich dann Anwendung, wenn der Beklagte seinen Wohnsitz in einem dieser Mitgliedstaaten hat. Von einem notwendigen Bezug zu einem weiteren Mitgliedstaat ist also in den Erwägungsgründen keine Rede[447]. Insofern scheinen auch die Vertragsautoren eine möglichst weite Auslegung des Anwendungsbereichs der Verordnung, der schon durch den Bezug der Streitigkeit zu nur einem Mitgliedstaat und einem Drittstaat eröffnet sein soll, zu bevorzugen. Dadurch wird auch die schwierige Ermittlung eines etwaigen Gemeinschaftsbezugs vermieden, da insbesondere nach dem elften Erwägungsgrund der Verordnung die Zuständigkeitsvorschriften in hohem Maße vorhersehbar sein müssen.

Der Anwendungsbereich der Verordnung ist somit bereits dann eröffnet, wenn lediglich der in den Zuständigkeitsregeln vorausgesetzte Gemeinschaftsbezug vorliegt, wie der Beklagtenwohnsitz oder der Belegenheitsort in einem Mitgliedstaat, auch wenn der Sachverhalt keine sonstigen Bezüge zu anderen Mitgliedstaaten, sondern nur Bezüge zu Drittstaaten aufweist.

(1.3) Stellungnahme

Die Regeln über die Entscheidungszuständigkeit in der EuGVO erfassen daher auch Sachverhalte mit Bezügen zu Drittstaaten. Insoweit liegt eine vollständige Vereinheitlichung der Regeln der internationalen Zuständigkeit im Anwendungsbereich der EuGVO vor. Nach der Rechtsprechung des Gerichtshofs[448] verfügt die Gemeinschaft im Fall einer solchen vollständigen Harmonisierung eines Bereichs über die ausschließliche Zuständigkeit für den Abschluss internationaler Vereinbarungen, denn die insoweit gemeinsam erlassenen Rechtsnormen könnten im Sinne des Urteils AETR beeinträchtigt werden, wenn die Mitgliedstaaten die Freiheit zu Verhandlungen mit Drittstaaten behielten. Diesbezüglich ist daher ein Tätigwerden der Mitgliedstaaten nach außen gesperrt.

---

[445] Erwägungsgrund Nr. 14 InsVO.
[446] Mankowski, ZZP 108 (1959), 272 (276).
[447] Hausmann, EuLF 2000/01, 40 (44); Micklitz/Rott, EuZW 2001, 325 (327); Piltz, NJW 2002, 789 (790); Thomas/Putzo-*Hüßtege*, Vorbem. EuGVO, Rz. 12.
[448] EuGH, Slg. 1995, I-521 Tz. 33 - Gutachten 2/92; Slg. 1994, I-5267 Tz. 77 - Gutachten 1/94.

Dem steht auch die Regelung des Art. 71 EuGVO nicht entgegen. Danach lässt die Verordnung Übereinkommen der Mitgliedstaaten unberührt, die für besondere Rechtsgebiete die Anerkennung, Zuständigkeit und Vollstreckung von Entscheidungen regeln. Dieser Vorrang der Spezialübereinkommen ist darin begründet, dass die Regelungen dieser Übereinkommen den sachlichen Besonderheiten der von ihnen behandelten Gebiete besser Rechnung tragen können. Art. 71 EuGVO entspricht somit Art. 57 Abs. 1 und 2 EuGVÜ, mit dem Unterschied, dass dieser ausdrücklich auch zukünftige Übereinkommen, denen die Mitgliedstaaten „angehören werden", mit einbezog. Art. 71 Abs. 1 EuGVO beschränkt sich dagegen in seinem Wortlaut auf Übereinkommen, denen die Mitgliedstaaten angehören - ein Vorbehalt gegenüber künftigen Übereinkommen zugunsten der Mitgliedstaaten fehlt. Daraus wird teilweise[449] der Schluss gezogen, Art. 71 EuGVO beziehe sich nur auf Übereinkommen der Mitgliedstaaten, die bereits vor Inkrafttreten der Verordnung geschlossen wurden. Diese Beschränkung auf bereits existierende Übereinkommen bestätige, dass nach Inkrafttreten der Verordnung keine Vertragsabschlusskompetenz der Mitgliedstaaten für die Regelungsbereiche der EuGVO mehr bestehe.

Gegen eine solche Auslegung des Art. 71 EuGVO, die diesen auf bereits bestehende Übereinkommen der Mitgliedstaaten beschränkt, lässt sich allerdings ein Vergleich mit Art. 72 EuGVO anführen. Dieser nimmt ausdrücklich nur auf die Vereinbarungen Bezug, die vor Inkrafttreten der Verordnung geschlossen wurden. Eine solche Beschränkung fehlt dagegen in Art. 71 EuGVO.

Für die Auffassung, die Art. 71 EuGVO auf bereits existierende Übereinkommen der Mitgliedstaaten beschränkt und folglich von einer ausschließlichen Außenkompetenz der Gemeinschaft im Bereich der internationalen Entscheidungszuständigkeit ausgeht, scheint jedoch wiederum die „Gemeinsame Erklärung von Rat und Kommission"[450] zu Art. 71 EuGVO zu sprechen. Danach werden Rat und Kommission – also nicht die Mitgliedstaaten als selbständige Verhandlungspartner – in Anbetracht der Nützlichkeit, die die Ausarbeitung spezifischer Regeln für besondere Rechtsgebiete bisweilen hat, der Möglichkeit der Aufnahme von Verhandlungen mit dem Ziel, internationale Übereinkünfte über einige dieser besonderen Rechtsgebiete zu schließen, besondere Aufmerksamkeit widmen. Rat und Kommission gehen damit davon aus, im Bereich der internationalen Zuständigkeit zum Abschluss dieser Übereinkommen zukünftig abschlussbefugt zu sein. Eine solche Bejahung der ausschließlichen Kompetenz der Gemeinschaft widerspricht auch nicht der Rechtssprechung des EuGH zur Ausschließlichkeit der Außenkompetenz der Gemeinschaft. Das Gebiet der internationalen Zuständigkeit in Zivil- und Handelssachen ist durch die EuGVO abschließend geregelt, so dass nach der Rechtsprechung eine ausschließliche Außenkompetenz der Gemeinschaft in diesem Bereich gegeben ist. Insofern erscheint es nicht zu weitgehend, den Wortlaut „angehören" mangels der expliziten Erwähnung des Futurs so zu verstehen, dass nur bereits existierende Übereinkommen erfasst sind. Für zukünftige Übereinkommen, die Regelungen der internationalen Zuständigkeit in Zivil- und Handelssachen beinhalten, ist dagegen die Gemeinschaft zuständig. Zu berücksichtigen ist jedoch, dass eine alleinige Verhandlungskompetenz durch den Erlass der EuGVO nur für den Bereich der internationalen Zuständig-

---

[449] Kennett, ICLQ 2001, 725 (736).
[450] Erklärung vom 20.12.2000, abgedruckt in IPRax 2001, 259 (260).

keit begründet wurde. Die Außenkompetenz auch für andere Bereiche dieser von Art. 71 EuGVO erfassten Übereinkommen beurteilt sich allgemein nach den der Gemeinschaft zugewiesenen Kompetenzen. Ist diese also für die Materie des besonderen Rechtsgebietes nicht zuständig, so besteht die Möglichkeit einer geteilten Abschlusskompetenz zwischen der Gemeinschaft bezüglich der Regeln betreffend die internationale Zuständigkeit und den Mitgliedstaaten bezüglich der materiellen Regelungen.

Für den Bereich der internationalen Entscheidungszuständigkeit in Zivil- und Handelssachen besteht somit eine ausschließliche Außenkompetenz der Gemeinschaft.

Zu untersuchen bleibt, wie weit die EuGVO im Bereich der Anerkennung und Vollstreckung gerichtlicher Entscheidungen Bezüge zu Drittstaaten mit erfasst.

(2) Anerkennung und Vollstreckung

Art. 33 Abs. 1 EuGVO legt fest, dass die in einem Mitgliedstaat ergangenen Entscheidungen in den anderen Mitgliedstaaten anerkannt werden, ohne dass es hierfür eines besonderen Verfahrens bedarf.

In Art. 32 EuGVO ist der Begriff „Entscheidung" legaldefiniert. Unter „Entscheidung" im Sinne dieser Verordnung ist jede von dem Gericht eines Mitgliedstaats erlassene Entscheidung zu verstehen, ohne Rücksicht auf ihre Bezeichnung wie Urteil, Beschluss, Zahlungsbefehl oder Vollstreckungsbescheid, einschließlich des Kostenfeststellungsbeschlusses eines Gerichtsbediensteten. Im Gegensatz zu den Regeln der direkten Zuständigkeit stellt sich im Bereich der Anerkennung und Vollstreckung von gerichtlichen Entscheidungen nicht das Problem des grenzüberschreitenden Bezugs bzw. des Gemeinschaftsbezugs zu mehreren Mitgliedsstaaten.

Auch Entscheidungen aus rein internen Verfahren werden nach der EuGVO in anderen Mitgliedstaaten anerkannt; ebenso Entscheidungen mit Bezügen zu Drittstaaten, in denen zum Beispiel nur das Grundstück innerhalb der Gemeinschaft belegen ist, die Parteien jedoch in Drittstaaten domiziliert sind. Die Anerkennungsregeln der EuGVO setzen auch nicht voraus, dass sich im konkreten Fall die Zuständigkeit des Gerichts des Mitgliedsstaats aus der Verordnung ergeben hat. Abgestellt wird allein auf die Herkunft der Entscheidung aus einem anderen Mitgliedstaat. Das gilt selbst dann, wenn das Erstgericht seine Zuständigkeit auf einen der exorbitanten Gerichtsstände des Art. 3 Abs. 2 EuGVO gestützt hat.

Nur ausnahmsweise ist die Zuständigkeitsregelung für die Anerkennung relevant; so wenn eine ausschließliche Zuständigkeit eines Gerichts eines Mitgliedsstaats nach Art. 22 EuGVO missachtet wurde oder die Zuständigkeit in Versicherungs- oder Verbrauchersachen verletzt wurde. Diese Verletzung stellt nach Art. 35 Abs. 1 EuGVO ein Anerkennungshindernis dar. Das gleiche gilt, wenn sich ein Mitgliedstaat nach Art. 59 EuGVÜ vor Inkrafttreten der Verordnung gegenüber einem Drittstaat verpflichtet hat, Entscheidungen der Gerichte der anderen Mitgliedsstaaten gegen Beklagte aus diesem Drittstaat nicht anzuerkennen, wenn die Entscheidungen auf einem exorbitanten Gerichtsstand nach Art. 3 Abs. 2 iVm Art. 4 Abs. 1 EuGVÜ beruhen. Nach Art. 72 EuGVO werden diese Vereinbarungen, sofern sie vor Inkrafttreten der Verordnung geschlossen worden sind, nicht durch diese berührt. Aus der Beschränkung auf Vereinbarungen, die vor Inkrafttreten der Verordnung geschlossen worden sind, folgt im Umkehrschluss, dass nach Inkrafttreten der Verordnung die Mitgliedstaaten nicht mehr zum Abschluss solcher anerkennungshemmender Vereinbarungen mit Drittstaaten bezüglich mitgliedstaatlicher Entscheidungen befugt sein sollen[451]. Bestätigt wird diese Auffassung auch durch eine gemeinsame Erklärung des Rates und der Kommission zu Art. 72 EuGVO[452]. Danach richten Rat und Kommission besondere Aufmerksamkeit auf den Abschluss internationaler Übereinkünfte, die es gestatten, für Personen mit Wohnsitz außerhalb der Gemeinschaft, die Folgen der erleichterten Anerkennung und Vollstreckung durch die EuGVO bei Entscheidungen, die aufgrund bestimmter nationaler Zuständigkeitsvorschriften ergangen sind, abzumildern.

Auch Art. 71 EuGVO beschränkt sich, wie zuvor erläutert[453], auf bereits existierende Übereinkommen. Die Anerkennung von Entscheidungen der Mitgliedstaaten ist somit von der Gemeinschaft durch die EuGVO in deren sachlichem Anwendungsbereich abschließend geregelt, so dass auch hier keine Außenkompetenz der Mitgliedstaaten mehr besteht.

Nicht geregelt ist dagegen die Anerkennung und Vollstreckung von Entscheidungen aus Drittstaaten. Daher stellt sich die Frage, ob diesbezüglich die Mitgliedstaaten befugt sind, Abkommen mit Drittstaaten zu treffen.

(2.1) Entscheidungen aus Drittstaaten

Die Bestimmungen des Kapitels VII der Verordnung, in dem das Verhältnis zu anderen Rechtsinstrumenten geregelt ist, beziehen sich in den Art.70 bis 72 EuGVO nur auf Abkommen der Mitgliedstaaten, die vor Inkrafttreten der Verordnung beschlossen wurden. Nach Art. 70 EuGVO behalten diese ihre Wirksamkeit auch nur für die Rechtsgebiete, die nicht von der EuGVO erfasst werden. Der Verordnungsgesetzgeber ging demnach nicht davon aus, dass nach Inkrafttreten der Verordnung Kollisionen zwischen Abkommen der Mitgliedstaaten, die nach Inkrafttreten der Verordnung beschlossen wurden und sich inhaltlich mit dieser überschneiden, entstehen können. Dies legt den Schluss nahe, dass eine entsprechende Außenkompetenz der Mitgliedstaaten nach Ansicht des Verordnungsgesetzgebers nicht mehr besteht, sonst wäre eine entsprechende Klausel, die das Verhältnis zukünftiger Anerkennungs- und Vollstreckungsübereinkommen der Mitgliedstaaten zur EuGVO regelt, in die EuGVO aufgenommen worden. Auch der Verordnungsvorschlag der Kommission von 1999[454] betont, dass es den Mitgliedstaaten im Unterschied zum EuGVÜ nach Inkrafttreten der Verordnung nicht mehr gestattet sein soll, bestehenden oder künftigen Verordnungen auf diesem Bereich beizutreten oder abweichende Vereinbarungen mit Drittstaaten zu treffen.

Dennoch hat die Gemeinschaft den Bereich der Anerkennung und Vollstreckung gerichtlicher Entscheidungen aus Drittstaaten weder ausdrücklich noch durch den Vorbehalt der Zuständigkeit zu Verhandlungen mit Drittstaaten an die Gemeinschaftsorgane, noch durch

---

[451] So auch Zöller-*Geimer*, Art. 72 EuGVO Rz 3.
[452] Vermerk des Generalsekretariats des Rates der EU vom 20. Dezember 2000 14139/00, abgedruckt in IPRax 2001, 259 (260).
[453] S.o. unter Punkt III. 3.a) aa) (1.3).
[454] KOM (1999) 348 endg. 99/0154 (CNS) vom 14.07.1999 S. 28.

eine vollständige Rechtsangleichung geregelt. Vielmehr hat sie sich für das Prinzip der gegenseitigen Anerkennung als tragender Grundsatz zur Urteilsanerkennung, („Eckstein der justitiellen Zusammenarbeit"[455]) entschieden - allerdings beschränkt auf Entscheidungen aus den Mitgliedstaaten. Die Anerkennung und Vollstreckung drittstaatlicher Entscheidungen ist zur Zeit nicht durch die Gemeinschaftsverordnung erfasst.

Zwar steht der Gemeinschaft nach dem Parallelitätsgrundsatz eine Außenkompetenz auch diesbezüglich zu; vor allem die bereits dargestellte Beeinträchtigung des europäischen Justizraums durch divergierende Abkommen der Mitgliedstaaten mit Drittstaaten bezüglich der Anerkennung und Vollstreckung von drittstaatlichen Entscheidungen, die die Personenfreizügigkeit zu gefährden drohen, bestätigt die Notwendigkeit dieser komplementären Außenzuständigkeit der Gemeinschaft. Diese erstarkt nach der Rechtsprechung des EuGH aber erst dann zu einer ausschließlichen Außenkompetenz der Gemeinschaft im Bereich der Anerkennung und Vollstreckung von Urteilen, wenn dieser Bereich abschließend durch die Gemeinschaft geregelt ist. Das ist jedoch mangels der Regelung der Anerkennung und Vollstreckung drittstaatlicher Entscheidungen durch die mitgliedstaatlichen Gerichte in der EuGVO nicht der Fall. Ebensowenig liegt der Fall einer ausschließlichen Außenkompetenz ohne vorherige erschöpfende interne Regelung vor. Voraussetzung dafür ist die Untrennbarkeit der Regelung gegenüber Drittstaaten von den gemeinschaftsinternen Regelungen[456]. Die gemeinschaftliche Vereinheitlichung des Zivilverfahrensrechts müsste, um praktisch wirksam zu sein, notwendig durch Abkommen mit Drittstaaten begleitet werden, wenn sie durch die Aufstellung gemeinsamer Regeln in der Gemeinschaft nicht erreicht werden kann. Das ist vorliegend nicht der Fall. Der schrittweise Aufbau eines europäischen Rechtsraumes beschränkt sich bewusst auf mitgliedstaatliche Entscheidungen. Der Verzicht auf eine kollisionsrechtliche Nachprüfung von Urteilen, den die EuGVO vorsieht, wäre gegenüber Drittstaaten völlig unsachgerecht. Insoweit ist gerade nicht von der Gleichwertigkeit der Rechtssysteme auszugehen, wie das innergemeinschaftlich der Fall ist. Die vereinfachte Anerkennung und Vollstreckung der EuGVO ist somit aufgrund des (noch) nicht bestehenden Vertrauens in die Rechtssysteme von Drittstaaten nicht auf deren gerichtliche Entscheidungen anzuwenden. Allerdings besteht infolge dieser Nichtregelung der Anerkennung und Vollstreckung drittstaatlicher Entscheidungen auch keine ausschließliche Außenzuständigkeit der Gemeinschaft in diesem Bereich.

(2.2) Stellungnahme

Es bleibt jedoch in diesem Zusammenhang zu bedenken, dass die Frage der Ausschließlichkeit der Außenkompetenz natürlich auch nach dem Gegenstand des jeweils in Frage stehenden internationalen Abkommens zu beurteilen ist. Soweit bezüglich des jeweiligen Abkommens nicht alle Fragen vom Gemeinschaftsgesetzgeber abgedeckt worden sind, ist die Außenzuständigkeit zwischen Gemeinschaft und Mitgliedstaaten geteilt.

---

[455] Maßnahmenprogramm des Rates der EU zur Umsetzung des Grundsatzes der gegenseitigen Anerkennung gerichtlicher Entscheidungen in Zivil- und Handelssachen vom 24.11.2000, ABl. EG Nr. C 12 S.1; Jayme/Kohler, IPRax 2001, 501; Kohler, Europäisches Kollisionsrecht, S. 9.
[456] EuGH, Slg. 1994, I-5267 Tz. 82 – 88 - Gutachten 1/94.

In der wissenschaftlichen Literatur wird ein „Kompetenztransfer"[457] im Bereich der Urteilsanerkennung und –vollstreckung durch den Erlass der EuGVO zwar überwiegend bejaht, allerdings wird von den meisten[458] offengelassen, ob dieser zu einer ausschließlichen Außenkompetenz der Gemeinschaft in diesem Bereich geführt hat, die ein Tätigwerden der Mitgliedstaaten nach außen sperrt, oder ob es sich lediglich um eine konkurrierende Außenkompetenz handelt.

Aufgrund der fehlenden Regelung der Anerkennung und Vollstreckung drittstaatlicher Entscheidungen durch die EuGVO besteht in diesem Bereich zur Zeit lediglich eine konkurrierende Zuständigkeit der Gemeinschaft neben der der Mitgliedstaaten[459]. Denjenigen[460], die eine ausschließliche Außenkompetenz der Gemeinschaft auch in diesem Bereich der EuGVO bejahen, weil ansonsten die Erreichung des durch die EuGVO angestrebten europäischen Rechtsraumes beeinträchtigt werden könnte, ist entgegenzuhalten, dass der Gerichtshof in seiner Rechtssprechung die Voraussetzungen einer ausschließlichen Außenkompetenz ausdrücklich und restriktiv festgelegt hat. Die Ausschließlichkeit bereits mit der Möglichkeit der Beeinträchtigung durch ein mitgliedstaatliches Auftreten nach außen zu begründen, widerspricht dieser eindeutigen Rechtsprechung des Gerichtshofs, die dieses weite, an der Effektivität des Gemeinschaftsrechts orientierte Verständnis gerade immer mehr eingegrenzt hat[461]. Die Schwierigkeiten, die bei der Durchführung eines Abkommens bei der notwendigen Koordinierung zur Sicherstellung des einheitlichen Auftretens im Falle der gemeinsamen Teilnahme der Gemeinschaft und der Mitgliedstaaten auftreten könnten, kann somit die Beantwortung der Zuständigkeitsfrage nicht ändern. Mögliche Schwierigkeiten bei der Durchführung können keine ausschließliche Außenkompetenz der Gemeinschaft begründen[462].

Teilweise[463] wird diese restriktive Auffassung des EuGH deshalb als integrativer Rückschritt angesehen. Die Kompetenzzersplitterung, die daraus resultiere, dass meist nur eine partielle Gebietsbesetzung durch die Gemeinschaft vorliege und insoweit mitgliedstaatliche völkerrechtliche Abschlussbefugnisse fortbestünden, beeinträchtige die Handlungsfähigkeit der Gemeinschaft auf internationaler Ebene aufs schwerste.

Es ist jedoch zu berücksichtigen, dass die Gemeinschaft inzwischen einen Stand erreicht hat, bei dem es nicht mehr in erster Linie um ihre Stärkung und die Ausweitung ihrer Befugnisse unter möglichst weitgehender Eindämmung des Einflusses der Mitgliedstaaten, son-

---

[457] Geimer, IPRax 2002, 69 (72).
[458] so Basedow, in Baur/Mansel, Systemwechsel im Europäischen Kollisionsrecht, S. 19 (42/43); Sedlmeier, EuLF 2002, 35 (37); Tebbens, in Baur/Mansel, Systemwechsel im Europäischen Kollisionsrecht, S. 171 (187/188).
[459] so auch Leible/Staudinger, EuLF 2000/01, 225 (235).
[460] Heß, IPRax 2001, 389 (396); Kennett, ICLQ 2001, 725 (736); North, ICLQ 2001, 477 (504 FN 158); auch das Europäische Parlament geht in seinem Bericht A5-253/2000 vom 18.09.2000, Berichterstatterin Diana Wallis, S. 14 und 31 von einer ausschließlichen Kompetenz der Gemeinschaft aus.
[461] S.o. unter Punkt I.4.a).
[462] EuGH, Slg. 1994 I-5267 Tz. 107 – Gutachten 1/94; Slg. 1993 I-1061 Tz. 20 – Gutachten 2/91.
[463] Bourgois, CML Rev. 1995, 763 (780 f); Gilsdorf, EuR 1996, 145 (159).

dern vielmehr um die angemessene Verteilung der Zuständigkeiten zwischen Gemeinschaft und Mitgliedstaaten und um ihr Zusammenwirken geht[464].

Für das Vorliegen einer ausschließlichen Außenkompetenz reicht auch der Erlass gemeinschaftlicher interner Rechtsakte nicht aus[465]. Vielmehr muss ein solcher Rechtsakt nach der Rechtsprechung des EuGH im Gutachten 1/94 entweder die Materie abschließend regeln, den Gemeinschaftsorganen die Verhandlungskompetenz nach außen zuweisen oder aber ausdrückliche Regelungen bezüglich der Behandlung der Drittstaatensachverhalte enthalten. Das wird auch dadurch bestätigt, dass der EuGH in diesem Gutachten trotz des Bestehens interner Rechtsakte eine ausschließliche Außenkompetenz der Gemeinschaft für das GATS (*General Agreement on Trade and Services*) und das TRIPs (*Agreement on Trade – Related Aspects of Intellectual Property Rights*) abgelehnt hat. Allein der Erlass einer Gemeinschaftsmaßnahme kann somit nicht die Außenzuständigkeit der Mitgliedstaaten sperren. Dazu müssen die vorgenannten weiteren Voraussetzungen vorliegen. Bezüglich der Anerkennung und Vollstreckung von Entscheidungen im Rahmen der EuGVO sind diese jedoch nicht gegeben. Insbesondere fehlt es an einer „Gebietsbesetzung" durch die Gemeinschaft, da die EuGVO die Anerkennung und Vollstreckung drittstaatlicher Entscheidungen nicht berührt.

Somit besteht hinsichtlich der Anerkennung und Vollstreckung gerichtlicher Entscheidungen in Zivil- und Handelssachen aus Drittstaaten eine konkurrierende Außenzuständigkeit der Gemeinschaft neben der der Mitgliedstaaten. Die Zuständigkeit zum Abschluss von Abkommen mit Drittstaaten betreffend dieses Gebiet steht somit den Mitgliedstaaten und der Gemeinschaft gemeinsam zu. Hinsichtlich der Regelung der direkten Zuständigkeit gerichtlicher Entscheidungen kommt der Gemeinschaft dagegen die ausschließliche Zuständigkeit nach außen zu.

Das gilt auch hinsichtlich der Zuständigkeitsverteilung für den Abschluss eines Revisionsübereinkommens zum LugÜ[466]. Entgegen des Vorschlags der Kommission, wonach diese unter Bezugnahme auf die EuGVO dem Verhandlungsmandat der Gemeinschaft eine ausschließliche Gemeinschaftszuständigkeit zugrunde legt, besteht auf dem Gebiet der Anerkennung- und Vollstreckung von Urteilen aus den „Lugano-Staaten" eine geteilte Kompetenz zwischen der Gemeinschaft und den Mitgliedstaaten. Insofern ist der Kritik der Mitgliedstaaten an diesem Kommissionsvorschlag zuzustimmen, als dass diese ebenfalls Vertragsparteien dieses Revisionsübereinkommens sein müssen.

Dem steht auch die „Gemeinsame Erklärung von Rat und Kommission[467]" nicht entgegen. Kommission und Rat sind danach der Auffassung, dass „unter Hinweis auf die Rechtsprechung des Gerichtshofes der Europäischen Gemeinschaften ... die Verordnung dem nicht entgegenstehen darf, dass ein Mitgliedstaat mit Drittstaaten Übereinkünfte über Rechtsgebiete schließt, die unter die Verordnung fallen, soweit die betreffenden Übereinkünfte die

---

[464] Everling, EuR 1991, 179 (182).
[465] So aber Frenz, S. 92.
[466] Von der Kommission veröffentlichter Fortschrittskalender, KOM (2002) 261 endg. vom 30.05.2002, S. 36.
[467] Vermerk des Generalsekretariats des Rates der EU vom 20. Dezember 2000 14139/00, abgedruckt in IPRax 2001, 259 (261).

Verordnung unberührt lassen." Die Bezugnahme auf „Rechtsgebiete, die unter die Verordnung fallen" ist dahingehend zu verstehen, dass die Mitgliedstaaten zuständig sind für Abkommen betreffend das Zivil- und Handelsrecht. Diese berühren nicht die von der Verordnung geregelten Bereiche der internationalen Zuständigkeit, Anerkennung und Vollstreckung auf diesen Gebieten. Lediglich diesbezüglich kommt der Gemeinschaft in dem oben dargelegten Umfang durch den Erlass der EuGVO eine Außenkompetenz zu, nicht jedoch generell für das Zivil- und Handelsrecht, so dass die Mitgliedstaaten in diesen Rechtsgebieten gegenüber Drittstaaten weiterhin abschlussbefugt sind.

Die geteilte Zuständigkeit zwischen der Gemeinschaft und den Mitgliedstaaten im Anwendungsbereich der EuGVO hat Auswirkungen insbesondere auf die Tätigkeit der Mitgliedstaaten im Rahmen der Haager Konferenz für Internationales Privatrecht, auf den Abschluss eines Übereinkommens, das Dänemark in den Regelungsbereich der EuGVO mit einbezieht sowie auf den Abschluss eines Revisionsübereinkommens zum Luganer Übereinkommen.

Da jedoch auch die EheVO Berührungen zu Arbeiten der Haager Konferenz aufweist und Dänemark auch hinsichtlich des Regelungsbereichs der EheVO eine völkerrechtliche Einbeziehung anstrebt, soll zunächst die Frage nach der Natur der Außenkompetenz der Gemeinschaft in diesem Bereich geklärt werden. Sind durch den Erlass dieses Gemeinschaftsrechtsakts Drittstaatensachverhalte im Bereich der Zuständigkeit, Anerkennung und Vollstreckung von gerichtlichen Entscheidungen in Ehesachen und in Verfahren betreffend die elterliche Verantwortung für die gemeinsamen Kinder der Ehegatten insoweit vereinheitlicht, dass der Gemeinschaft diesbezüglich eine ausschließliche Außenkompetenz zugewachsen ist?

b) Verordnung über die Zuständigkeit und die Anerkennung und Vollstreckung von Entscheidungen in Ehesachen und Verfahren betreffend die elterliche Verantwortung für die gemeinsamen Kinder der Ehegatten

Diese Verordnung Nr. 1347/2000, die EheVO, ist am 1. März 2001 in der europäischen Union, mit Ausnahme Dänemarks, in Kraft getreten. Ziel ist es, die Hemmnisse des freien Personenverkehrs in der Union abzubauen, die sich aus widersprüchlichen Entscheidungen des Familienstandes in den Mitgliedstaaten ergeben. Eine Sonderstellung nehmen allerdings Finnland und Schweden ein. Erwägungsgrund Nr. 19 der Verordnung sieht vor, dass das Übereinkommen vom 6. Februar 1931 zwischen Dänemark, Finnland, Island, Norwegen und Schweden mit Bestimmungen des internationalen Verfahrensrechts über Ehe, Adoption und Vormundschaft in den Grenzen der Verordnung weiter Anwendung finden kann. Nach Art. 36 Abs. 2 lit. a EheVO steht es Finnland und Schweden daher frei zu erklären, dass anstelle der Verordnung das vorgenannte Übereinkommen ganz oder teilweise anwendbar ist. Allerdings müssen gemäß Art. 36 Abs. 2 lit. c EheVO auch Zuständigkeitskriterien aus künftigen Übereinkommen dieser Mitgliedstaaten, die die durch die EheVO geregelten Bereiche berühren, mit der Verordnung in Einklang stehen. Nur dann können Entscheidungen aus diesen Staaten auch in den übrigen Mitgliedstaaten nach der EheVO anerkannt und vollstreckt werden, Art. 36 Abs. 2 lit. d EheVO. Ein am 6. Februar 2001 in Stockholm unterzeichnetes Änderungsübereinkommen gleicht daher insbesondere die Zuständigkeitsbestimmungen des nordischen Übereinkommens an die EheVO an[468]. Finnland und Schweden haben daraufhin erklärt, dass, sobald das Änderungsübereinkommen in Kraft getreten ist, das Übereinkommen auf ihre Beziehungen in vollem Umfang zur Anwendung kommt[469]. Zwar ist der räumlich-persönliche Anwendungsbereich dieses Übereinkommens auf die Staatsangehörigen der fünf Vertragsstaaten mit gewöhnlichem Aufenthalt in diesen Staaten beschränkt, es bewirkt jedoch durch seine Anlehnung an die EheVO zumindest eine Erstreckung der wesentlichen Inhalte der EheVO auf die EFTA-Staaten Island und Norwegen sowie auf Dänemark, das an Maßnahmen unter Titel IV des Amsterdamer Vertrages, somit auch der EheVO, nicht teilnimmt.

aa) Entstehungsgeschichte

Wie bereits erläutert, bezog sich die europäische Integration im Bereich des internationalen Zivilverfahrensrecht zunächst lediglich auf wirtschaftliche Aspekte. So wurden vom sachlichen Anwendungsbereich des EuGVÜ auch nur vermögensrechtliche Angelegenheiten in Zivil- und Handelssachen erfasst. Ausweislich seines Art. 1 Abs. 2 Nr. 1 waren Ehe- und Familiensachen, mit Ausnahme von Unterhaltssachen (arg. e Art. 5 Nr. 2 EuGVÜ), ausgeschlossen. Begründet wurde dieser Ausschluss insbesondere damit, dass auf dem Gebiet des internationalen wie des materiellen Eherechts in den Mitgliedstaaten noch erhebliche Rechtsunterschiede bestanden; so ließen zum Beispiel Italien, Spanien und Irland die Ehescheidung nicht zu. Diese Unterschiede hätten entweder eine gerichtliche Nachprüfung der Anwendung des Internationalen Privatrechts im Anerkennungsverfahren oder eine erhebliche Ausdehnung des *ordre public* – Vorbehalts zur Folge gehabt. Dadurch wäre jedoch der integrative Fortschritt im Bereich vermögensrechtlicher Entscheidungen gefährdet worden[470].

Diese Unterschiede sind auch bis heute nicht vollständig aufgehoben. Zwar kennen mittlerweile alle Mitgliedstaaten das Institut der Ehescheidung, und auch das Verschuldensprinzip wurde durch einen Zerrüttungstatbestand abgelöst oder ergänzt[471]. Die Möglichkeit der Trennung ohne Auflösung des Ehebandes oder die Ungültigkeitserklärung einer Ehe ist manchen Rechtssystemen jedoch weiterhin unbekannt[472]. Unterschiede bestehen darüber hinaus bei den Bestimmungen, nach denen die Gerichte der Mitgliedstaaten in Ehesachen mit Auslandsbezug ihre Zuständigkeit ausüben können, nach denen eine im Ausland ausgesprochene Entscheidung in einer Ehesache anerkannt werden kann oder nach denen ein im Ausland anhängiges Verfahren beachtet wird. Aufgrund dieser Rechtsunterschiede kann es insbesondere in gemischt-nationalen Ehen zu parallelen Scheidungsverfahren in den jeweiligen Heimatstaaten mit widersprüchlichen Entscheidungen über den Bestand der Ehe und über die Auswirkungen der Scheidung im Unterhalts- und Erbrecht kommen. „Hinkende Ehen" sind die Folge, ganz zu schweigen von den Kosten, die diese Parallelverfahren verursachen können[473]. Zwar wurden Staatsverträge zur Lösung dieser Probleme abgeschlossen,

---

[468] Nachweis bei Jayme/Kohler, IPRax 2001, 501 (508).
[469] ABl. EG Nr. L 58 vom 28.2.2001, S. 22.
[470] Borrás-Bericht, Rz. 3/4; Jenard-Bericht, Kap. 3 IV A S. 59.
[471] Irland hat als letzter Mitgliedstaat 1996 infolge einer Verfassungsänderung durch den Family Law (Divorce) Act die Ehescheidung eingeführt.
[472] So. zum Beispiel dem finnischen und schwedischen Recht, so der Borrás-Bericht, Rz. 4.
[473] Siehe Beispiel einer deutsch-französischen Ehe bei Pirrung, ZEuP 1999, 834 (841).

wie das Haager Übereinkommen über die Anerkennung von Ehescheidungen und Ehetrennungen vom 1. Juni 1970[474] oder das Luxemburger CIEC-Übereinkommen über die Anerkennung von Entscheidungen in Ehesachen vom 8. September 1967[475]. Aufgrund der geringen Zahl der Ratifikationen dieser Übereinkommen, hatten diese jedoch nicht den gewünschten Erfolg. Daher setzten in den 90er Jahren Bestrebungen ein, die Vereinheitlichung des internationalen Zivilverfahrensrechts auch auf Aspekte des internationalen Ehe- und Familienrechts auszuweiten.

Die deutsche Delegation hat im Juli 1992 entsprechende informelle Erwägungen in Form einer Skizze eines Protokolls zum EuGVÜ der Arbeitsgruppe zur justitiellen europäischen Politischen Zusammenarbeit vorgelegt. Nach positiven Reaktionen hat die deutsche Präsidentschaft 1994 der nunmehr gebildeten Arbeitsgruppe „Erweiterung des Brüsseler Übereinkommens" einen Vertragsvorschlag unterbreitet. Dieser berücksichtigte auch die Überlegungen des Heidelberger Entwurfs vom 2. Oktober 1993, der von einer Gruppe europäischer Professoren des Internationalen Privatrechts erarbeitet worden war[476]. Daraufhin wurde am 28. Mai 1998 in Brüssel das Übereinkommen über die Zuständigkeit und die Anerkennung und Vollstreckung von Entscheidungen in Ehesachen (sog. Brüssel-II–Übereinkommen) unterzeichnet[477]. Mangels Ratifikation durch die Mitgliedstaaten und infolge des Inkrafttretens des Vertrages von Amsterdam, das zum Erlass der EheVO am 29. Mai 2000 durch die Gemeinschaft geführt hat, ist es jedoch nicht in Kraft getreten. Nach ihrem Erwägungsgrund Nr. 6 übernimmt die EheVO jedoch den „wesentlichen Inhalt" des Übereinkommens von 1998, das sich seinerseits an das EuGVÜ anlehnte und auf dessen Grundsätze die Präambel des Übereinkommens von 1998 ausdrücklich Bezug nahm.

bb) Inhalt der Verordnung

Nach Art. 1 Abs. 1 lit. a und b EheVO regelt die Verordnung nur zwei Kernbereiche des Familienverfahrensrechts: zivilgerichtliche Verfahren, die die Ehescheidung, die Trennung ohne Auflösung des Ehebandes oder die Ungültigerklärung einer Ehe betreffen, und zivilgerichtliche Verfahren, die die elterliche Verantwortung für die gemeinsamen Kinder der Ehegatten betreffen und aus Anlass der zuvor genannten Verfahren in Ehesachen betrieben werden. Diesbezüglich trifft die Verordnung nicht nur Regelungen über die Anerkennung und Vollstreckung ergangener Entscheidungen, sondern auch solche über die Entscheidungszuständigkeit. Darüber hinaus ermöglicht sie die Bewältigung paralleler Eheauflösungsverfahren in mehreren Mitgliedstaaten durch entsprechende Rechtshängigkeitsvorschriften.

In Bezug auf Entscheidungen in Ehesachen ist allerdings umstritten, ob die Verordnung sich auch auf Entscheidungen betreffend die Feststellung einer Ehe oder Nichtehe erstreckt. Das wird teilweise bejaht[478]. Auch Feststellungsurteile beträfen den Status von Personen. Somit unterfielen sie dem Ziel der EheVO, alle den Status betreffenden Entscheidungen einer um-

---

[474] Abgedruckt bei Jayme/Hausmann, Nr. 90.
[475] Abgedruckt, bei Jayme/Hausmann, Nr. 89.
[476] Vgl. Hau, FamRZ 1999, 484; Pirrung, ZEuP 1999, 834 (845).
[477] ABl. EG 1998 C 221 S. 1.
[478] Gruber, FamRZ 2000, 1129 (1130); Hau, FamRZ 2000, 1134; Schack, RabelZ 65 (2001), 615 (620); Vogel, MDR 2000, 1045 (1046).

fassenden Regelung zuzuführen. Sie seien kraft Sachzusammenhangs vom Anwendungsbereich der Verordnung erfasst.

Dagegen spricht jedoch zum einen der eindeutige Wortlaut der Verordnung: Scheidung, Trennung, Auflösung und Ungültigerklärung einer Ehe sind statusändernde, gestaltende Entscheidungen[479].

Zum anderen bestehen erhebliche Unterschiede in den Mitgliedstaaten darüber, welche Mängel zur automatischen Unwirksamkeit einer Ehe führen. Insbesondere die erleichterte Anerkennung durch die EheVO sollte jedoch nicht bei Fehlen dieser sachlichen Konvergenz in den Mitgliedstaaten greifen[480]. Feststellende Entscheidungen werden somit nicht von der Verordnung erfasst.

Aus dem Anwendungsbereich der EheVO ausgeschlossen sind auch im Rahmen einer Religionsgemeinschaft geltende Verfahren sowie sonstige Privatscheidungen, die durch Rechtsgeschäft ohne jegliche Beteiligung eines Gerichts oder einer Behörde durchgeführt werden[481]. Erwägungsgrund Nr. 9 der Verordnung stellt klar, dass der Anwendungsbereich der Verordnung zivilgerichtliche und auch außergerichtliche Verfahren einschließt, die in einigen Mitgliedstaaten in Ehesachen zugelassen sind, mit Ausnahme von solchen Verfahren, die nur innerhalb einer Religionsgemeinschaft gelten. Voraussetzung ist die Beteiligung eines Gerichts oder einer Behörde, sofern diese im Entscheidungsstaat für Eheauflösungen unmittelbar zuständig sind, Art. 1 Abs. 2 EheVO. Nicht erfasst werden daher Entscheidungen, an denen weder Gerichte noch Behörden eines Mitgliedstaats mitgewirkt haben, wie zum Beispiel die Übergabe des Scheidungsbriefes vor einem Rabbinatsgericht oder die Verstoßungserklärung in der Botschaft des jeweiligen ausländischen Staates. Das Vertrauen, das Voraussetzung insbesondere für die erleichterte Anerkennung nach der EheVO ist, gilt nur für Entscheidungsverfahren von Behörden und Gerichten, die ihre Zuständigkeit und ihre Sachkompetenz von den Mitgliedstaaten ableiten, nicht jedoch für solche, die lediglich ihren Sitz im Hoheitsgebiet eines Mitgliedstaates haben[482].

Darüber hinaus gilt die EheVO nach ihrem Erwägungsgrund Nr. 10 nur für das Statusverfahren als solches. Abgesehen von den mit diesem Verfahren eng zusammenhängenden Verfahren, das die elterliche Verantwortung für die gemeinsamen Kinder der Ehegatten betrifft, werden die Scheidungsfolgen wie das Ehegüterrecht, die Unterhaltspflichten oder etwa die Namensführung, nicht vom Anwendungsbereich der Verordnung erfasst.

In Kindschaftssachen ist fraglich, ob die Verordnung mit dem Begriff „Entscheidungen über die elterliche Verantwortung" lediglich Sorgerechtsentscheidungen oder auch Umgangsrechtentscheidungen erfasst. Die Verordnung selbst definiert den Begriff der „elterlichen Verantwortung" nicht.

Für eine weite Auffassung, die auch Umgangsrechtentscheidungen in den Anwendungsbereich der Verordnung mit einbezieht, sprechen in erster Linie praktische Erwägungen. Rege-

---

[479] Hausmann, EuLF 2000/01, 271 (273).
[480] Helms, FamRZ 2001, 257 (259).
[481] Krit. dazu, Jayme, IPRax 2000, 165 (170), der darin eine Zementierung überholten Rechts sieht, die die zukünftige Entwicklung verfehlt und für globale Zusammenhänge nicht passt.
[482] Helms, FamRZ 2001, 257 (260).

lungen, die Sorge- und Umgangsrecht betreffen, sollten zur Vermeidung von Widersprüchen einheitlich in einer Entscheidung getroffen werden[483]. Auch der Wortlaut des Art. 1 Abs. 1 lit. b EheVO „elterliche Verantwortung" indiziert ein Verständnis, das über die bloße Ausübung des Sorgerechts hinausgeht. Der nichtsorgeberechtigte Elternteil kommt seiner elterlichen Verantwortung nämlich gerade durch den Umgang mit dem Kind nach[484].

Etwas anderes ergibt sich auch nicht aus dem Haager Kinderschutzübereinkommen von 1996 (KSÜ), das in Art. 1 Abs. 2 zunächst einen engeren Begriff der elterlichen Verantwortung zu Grunde zu legen scheint. Im Sinne des KSÜ umfasst der Begriff „elterliche Verantwortung" die elterliche Sorge und jedes andere Sorgeverhältnis, das die Rechte, Befugnisse und Pflichten der Eltern, des Vormunds oder eines anderen gesetzlichen Vertreters in Bezug auf die Person oder das Vermögen des Kindes bestimmt. Doch nach Art. 3 lit. b betrifft dieses Abkommen darüber hinaus ausdrücklich Maßnahmen, die das Recht zum persönlichen Umgang betreffen. Auch dem Luxemburger Europäischen Übereinkommen über die Anerkennung und Vollstreckung von Entscheidungen über das Sorgerecht für Kinder und die Wiederherstellung des Sorgeverhältnisses von 1980[485] liegt ein weiter Sorgerechtsbegriff zugrunde. Nach Art. 1 lit. c des Übereinkommens bedeutet Sorgerechtsentscheidung im Sinn des Übereinkommens nämlich die Entscheidung einer Behörde, soweit sie die Sorge für die Person des Kindes, einschließlich des Rechts auf Bestimmung seines Aufenthalts oder des Rechts zum persönlichen Umgang mit ihm betrifft.

Diese weite Auslegung, die sich somit an der Zielsetzung der Verordnung sowie an verwandten Rechtsakten orientiert, erscheint daher sachgerecht[486]. Fiele die Regelung des Umgangsrechts nicht in den Anwendungsbereich der EheVO, so bliebe die Verordnung hinter dem zurück, was bereits Gegenstand der Abkommen unter den Mitgliedstaaten ist. Damit würde ihr Ziel, die justitielle Zusammenarbeit innerhalb der Gemeinschaft zu vertiefen, jedoch ins Gegenteil verkehrt[487].

In diesem Zusammenhang hat Frankreich am 3. Juli 2000 einen Verordnungsvorschlag zum Besuchsrecht eingereicht, woraufhin die Kommission am 6. September 2001 dem Rat einen Verordnungsvorschlag unterbreitet hat, der die Zuständigkeit, Anerkennung und Vollstreckung aller Entscheidungen über die elterliche Verantwortung, ohne Beschränkung auf den Zusammenhang mit einem Scheidungsverfahren, regelt[488]. Dieser Vorschlag ist im Mai 2002 in einen umfassenden Verordnungsvorschlag über die Zuständigkeit und die Anerkennung und Vollstreckung von Entscheidungen in Ehesachen und in Verfahren betreffend die elterliche Verantwortung zur Aufhebung der Verordnung (EG) Nr. 1347/2000 (EheVO) und zur Änderung der Verordnung (EG) Nr. 44/2001 (EuGVO) in Bezug auf Unterhaltssachen über-

---

[483] Thomas/Putzo-*Hüßtege*, Art. 1 EheVO Rz. 4; Vogel, MDR 2000, 1045 (1047); Wagner, IPRax 2001, 73 (77); Kohler spricht in NJW 2001, 10 (13) nur von „Sorgerechtsentscheidungen", erwähnt die Auslegungsproblematik jedoch nicht ausdrücklich, so dass darin wohl keine Meinungsäußerung hinsichtlich einer einschränkenden Auslegung der elterlichen Verantwortung zu sehen sein dürfte.
[484] Hausmann, EuLF 2000/01, 271 (274).
[485] BGBl. 1980 Teil II S. 220; abgedruckt bei Jayme/Haußmann Nr. 184.
[486] Kropholler, Internationales Privatrecht § 56 III S. 551.
[487] Hausmann, EuLF 2000/01, 271 (274); Wagner, IPRax 20001, 73 (77).
[488] KOM (2001) 505 endg., s. auch ABl. EG 2001, C 332 E S. 269 vom 27.11.2001.

nommen worden[489]. Der Vorschlag fasst die EheVO und die beiden Sorgerechtsinitiativen, den französischen Vorschlag zum Besuchsrecht sowie den Verordnungsvorschlag der Kommission vom September 2001 in einem neuen, einheitlichen Verordnungstext zusammen. Dieses Vorhaben wird gerade im Hinblick auf die Überschaubarkeit der Rechtslage auf dem Gebiet des Kindschaftsrechts und die Kohärenz eines Zuständigkeits- und Vollstreckungssystems in Kernbereichen des Familienrechts begrüßt[490].

Aufgrund der unveränderten Übernahme des inhaltlichen Regelungsgehalts der EheVO, diese wird vollständig in den Verordnungsvorschlag integriert[491], beeinflusst dieses Vorhaben allerdings nicht die Beurteilung der vorliegenden Frage, inwieweit der Gemeinschaft durch Erlass der EheVO im Außenbereich eine Kompetenz zukommt.

Hinsichtlich der Bereiche, die in den sachlichen Anwendungsbereich der Verordnung fallen, regelt die EheVO sowohl die internationale Entscheidungszuständigkeit, die Frage des Vorrangs anderweitiger Rechtshängigkeit als auch die Anerkennung und Vollstreckung von Entscheidungen.

Bezüglich der EheVO stellt sich ebenso wie bezüglich der EuGVO die Frage, inwieweit diese Regelungen trifft, die ein Tätigwerden der Mitgliedstaaten nach außen sperren, inwieweit somit nach der Rechtsprechung des EuGH Vorschriften in die Verordnung aufgenommen wurden, die entweder Drittstaatensachverhalte ausdrücklich regeln, oder diese Regelung ausdrücklich den Gemeinschaftsorganen vorbehalten oder ob eine vollständige Rechtsangleichung eines Bereichs erreicht ist, die durch Abkommen der Mitgliedstaaten mit Drittstaaten unterlaufen werden könnte. Da auch bezüglich der EheVO solche ausdrücklichen Klauseln über die Vertragsabschlusskompetenz mit Drittstaaten fehlen, ist auch hier wiederum für die Frage, in welchem Umfang die Verordnung Drittstaatensachverhalte erfasst, insbesondere der räumlich-persönliche Anwendungsbereich ausschlaggebend.

cc) Räumlich-persönlicher Anwendungsbereich

Diesbezüglich soll entsprechend der Systematik der Verordnung zwischen den Regeln der Entscheidungszuständigkeit und den Regeln der Anerkennung- und Vollstreckung von Urteilen unterschieden werden.

(1) Internationale Zuständigkeit

Die EheVO ergänzt die EuGVO. Daher ist auch die, insbesondere bezüglich der EuGVO umstrittene, Frage des Gemeinschaftsbezugs zu mehreren Mitgliedstaaten, auch hinsichtlich der EheVO zu verneinen. Eine Reduktion ihres Anwendungsbereichs würde der Zielsetzung der Verordnung, die Personenfreizügigkeit innerhalb der Gemeinschaft zu erleichtern, widersprechen.

Im Bereich des Zuständigkeitssystems bestehen jedoch Unterschiede zwischen den beiden Verordnungen. Die EuGVO legt in Art. 2 einen allgemeinen Gerichtsstand am Wohnsitz des

---
[489] KOM (2002) 222 endg./2; dazu auch European Commission, Press Releases, DN: IP/02/654 vom 03.05.02.
[490] Thorn, IPRax 2002, 349 (354).
[491] KOM (2002) 222 endg./2, S. 4.

Beklagten fest, dem in den Art. 5 und 6 EuGVO besondere Gerichtsstände als Ausnahme gegenüberstehen.

Die EheVO verzichtet dagegen auf die Bestimmung eines solchen allgemeinen Gerichtsstandes, denn aufgrund ehelicher Krisen wird häufig eine sofortige Änderung der Lebenssituation eintreten. Das Gerichtssystem der EheVO ist deswegen dadurch gekennzeichnet, dass die internationale Zuständigkeit objektiv, alternativ und ausschließlich festgelegt wird[492]. Nach Art. 2 und 3 EheVO bestimmt sich die Zuständigkeit nach objektiven Kriterien wie dem gewöhnlichen Aufenthalt, der Staatsangehörigkeit oder dem „domicile", die der Prüfung durch das Gericht von Amts wegen nach Art. 9 EheVO unterliegen. Bereits hier zeigt sich die Auswirkung auf Drittstaaten. Über die Zuständigkeitsanknüpfung am gewöhnlichen Aufenthalt wird erreicht, dass die Gerichte der Mitgliedstaaten auch für Verfahren gegen Drittstaatler zuständig sind, sofern die vorgesehenen Zuständigkeitskriterien gegeben sind[493]. Erwägungsgrund Nr. 8 der Verordnung begründet diese Erstreckung auf Drittstaatenangehörige mit der Garantierung eines möglichst umfassenden Personenverkehrs durch kohärente und einheitliche Zuständigkeitsregeln innerhalb der Gemeinschaft. Eine Definition des gewöhnlichen Aufenthalts gibt die EheVO allerdings nicht.

Dem subjektiven Parteiwillen kommt dagegen keine Bedeutung zu. Anders als bei der EuGVO sind daher bei der EheVO Gerichtsstandsvereinbarungen zwischen den Ehegatten oder die Möglichkeit der rügelosen Einlassung des Antragsgegners auf das vor einem nach Art. 2 – 6 EheVO international unzuständigen Gericht anhängige Scheidungs- oder Trennungsverfahren ausgeschlossen[494].

Die objektiven Anknüpfungskriterien der Verordnung sind als gleichberechtigte Alternativmöglichkeiten aufgeführt. Auch die Einreihung nach den Buchstaben a, b oder c begründet keine Rangfolge[495]. Dementsprechend ist auch die Ausschließlichkeit nach Art. 7 EheVO dahin zu verstehen, dass gegen einen Ehegatten, der entweder seinen gewöhnlichen Aufenthalt im Hoheitsgebiet eines Mitgliedstaates hat oder Staatsangehöriger eines Mitgliedstaates ist oder, im Fall des Vereinigten Königreichs oder Irlands, sein domicile in einem dieser Staaten hat, ein Verfahren vor den Gerichten eines anderen Mitgliedstaates nur nach Maßgabe der in Art. 2 – 6 EheVO genannten Kriterien geführt werden kann. Dagegen bedeutet diese Ausschließlichkeit nicht, wie etwa bei Art. 23 EuGVVO, dass allein die Gerichte eines bestimmten Staates zuständig sind und die übrigen Kriterien nebensächlich werden. Die EheVO begründet gerade alternative Zuständigkeitsmöglichkeiten, deren Kriterien lediglich abschließend aufgezählt sind und die nicht durch andere Vorschriften ergänzt werden dürfen, es sei denn, diese Möglichkeit ist ausdrücklich eröffnet, wie etwa durch Art. 8 EheVO[496]. Art. 7 EheVO betrifft nur die ausschließliche Anwendbarkeit dieser Zuständigkeitskriterien, sofern es um das Verfahren gegen einen Ehegatten in einem *anderen* Mitgliedstaat geht. Er steht dagegen der

---

[492] Borrás-Bericht, Rz. 28.
[493] Vogel, MDR 2000, 1045 (1047), der jedoch als Voraussetzung einen Aufenthalt von mindestens einem Jahr in einem Mitgliedstaat verlangt.
[494] Borrás-Bericht, Rz. 28.
[495] Borrás-Bericht, Rz. 28.
[496] Borrás-Bericht, Rz. 29 und 45.

geht. Er steht dagegen der Inanspruchnahme einer nur auf nationales Recht begründeten Zuständigkeit eines Gerichts am Heimatort des Antragsgegners nicht entgegen.

Nach Art. 8 Abs. 1 EheVO ist der Rückgriff auf das nationale Zuständigkeitsrecht jedoch nur dann zulässig, wenn sich aus den Zuständigkeitsregeln der EheVO keine Zuständigkeit eines Gerichts eines Mitgliedstaates ergibt. Für manche Mitgliedstaaten, wie etwa Belgien, ist diese Regelung eher bedeutungslos, da die nationalen Zuständigkeitsvorschriften dort keine Änderung gegenüber denen der EheVO ergeben[497]. In anderen Mitgliedstaaten dagegen bestehen Unterschiede hinsichtlich der Anwendung nationalen oder europäischen Zuständigkeitsrechts. So begründet sich die deutsche Zuständigkeit nach § 606 a Abs. 1 Nr. 1 ZPO bereits, wenn nur ein Ehegatte Deutscher ist.

Da die Verordnung am Aufenthaltsort des Antragsgegners nach Art. 2 Abs. 1 lit. a Spgstr. 3 EheVO jedoch stets eine Zuständigkeit begründet, kommt ein Rückgriff auf das nationale Zuständigkeitsrecht des Heimatstaates des Antragsgegners nur dann in Betracht, wenn dieser seinen gewöhnlichen Aufenthalt in einem Drittstaat hat und auch der Antragsteller keinen qualifizierten gewöhnlichen Aufenthalt nach Art. 2 Abs. 1 lit. a Spgstr. 5 und 6 EheVO in einem Mitgliedstaat begründet hat und auch keine gemeinsame Staatsangehörigkeit von beiden im Sinne des Art. 2 Abs. 1 lit. b EheVO gegeben ist. In Anbetracht dieses weiten Anwendungsbereichs der Verordnung der dazu führt, dass der Rückgriff auf nationales Zuständigkeitsrecht nur noch in seltenen Fallkonstellationen möglich ist, wurde die Regelung des Art. 8 EheVO auch zutreffend mit „Restzuständigkeiten" überschrieben. Reicht also ein Italiener, der mit einer Deutschen in der Schweiz verheiratet ist, in Italien die Scheidung ein, so steht Art. 7 lit. b EheVO der Durchführung des Verfahrens in Italien entgegen. Ein Verfahren gegen eine Staatsangehörige eines Mitgliedstaates kann nur dann in einem anderen Mitgliedstaat als ihrem Heimatstaat geführt werden, wenn in diesem eine Zuständigkeit nach der EheVO begründet ist. Ein Verfahren in Deutschland, ihrem Heimatstaat, wäre dagegen nach Art. 7 lit. b iVm Art. 8 Abs. 1 EheVO möglich, solange die Ehegatten ihren gewöhnlichen Aufenthalt in der Schweiz behalten[498].

Darüber hinaus schreibt Art. 7 EheVO keinen Vorrang der Zuständigkeitsregeln der Verordnung vor, wenn der Antragsgegner sich in keinem Mitgliedsstaat gewöhnlich aufhält, Drittstaatenangehöriger ist und auch kein domicile in Irland oder dem Vereinigten Königreich hat. Liegt auch kein Forum nach Art. 2 EheVO vor, so lässt Art. 8 Abs. 1 EheVO den Rückgriff auf nationales Eheverfahrensrecht zu. Nach Art. 8 Abs. 2 EheVO kann sich der Antragsteller, der die Staatsangehörigkeit eines Mitgliedstaates besitzt und sich in einem anderen Mitgliedstaat als seinem Heimatstaat gewöhnlich aufhält, auch auf die dort geltenden nationalen Zuständigkeitsvorschriften wie ein Inländer berufen. Fraglich ist allerdings, ob der Antragsteller sich auch dann auf nationales Recht nach Art. 8 Abs. 2 EheVO berufen kann, wenn nach Art. 2 EheVO die gerichtliche Zuständigkeit eines Mitgliedstaates begründet ist. Es fragt sich also, ob durch diese nationalen Vorschriften ein konkurrierendes Forum begründet werden kann, oder ob Art. 8 Abs. 1 EheVO insoweit eine Ausschließlichkeitsregelung trifft. Der Wortlaut des Art. 8 Abs. 1 EheVO ist insoweit eindeutig. Restzuständigkeiten

---

[497] Borrás-Bericht, Rz. 47.
[498] Hausmann, EuLF 2000/01, 271 (279).

nach nationalen Vorschriften bestehen nur dann, wenn kein Gerichtsstand nach der EheVO eröffnet ist[499]. Zwar besteht dadurch die Möglichkeit, dass Antragsgegner geschützt werden, die nach Art. 7 EheVO gerade nicht privilegiert sind, sondern vielmehr Drittstaatenangehörige ohne Aufenthalt innerhalb der Gemeinschaft sind. Doch ist es laut Erwägungsgrund Nr. 8 gerade Ziel der EheVO, den Personenverkehr umfassend zu vereinheitlichen. Wird daher eine Zuständigkeit innerhalb der Gemeinschaft auch nur durch den Aufenthaltsort des Antragsstellers vermittelt, was Art. 2 Abs. 1 lit. a Spgstr. 5 und 6 EheVO ausdrücklich vorsieht, so ist der Rückgriff auf nationales Zuständigkeitsrecht gesperrt[500].

(1.1) Zuständigkeit in Sorgerechtssachen

Art. 3 Abs. 1 EheVO begründet eine Annexkompetenz für Entscheidungen, die die elterliche Verantwortung für gemeinsame Kinder der Ehegatten betreffen zugunsten derjenigen Gerichte des Mitgliedsstaates, die nach Art. 2 EheVO zur Entscheidung in der Ehesache zuständig sind, vorausgesetzt das Kind hat seinen gewöhnlichen Aufenthalt in diesem Mitgliedstaat[501]. Andernfalls besteht eine Zuständigkeit des Gerichtes dieses Mitgliedstaates jedenfalls dann, wenn die besonderen Voraussetzungen des Art. 3 Abs. 2 EheVO erfüllt sind: das Kind hat seinen gewöhnlichen Aufenthalt in einem der Mitgliedstaaten, zumindest einer der Ehegatten besitzt die elterliche Verantwortung für das Kind und die Zuständigkeit dieses Gerichts von den Ehegatten auch bezüglich der Sorgerechtssache anerkannt worden ist und im Einklang mit dem Wohl des Kindes steht.

Fraglich ist dagegen, ob diese Annexkompetenz des Art. 3 Abs. 2 EheVO auch dann begründet ist, wenn sich die Zuständigkeit des Gerichts der Ehesache nicht aus der Zuständigkeitsvorschrift des Art. 2 EheVO ergibt, sondern aus dem nationalen Prozessrecht gemäß Art. 8 Abs. 1 EheVO.

Einer Ansicht[502] nach soll die Annexzuständigkeit nach Art. 3 Abs. 2 EheVO auch dann bestehen, wenn sich die Zuständigkeit des Gerichts der Ehesache nach nationalem Recht als Restzuständigkeit im Sinne des Art. 8 Abs. 1 EheVO ergibt. Dagegen spricht jedoch, dass Art. 3 Abs. 2 EheVO ausdrücklich auf das Gericht des in Abs. 1 genannten Mitgliedsstaates Bezug nimmt, welches seine Zuständigkeit nach Art. 2 EheVO begründet. Besteht dessen internationale Zuständigkeit dagegen gemäß Art. 8 Abs. 1 EheVO nach nationalem Recht, so bestimmt sich auch seine Zuständigkeit hinsichtlich der Entscheidung über die elterliche Verantwortung gemäß Art. 8 Abs. 1 EheVO nach nationalem Recht[503]. Ebenso richtet sich die internationale Zuständigkeit der Gerichte der Mitgliedsstaaten für die Entscheidungen der elterlichen Verantwortung nach nationalem Recht, wenn das Kind in einem Nichtmitgliedstaat lebt[504].

---
[499] Hau, FamRZ 2000, 1333 (1341); Hausmann, EuLF 2000/01, 271 (279); Thomas/Putzo-*Hüßtege*, Art. 8 EheVO Rz. 2-9.
[500] Hau, FamRZ 2000, 1333 (1341); Hausmann, EuLF 2000/01, 271 (279).
[501] Gegen die Einbeziehung von Sorgerechtssachen in die Zuständigkeitsvorschriften des Brüssel-II-Übereinkommens, Pirrung, ZEuP 1999, 834 (846).
[502] So Jayme/Kohler, IPRax 2000, 454 (457).
[503] Hausmann, EuLF 2000/01, 271 (277); Schack, RabelsZ 65 (2001), 629 FN 87; im Ergebnis ebenso Puszkajler, IPRax 2001, 81 (83).
[504] Puszkajler, IPRax 2001, 81 (83).

Art. 37 EheVO regelt das Verhältnis der Annexzuständigkeit nach Art. 3 EheVO zu den Übereinkommen, die entsprechende Regelungen enthalten, wie das Haager Übereinkommen vom 5. Oktober 1961 über die Zuständigkeit der Behörden und das anzuwendende Recht auf dem Gebiet des Schutzes von Minderjährigen (Haager Minderjährigenschutzübereinkommen MSA)[505] und das Haager Übereinkommen vom 19. Oktober 1996 über die Zuständigkeit, das anzuwendende Recht, die Anerkennung, Vollstreckung und Zusammenarbeit auf dem Gebiet der elterlichen Verantwortung und der Maßnahmen zum Schutz von Kindern (Haager Kinderschutzübereinkommen KSÜ)[506]. Letzteres soll das Haager Minderjährigenschutzübereinkommen ersetzen und ist am 01. Januar 2002 in Kraft getreten. Nach Art. 37 EheVO verdrängt diese Anexzuständigkeit im Verhältnis der Mitgliedstaaten zueinander die Regelungen in den genannten Übereinkommen, jedenfalls für die Kinder, die ihren gewöhnlichen Aufenthalt in den Mitgliedstaaten der Gemeinschaft haben. In den übrigen Fällen, in denen die Kinder ihren gewöhnlichen Aufenthalt in einem anderen Vertragsstaat haben, greift das Haager Kindesschutzübereinkommen[507].

Allerdings berührt dieses Übereinkommen nicht die Möglichkeit mehrerer Vertragstaaten, Vereinbarungen zu treffen, die in Bezug auf Kinder mit gewöhnlichem Aufenthalt in einem der Staaten, die Vertragsparteien dieser Vereinbarungen sind, Bestimmungen enthalten, die den Bereich des KSÜ betreffen (Art. 52 Abs. 2 KSÜ). Gemäß Art. 52 Abs. 4 KSÜ gilt dies auch für Einheitsrecht, das auf besonderen Verbindungen regionaler Art zwischen den betroffenen Staaten beruht. Diese Bestimmungen sind zwar nicht im Hinblick auf eine mögliche Kollision mit EG-Recht abgefasst worden, da der Bereich der justiziellen Zusammenarbeit damals noch nicht zur ersten Säule der Gemeinschaftspolitiken gehörte. Nach Ansicht der Kommission können die Rechtsakte der Gemeinschaft allerdings diesen internationalen Vereinbarungen iSd Art. 52 Abs. 2,3 und 4 KSÜ gleichgestellt werden[508].

Daher verstoßen die Mitgliedstaaten der EheVO im Fall einer künftigen Ratifikation des KSÜ auch nicht gegen die ihnen daraus erwachsenen Verpflichtungen. Um Spannungen zu vermeiden, lehnt sich Art. 3 EheVO allerdings weitgehend an die Regelung des Haager Kinderschutzübereinkommens an, so dass es insoweit zu keinen nennenswerten Konflikten kommen wird.

Gegenüber dem Haager Übereinkommen vom 25 Oktober 1980 über die zivilgerichtlichen Aspekte internationaler Kindesentführung[509] besteht dagegen kein Vorrang der EheVO. Gemäß Art. 4 EheVO sind die nach Art. 3 EheVO zuständigen Gerichte der Mitgliedstaaten vielmehr verpflichtet, ihre Zuständigkeit nur in Übereinstimmung mit den Bestimmungen dieses Übereinkommens auszuüben. Das Haager Kindesentführungsübereinkommen und die EheVO greifen diesbezüglich ineinander. Danach können die nach Art. 3 EheVO zuständigen Gerichte zum einen erst dann entscheiden, wenn feststeht, dass das Kind aufgrund des Haager Kindesentführungsübereinkommens nicht an seinen ursprünglichen Aufenthaltsort zurückgebracht werden muss. Zum anderen entfällt ihre Zuständigkeit nach Art. 3 EheVO

---

[505] BGBl. 1971 Teil II 219, abgedruckt bei Jayme/Hausmann, Nr. 54.
[506] Abgedruckt bei Jayme/Hausmann, Nr. 55.
[507] KOM (2001), 680 endg. S. 5.
[508] KOM (2001), 680 endg. S.4.
[509] BGBl. 1990 Teil II 207, abgedruckt bei Jayme/Hausmann, Nr. 222.

nicht schon dadurch, dass das Kind widerrechtlich in ein anderes Land gebracht wird. In solchen Fällen wird der rechtmäßige gewöhnliche Aufenthaltsort als Zuständigkeitskriterium beibehalten[510].

(1.2) Stellungnahme

Hinsichtlich der umfassenden Regelung der gerichtlichen Zuständigkeit im sachlichen Anwendungsbereich der EheVO liegt somit eine abschließende Vereinheitlichung dieser Regelungen vor. Insbesondere die Auswirkungen auch auf Drittstaatenangehörige mit gewöhnlichem Aufenthalt innerhalb der Hoheitsgebiete der Mitgliedstaaten lassen keinen Raum mehr für zukünftige Abkommen der Mitgliedstaaten bezüglich etwaiger Zuständigkeitsregelungen mit Drittstaaten. Die EheVO regelt abschließend, wann die Gerichte der Mitgliedstaaten in den von der Verordnung erfassten Bereichen international zuständig sind.

Zwar bestimmt sich gemäß Art. 8 EheVO in den Fällen, in denen sich aus den Art. 2 bis 6 der Verordnung keine Zuständigkeit eines Gerichts eines Mitgliedstaates ergibt, die internationale Zuständigkeit des Gerichts nach nationalem Zuständigkeitsrecht. Daraus wird zum Teil gefolgert, dass in diesem schmalen Bereich innerhalb der internationalen Zuständigkeiten auch Staatsverträge zwischen den Mitgliedstaaten und Drittstaaten getroffen werden könnten[511]. Der Rückgriff auf Zuständigkeitsvorschriften des nationalen Rechts nach Art. 8 EheVO schließt insofern auch staatsvertragliche Vorschriften mit ein. Bereits geschlossene Verträge der Mitgliedstaaten, die insoweit auch nicht von der EheVO verdrängt werden, finden daher weiterhin Anwendung.

Allerdings steht Art. 8 EheVO einer abschließenden Regelung der internationalen Zuständigkeit in Ehe- und Sorgerechtssachen durch die EheVO nicht entgegen. Art. 8 EheVO eröffnet den Rückgriff auf die nationalen Zuständigkeitsvorschriften nur für einen, wie erläutert[512], sehr schmalen Bereich. Dadurch bestimmt die EheVO auch, inwieweit nationales Zuständigkeitsrecht noch Anwendung findet. Sie regelt den Bereich der internationalen Zuständigkeit der Gerichte innerhalb der Gemeinschaft daher abschließend. Die Vereinbarung mit Drittstaaten, wann im sachlichen Anwendungsbereich der EheVO die Zuständigkeit des Drittstaatengerichts oder eines Gerichts innerhalb der Gemeinschaft gegeben ist, obliegt daher ausschließlich der Gemeinschaft.

Die divergierenden Erklärungen des Rates und des Vereinigten Königreichs bezüglich der Vertragsabschlusskompetenz mit Drittstaaten[513] werden im Zusammenhang mit der Erklärung der Kommission zu Art. 16 EheVO diskutiert. Zunächst bleibt noch die Reichweite der Anerkennungs- und Vollstreckungsregeln der EheVO zu untersuchen.

---

[510] Erwägungsgrund Nr. 13 der Verordnung; Borrás-Bericht, Rz. 40; Hausmann, EuLF 2000/01, 271 (278).
[511] Jayme/Kohler, IPRax 2000, 454; Leible/Staudinger, EuLF 2000/01, 225 (234).
[512] S.o. unter Punkt III.3.b)cc)(1).
[513] Vermerk des Generalsekretariats des Rates der EU vom 22.05.00 (8627/00), abgedruckt in IPRax 2001, 62 f.

(2) Anerkennung und Vollstreckung

Nach Art. 14 Abs. 1 EheVO werden Entscheidungen, die in einem Mitgliedstaat ergangen sind, anerkannt. Es bedarf gemäß Art. 14 Abs. 2 EheVO auch keines besonderen Verfahrens mehr für die Beischreibung in den Personenstandsbüchern. Die Durchführung eines Anerkennungsverfahrens, wie in Deutschland nach Art. 7 § 1 FamRÄndG iVm § 328 ZPO, ist somit nicht mehr erforderlich.

Art. 13 Abs. 1 EheVO legt fest, dass unter einer „Entscheidung" im Sinne der Verordnung jede von einem Gericht eines Mitgliedstaates erlassene Entscheidung über die Ehescheidung, die Trennung ohne Auflösung des Ehebandes oder die Ungültigerklärung einer Ehe sowie jede aus Anlass eines solchen Verfahrens in Ehesachen ergangene Entscheidung über die elterliche Verantwortung der Ehegatten zu verstehen ist, ohne Rücksicht auf die Bezeichnung der jeweiligen Entscheidung, wie Urteil oder Beschluss. Diesen Gerichtsentscheidungen stellt Art. 13 Abs. 3 EheVO darüber hinaus auch die in einem Mitgliedstaat aufgenommenen vollstreckbaren öffentlichen Urkunden sowie die vollstreckbaren gerichtlichen Vergleiche gleich.

Aus dem Erwägungsgrund Nr. 15 der Verordnung, ihrer Entstehungsgeschichte[514] sowie dem Borrás-Bericht zum nahezu inhaltsgleichen Ehe-Übereinkommen[515] ergibt sich jedoch eine Einschränkung dahingehend, dass sich die Anerkennung und Vollstreckung von Entscheidungen in Ehesachen nach der EheVO nur auf stattgebende Entscheidungen aus den Mitgliedstaaten erstreckt.

(2.1) Beschränkung auf stattgebende Entscheidungen

Diese Einschränkung lässt sich zwar nicht eindeutig aus der deutschen Fassung der Verordnung folgern. Sowohl „Entscheidungen über" Ehescheidungen, Ungültigerklärung usw. nach Art. 13 Abs. 1 EheVO als auch „Entscheidungen, die die Ehescheidung betreffen" im Sinne von Art. 15 Abs. 1 EheVO beziehen sich auch auf abweisende Entscheidungen diesbezüglich. Aber aus dem Vergleich mit anderen Fassungen der Verordnung[516] sowie aus der eindeutigen Regelungsabsicht des Verordnungsgebers in den Erwägungsgründen ergibt sich, dass abweisende Entscheidungen, die nicht zu einer Ehescheidung, Trennung ohne Auflösung des Ehebandes oder zu einer Ungültigerklärung der Ehe geführt haben, nicht von der EheVO erfasst werden.

In Bezug auf Entscheidungen über die elterliche Verantwortung im Rahmen des Anwendungsbereichs der EheVO ist dagegen zu bedenken, dass eine positive Entscheidung für den anderen Elternteil als den, zu dessen Gunsten die Entscheidung ausfällt, durchaus auch negative Wirkungen hinsichtlich der elterlichen Verantwortung haben kann – und umgekehrt.

---

[514] In der Stellungnahme für den Ausschuss für die Freiheiten und Rechte der Bürger, Justiz und innere Angelegenheiten war vorgeschlagen worden, den Entscheidungsbegriff auch auf klageabweisende Entscheidungen zu erstrecken, A5-0057/1999 vom 8. November 1999 (Berichterstatter der Stellungnahme Klaus-Heiner-Lehne), S. 26/27 Änderungsantrag Nr. 2 und 6. Dieser Vorschlag wurde jedoch nicht in die Verordnung übernommen.
[515] Rz. 60 des Berichts.
[516] In der englischen Fassung von Art. 13 Abs. 1 EheVO heißt es: „Judgement means a divorce, legal seperation or marriage annulment pronounced by a court…".

Insofern ist die negative Entscheidung natürlich ebenfalls eine Entscheidung im Sinne des Übereinkommens[517].

Ziel der Beschränkung auf stattgebende, statusändernde Entscheidungen in Ehesachen ist es, die Gerichte in einem Mitgliedstaat mit einem liberalen Scheidungsrecht nicht dazu zu verpflichten, eine Entscheidung anzuerkennen, durch die ein nach der EheVO ebenfalls zuständiges Gericht nach dem von ihm zugrunde gelegten strengeren Scheidungsrecht den Scheidungsantrag abgewiesen hat. Wäre das Anerkennungsgericht in einem solchen Fall gehalten, die abweisende Entscheidung anzuerkennen, so könnten Scheidungsgründe weitgehend präkludiert werden und damit nach Anschauung des Anerkennungsstaates die Eheauflösungsfreiheit übermäßig beeinträchtigen[518].

Daraus folgt das weitere Problem, ob auch im Bereich der Anerkennungshindernisse des Art. 15 EheVO, insbesondere nach dessen Abs. 1 lit. c und d, klageabweisende Urteile zu beachten sind. Gemäß Art. 15 Abs. 1 lit. d EheVO gilt im Fall der Konkurrenzen zwischen Entscheidungen aus mehreren Mitgliedstaaten oder einem Mitgliedstaat und einem Drittstaat das Prioritätsprinzip, d.h. die frühere Entscheidung setzt sich durch, sofern diese die notwendigen Voraussetzungen für ihre Anerkennung in dem Mitgliedstaat erfüllt, in dem die Anerkennung beantragt wird. Art. 15 Abs. 1 lit. c EheVO legt demgegenüber fest, dass einer Entscheidung aus dem Anerkennungsstaat unbedingter Vorrang zukommt, auch wenn sie erst nach der anzuerkennenden ausländischen Entscheidung ergangen ist. Da nach Art. 13 Abs. 1 EheVO klageabweisende Entscheidungen aus dem Anwendungsbereich der Verordnung ausgenommen sein sollen, stellt sich die Frage, ob im Rahmen von Art. 15 Abs. 1 lit. c und d EheVO auch klageabweisende Entscheidungen einer Anerkennung entgegenstehen können. Hindert zum Beispiel die rechtskräftige Abweisung eines Scheidungsantrags durch ein deutsches Gericht die Anerkennung eines – früher oder später erlassenen – stattgebenden Scheidungsurteils aus einem anderen Mitgliedstaat?

Die eindeutige Auslegung der Definition des Art. 13 Abs. 1 EheVO, wonach abweisende Entscheidungen generell nicht der EheVO unterfallen, also auch der Begriff „Entscheidung" in Art. 15 EheVO damit übereinstimmend verstanden werden muss, spricht gegen die Bejahung klageabweisender Entscheidungen als Anerkennungshindernis nach der Verordnung. Solche stünden damit der Anerkennung stattgebender Scheidungsurteile nicht entgegen.

Dem wird jedoch entgegen gehalten, dass infolge dieser Übernahme des Entscheidungsbegriffs aus Art. 13 EheVO in Art. 15 EheVO ein „ungehemmter Scheidungstourismus"[519] entstehen würde. Eine abweisende Entscheidung in Staat A würde den Scheidungswilligen nicht daran hindern, in Staat B eine stattgebende Entscheidung zu erlangen, die dann auch in Staat A anerkannt werden müsste, da abweisende Urteile nicht nach Art. 15 EheVO als Anerkennungshindernis entgegenstünden. Damit würde die Kontinuität der Ehe, die in den meisten Fällen auch die Familie betrifft, die dem Schutzauftrag des Staates unterliegt, zugunsten der Freizügigkeit schutzlos gestellt. Vielmehr noch, wer reist, würde belohnt; geför-

---

[517] Borrás-Bericht, Rz. 60.
[518] Hausmann, EuLF 2000/01, 345 (348); kritisch Hau, FamRZ 1999, 484 (487) zum entsprechenden Ehe-Übereinkommen.

dert würde die Zirkulation, nicht die Beständigkeit[520]. Das Interesse des Ehegatten, der an der Ehe festhalten will, würde nicht berücksichtigt.

Teilweise[521] wird der EheVO daher auch eine „ehezerstörende Tendenz" zugesprochen. Selbst wenn der an der Ehe Festhaltende in einem Staat dem Scheidungsantrag erfolgreich entgegengetreten wäre, so könnte ein stattgebendes Urteil eines anderen Mitgliedstaates diesen Erfolg unterlaufen. Das Ziel, Staaten mit liberalem Scheidungsrecht nicht dazu zu verpflichten, klageabweisende Entscheidungen anzuerkennen, solle jedoch nicht dazu führen können, das strengere Scheidungsrecht anderer Staaten mittels der Freizügigkeit vollkommen auszuhöhlen. Ein solcher Eingriff in die nationale Gesetzgebung sei nicht mit dem Binnenmarkt zu rechtfertigen. Der Binnenmarkt funktioniere nicht besser, nur weil man Scheidungen erleichtere[522]. Insofern wird teilweise[523] gefordert, den Entscheidungsbegriff des Art. 13 Abs. 1 EheVO, der abweisende Entscheidungen aus dem Anwendungsbereich der Verordnung ausnimmt, nicht auf Art. 15 Abs. 1 lit. c und d EheVO zu übernehmen. Die dortige Auslegung des Begriffs „Entscheidung" solle nur für die in den Mitgliedstaaten anzuerkennenden ausländischen Entscheidungen gelten, nicht aber auch für die der Anerkennung entgegenstehenden Entscheidungen.

Diese Argumente für ein differenziertes Verständnis des Entscheidungsbegriffs bezüglich Art. 15 Abs. 1 lit. c und d EheVO sind zwar durchaus schwerwiegend und es erscheint in der Tat zweifelhaft, ob eine solche Nichtbeachtung des nationalen Scheidungsrechts wirklich erforderlich für das Funktionieren des Binnenmarktes ist. Insbesondere stellt sich in dieser Hinsicht die Frage nach der Verhältnismäßigkeit der Verordnung. Paradox scheint in diesem Zusammenhang auch, dass die Eheschließung durch die kumulativen Anknüpfungsvoraussetzungen des Art. 13 Abs. 1 EGBGB grundsätzlich erschwert wird, die Ehescheidung durch die EheVO dagegen wesentlich erleichtert wird. Insoweit wird bereits angemerkt[524], dass die Ehe in der EheVO als ein „kollisionsrechtlich unerwünschter Zustand" erscheint. Der Verordnung scheint die Vorstellung zugrunde zu liegen, dass der Ehestatus der freien persönlichen Entfaltung hinderlich ist.

Dennoch sind sowohl der Wortlaut, der nicht zwischen dem Entscheidungsbegriff in Art. 13 und 15 EheVO unterscheidet, als auch die Intention des Verordnungsgebers in den Erwägungsgründen eindeutig[525]. Abweisende Entscheidungen unterliegen nicht der Verordnung – auch nicht als Anerkennungshindernis. Insoweit ist dieser Anwendungsbereich bei der Frage der Ausschließlichkeit der Außenkompetenz der Gemeinschaft aufgrund des Erlasses der EheVO zugrunde zu legen. Nach der Rechtsprechung des EuGH[526] spricht für die Rechtsakte der Gemeinschaft grundsätzlich die Vermutung der Gültigkeit, so dass selbst rechtswidri-

---

[519] Helms, FamRZ 2001, 257 (265); auf diese Konsequenz als „Zirkelschluss" weist auch Geimer in Zöller Art. 13 EheVO Rz 3 hin.
[520] Jayme, IPRax 2000, 165 (167).
[521] Schack, Internationales Zivilverfahrensrecht, § 3 Rz 107.
[522] Schack, Internationales Zivilverfahrensrecht, § 3 Rz 106 b.
[523] Hausmann, EuLF 2000/01, 345 (350); Helms, FamRZ 2001, 257 (265); kritisch auch Hau, FamRZ 1999, 484 (487).
[524] Kohler, NJW 2001, 10 (15); ders., in Mansel, Vergemeinschaftung des Europäischen Kollisionsrechts, S. 47/48; Schack, RabelsZ 65 (2001), 615 (617).
[525] Kohler, NJW 2001, 10 (13).

ge Gemeinschaftsrechtsakte Rechtswirkungen entfalten, solange sie nicht aufgehoben oder zurückgenommen werden. Wenn Bedenken gegen seine Rechtmäßigkeit bestehen, müssen also die vertraglich vorgesehenen Verfahren befolgt werden, vor allem durch Inanspruchnahme der europäischen Gerichtsbarkeit nach Art. 292 ff EGV. Ein schlichtes Ignorieren von gemeinschaftlichen Rechtsakten ist nur in den besonders gelagerten Fällen evidenter und schwerwiegender Fehler zulässig, die jedoch im Hinblick auf die Rechtssicherheit eng verstanden werden[527]. Fragen der richtigen Kompetenzbeurteilung oder der Verhältnismäßigkeit fallen nicht darunter, da aufgrund der Meinungsunterschiede diesbezüglich bereits deutlich wird, dass von Evidenz keine Rede sein kann[528].

Solange die Rechtswidrigkeit der EheVO diesbezüglich nicht festgestellt ist, ist daher der jetzige Anwendungsbereich, der klageabweisende Entscheidungen ausnimmt, zugrunde zu legen.

Insofern wird zum Teil[529] aus dieser Begrenzung auf stattgebende, statusauflösende Entscheidungen geschlussfolgert, dass sich der Anwen-dungsbereich der EheVO auf diese Entscheidungen beschränke. Es sei kein Wille zu einer abschließenden Regelung, die auch abweisende Statusentscheidungen erfasse, erkennbar. Somit könnten die Mitgliedstaaten Abkommen über die Anerkennung klageabweisender Entscheidungen schließen.

Nach anderer Auffassung[530] sollen solche Abkommen hinsichtlich klageabweisender Entscheidungen nicht zulässig sein, da damit die Zielsetzung der Verordnung, die erleichterte Anerkennung von Eheauflösungen, unterlaufen würde. Dies beruht darauf, dass das anzuerkennende abweisende Urteil nach der Vorstellung des Anerkennungsstaats Scheidungsgründe weitgehend präkludieren kann. Insoweit scheide im räumlichen Anwendungsbereich der EheVO auch die Anerkennung und Vollstreckung klageabweisender Eheurteile nach den von der EheVO verdrängten Übereinkommen oder nach dem nationalen Anerkennungsrecht der Mitgliedstaaten aus[531].

Für diese Auffassung spricht insbesondere, dass der Verordnungsgeber abweisende Entscheidungen bewusst aus dem Anwendungsbereich der Verordnung ausgenommen hat, um die Freizügigkeit bezüglich der Eheauflösungsfreiheit zu gewährleisten. Dieser Ausschluss – so zweifelhaft er auch hinsichtlich seiner Erforderlichkeit für das Funktionieren des Binnenmarktes erscheinen mag - ist jedoch so lange hinzunehmen, bis seine Rechtswidrigkeit vom Gerichtshof festgestellt wird. Die Mitgliedstaaten dürfen dieses Ziel der Verordnung nicht durch gegenteilige Abkommen unterlaufen. Nach Art. 10 Satz 2 EGV haben sie alle Maßnahmen zu unterlassen, welche die Verwirklichung der Ziele dieses Vertrages gefährden könnten. Dieses allgemeine Beeinträchtigungsverbot betrifft auch den Bereich der auswärti-

---

[526] EuGH, Slg. 1994, I-2555 Rs C 137/92 P, Tz. 48 – Kommission/BASF.
[527] EuGH, Slg. 1994, I-2555 Rs C 137/92 P, Tz. 49 – Kommission/BASF.
[528] Rohe, EuZW 1997, 491 (492).
[529] Helms, FamRZ 2001, 257 (259 FN 26) der insbesondere auch die englische Fassung des Art. 38 Abs. 1 EheVO, wonach die Übereinkommen für die „matters to which this regulation does not apply", so auslegt, dass eine entsprechende Weitergeltung der Übereinkommen für diese Rechtsfrage möglich ist.
[530] Kohler, NJW 2001, 10 (14), FN. 38.
[531] Gruber, FamRZ 2000, 1129 (1135); Hausmann, EuLF 2000/01, 345 (348).

gen Gewalt der Mitgliedstaaten[532], so dass sowohl Abkommen der Mitgliedstaaten untereinander als auch Abkommen mit Drittstaaten, die die erleichterte Anerkennung und Vollstreckung auch klageabweisender Urteile in Ehesachen beinhalteten, nicht getroffen werden können, ohne dabei geltendes Gemeinschaftsrecht zu verletzen. Aufgrund der bewussten Nichtregelung der Anerkennung und Vollstreckung abweisender Entscheidungen durch die EheVO würden solche Übereinkünfte abweichende Regelungen darstellen, die die Zielsetzung der Verordnung beeinträchtigen. Insofern ist auch von einer abschließenden Regelung diesbezüglich auszugehen. Die Mitgliedstaaten besitzen für die Anerkennung und Vollstreckung abweisender Entscheidungen in Ehesachen im Bereich der EheVO keine Außenkompetenz mehr.

Auch die EheVO beschränkt sich allerdings auf die erleichterte Anerkennung und Vollstreckung von Entscheidungen der mitgliedstaatlichen Gerichte. Entscheidungen aus Drittstaaten sind – wie auch schon hinsichtlich der EuGVO – aus dem Anwendungsbereich ausgenommen.

(2.2) Entscheidungen aus Drittstaaten

In Bezug auf Drittstaaten bestimmt lediglich Art. 16 EheVO, der mit „Übereinkünfte mit Drittstaaten" überschrieben ist, dass ein Gericht eines Mitgliedstaats die Möglichkeit hat, auf der Grundlage einer Übereinkunft über die Anerkennung und Vollstreckung von Entscheidungen eine in einem anderen Mitgliedstaat ergangene Entscheidung nicht anzuerkennen, wenn in Fällen des Art. 8 EheVO die Entscheidung nur auf die, in den Art. 2 bis 7 EheVO nicht genannten, Zuständigkeitskriterien gestützt werden konnte.

Allerdings trifft Art. 16 EheVO keine Aussage darüber, wem die Abschlusskompetenz für diese Abkommen zustehen soll: der Gemeinschaft oder den jeweiligen Mitgliedstaaten? Diese Frage ist nicht nur in der Literatur[533] bislang offen geblieben, auch Rat, Kommission und das Vereinigte Königreich vertreten unterschiedliche Auffassungen:

Eine Erklärung des Rates, die die EheVO betrifft[534], besagt, dass diese Verordnung einen Mitgliedstaat nicht hindert, mit Nicht-Mitgliedstaaten Abkommen, die sich auf denselben Bereich wie diese Verordnung beziehen, zu schließen, sofern das betreffende Abkommen diese Verordnung nicht berührt. Die Mitgliedstaaten verpflichten sich, die Kommission über alle Abkommen zu unterrichten, die sie mit Drittstaaten nach Art. 16 zu schließen beabsichtigen, sowie über die Änderung bzw. Kündigung solcher Abkommen[535].

Der Rat scheint Art. 16 EheVO dahingehend zu verstehen, dass im Bereich der Nichtanerkennung von Entscheidungen aus den Mitgliedstaaten, die nicht auf den Art. 2 - 7 der Ver-

---

[532] EuGH, Slg. 1971, 263 Rs 22/79 Tz. 20/22 – AETR; Slg. 1976, 1279 verb.Rs 3,4 und 6/76 Tz. 44/45 – Kramer.
[533] Jayme/Kohler, IPRax 2000, 454; Kohler, NJW 2001, 10 (14); Leible/Staudinger, EuLF 2000/01, 225 (234); Müko-*Gottwald* geht in Art. 16 EheVO Rz. 2 allerdings ganz selbstverständlich von einer Abschlusskompetenz der Mitgliedstaaten aus.
[534] Einhellige Ansicht, dass die Bezugnahme auf die Insolvenz-VO im Amtsblatt ein Redaktionsversehen ist.
[535] Vermerk des Generalsekretariats des Rates für den AstV/Rat vom 22. Mai 2000 8627/00 LIMITE JUSTCIV 60 Anlage II, abgedruckt in IPRax 2001, 62.

ordnung beruhen, mitgliedstaatliches Tätigwerden nach außen ausdrücklich zulässig ist, da in diesem Bereich auch schon Restzuständigkeiten der Mitgliedstaaten nach nationalem Recht bestehen.

Dieser Ansicht schließt sich auch das Vereinigte Königreich an. In seiner Erklärung zur EheVO [536] weist es darauf hin, dass die Mitgliedstaaten nach Annahme dieser Verordnung imstande sein müssten, bestimmte Abkommen mit Drittstaaten zu schließen. Die erste Kategorie von Abkommen dieses Typs beträfe Abkommen, mit denen die Mitgliedstaaten vereinbaren würden, dass die einzelstaatlichen Gerichte aufgrund der Verordnung nicht dazu verpflichtet werden dürfen, bestimmte Entscheidungen von den Gerichten anderer Mitgliedstaaten anzuerkennen und zu vollstrecken. Dabei würde es sich um Entscheidungen handeln, die sich auf Zuständigkeitskriterien stützten, die nicht in der Verordnung festgelegt sind. Die zweite Kategorie von Abkommen, die mit Drittstaaten abgeschlossen würden, wäre größer und würde alle Abkommen zu Bereichen umfassen, die unter die Verordnung fallen, sofern sie nicht mit deren Durchführung interferieren, d.h. – mit anderen Worten – diese beeinträchtigen. Das Vereinigte Königreich ist der Auffassung, dass eine solche Bedingung ausreichen würde, um die legitimen Interessen der Gemeinschaft zu schützen, und dass, wenn ihr genügt wird, es den Mitgliedstaaten völlig freistehen sollte, solche Abkommen zu schließen. Sie sollten insbesondere das Recht haben, selbständig zu entscheiden, ob sie das Haager Übereinkommen über den Schutz von Kindern von 1996 (KSÜ) ratifizieren oder nicht. Insofern ist das Vereinigte Königreich der Auffassung, dass die Möglichkeit der Mitgliedstaaten, diese Abkommen zu schließen, durch Artikel 16 und durch die Erklärung des Rates geschaffen würde.

Die Kommission dagegen vertritt die Auffassung, dass die Anwendung des Artikels 16 dieser Verordnung nicht im Widerspruch zur Rechtsprechung des Gerichtshofes bezüglich des Abschlusses von Abkommen zwischen den Mitgliedstaaten und Drittstaaten und internationalen Organisationen stehen dürfe. Folglich werde die Kommission unbeschadet der im Vertrag vorgesehenen Zuständigkeiten und Mittel darauf achten, dass die Anwendung der Verordnung im Allgemeinen und im Einzelfall mit der Rechtsprechung des Gerichtshofes und insbesondere der AETR - Rechtsprechung im Einklang stehe[537].

Diese sich widersprechenden Erklärungen der Gemeinschaftsorgane und des Vereinigten Königreichs überraschen insofern nicht, als sie die genau entgegengesetzten Interessen von Gemeinschaft und Mitgliedstaaten im umstrittenen Bereich der Außenkompetenzen widerspiegeln. Der Kommission liegt natürlich daran, der Gemeinschaft eine möglichst umfassende und kohärente Gestaltung auch ihrer Beziehungen nach außen zu ermöglichen. Der Rat, als das Vertretungsorgan der Mitgliedstaaten, ist dagegen an einer Aufrechterhaltung der Außenkompetenz der Mitgliedstaaten, einem Kernbereich staatlicher Souveränität, interessiert.

---

[536] Vermerk des Generalsekretariats des Rates für den AstV/Rat vom 22. Mai 2000 8627/00 LIMITE JUSTCIV 60 Anlage II, abgedruckt in IPRax 2001, 62/63.
[537] Vermerk des Generalsekretariats des Rates für den AstV/Rat vom 22. Mai 2000 8627/00 LIMITE JUSTCIV 60 Anlage II, abgedruckt in IPRax 2001, 62.

Dem Vereinigten Königreich ist dabei entgegenzuhalten, dass der Erklärung des Rates insofern keine rechtliche Verbindlichkeit in dem Sinne zukommen kann, dass dadurch die Außenkompetenz der Mitgliedstaaten aufrechterhalten würde[538]. Diese Frage beantwortet sich allein aus der Systematik der Zuständigkeitsverteilung des EG-Vertrages unter Berücksichtigung der Rechtsprechung des EuGH. Besteht demnach eine ausschließliche Außenkompetenz der Gemeinschaft in dem betroffenen Bereich, zum Beispiel aufgrund einer abschließenden Regelung, so kann diese Ausschließlichkeit nicht durch eine Erklärung des Rates unterlaufen werden.

Bezüglich der Anerkennung und Vollstreckung mitgliedstaatlicher Entscheidungen, soweit sie von der EheVO erfasst sind, liegt jedoch eine abschließende Regelung durch die Gemeinschaft vor. Insoweit kommt ihr für diesen Bereich auch die ausschließliche Zuständigkeit zur Verhandlung mit Drittstaaten zu. Schließt die Gemeinschaft ein solches Übereinkommen, so statuiert Art. 300 Abs. 7 EGV dessen Verbindlichkeit für die Mitgliedstaaten. Diese trifft die gemeinschaftsrechtliche Verpflichtung, völkerrechtliche Verträge der Gemeinschaft zu achten und ordnungsgemäß im innerstaatlichen Raum durchzuführen[539].

Die Pflicht zur Nichtanerkennung mitgliedstaatlicher Entscheidungen gegenüber Drittstaaten, die aufgrund nationaler Zuständigkeitsvorschriften ergangen sind, ergäbe sich daher allerdings aus dem Übereinkommen der Gemeinschaft und nicht aus der Verordnung. Insofern scheint Art. 16 EheVO die Vertragsabschlusskompetenz der Mitgliedstaaten nach außen in diesem Bereich aufrecht zu erhalten.

Dafür spricht auch der Wortlaut des Art. 16 EheVO, der von der *Möglichkeit* eines Gerichts eines Mitgliedstaates zur Nichtanerkennung spricht. Läge die Vertragsabschlusskompetenz bei der Gemeinschaft, so wären alle Mitgliedstaaten im Sinne des Art. 1 Abs. 3 EheVO, mit Ausnahme Dänemarks, durch das entsprechende Abkommen der Gemeinschaft gebunden und somit auch zur Nichtanerkennung verpflichtet. Die bloße Möglichkeit eines Gerichts eines Mitgliedstaates zur Nichtanerkennung bestünde nicht. Art. 16 EheVO ist daher im Sinne der Erklärung des Rates und des Vereinigten Königreichs so auszulegen, dass bezüglich der Anerkennung und Vollstreckung mitgliedstaatlicher Entscheidungen, die nach nationalem Zuständigkeitsrecht ergangen sind, gegenüber Drittstaaten die Mitgliedstaaten verhandlungsbefugt sind.

Insofern besteht auch im Bereich der EheVO, wie bereits bei der EuGVO, eine geteilte Außenzuständigkeit zwischen der Gemeinschaft und den Mitgliedstaaten. Nach der hier vertretenen Auffassung ist hinsichtlich der internationalen Zuständigkeit im Anwendungsbereich der EheVO eine ausschließliche Außenkompetenz der Gemeinschaft gegeben, hinsichtlich der Anerkennung und Vollstreckung dagegen eine konkurrierende Zuständigkeit neben der der Mitgliedstaaten.

Die Beurteilung der vollständigen Harmonisierung eines Gebietes durch einen internen Gemeinschaftsrechtsakt orientiert sich jedoch zugleich an dem konkreten Abkommen, bezüglich dessen Abschluss die Zuständigkeitsverteilung zwischen Gemeinschaft und Mitglied-

---

[538] Heß, JZ 2001, 573 (576).
[539] EuGH, Slg. 1982, 3662 Rs 104/81 Tz. 11 und 13 – Kupferberg.

staaten in Frage steht. Auch der EuGH beschäftigt sich in seinen Gutachten 1/94 und 2/92 nicht mit der Frage, ob im allgemeinen eine ausschließliche Außenkompetenz der Gemeinschaft besteht, sondern lediglich hinsichtlich der Sachgebiete des betreffenden Abkommens[540].

Relevanz kommt dieser geteilten Zuständigkeitsaufteilung durch den Erlass der EuGVO und der EheVO insbesondere im Rahmen der Übereinkommen der Haager Konferenz für Internationales Privatrecht zu.

4. Auswirkung der Außenkompetenz der Gemeinschaft auf die Haager Konferenz für Internationales Privatrecht

Die Haager Konferenz für Internationales Privatrecht wurde im Jahr 1893 gegründet. Gemäß Art. 1 ihrer Satzung aus dem Jahre 1953[541] hat sie die Aufgabe, „an der fortschreitenden Vereinheitlichung der Regeln des Internationalen Privatrechts zu arbeiten". Mit dem Inkrafttreten dieser Satzung im Jahr 1955 ist die Konferenz zu einer ständigen, dauerhaften internationalen Organisation geworden. Bis heute zählt sie 59 Mitglieder, darunter alle Mitgliedstaaten der Europäischen Union. Sie hat insgesamt 35 Konventionen zum Internationalen Privat- und Verfahrensrecht ausgearbeitet, zur Ratifizierung aufgelegt und die Anwendung der in Kraft getretenen Übereinkommen in Spezialkonferenzen erörtert und kritisch begleitet[542].

Die Arbeitsweise der Konferenz gestaltet sich dabei wie folgt[543]: Nach Art. 3 der Satzung der Konferenz wird der Fortgang der Konferenz durch die Niederländische Staatskommission zur Förderung der Kodifizierung des Internationalen Privatrechts sichergestellt. Diese Kommission prüft alle Vorschläge mit denen sich die Konferenz beschäftigen soll und entscheidet frei darüber was aufgrund dieser Vorschläge zu veranlassen ist. Insbesondere setzt sie nach Befragung der Mitglieder den Zeitpunkt und die Tagesordnung der jeweiligen Tagungen fest. Nach Art. 5 der Satzung leitet sie diesbezüglich das mit Sitz in Den Haag eingerichtete Ständige Büro der Konferenz, das die Tagungen im einzelnen vorbereitet und organisiert. Dieses Büro ist international besetzt, wird von den Mitgliedstaaten der Konferenz finanziert und verkehrt unmittelbar mit den von den Mitgliedstaaten nominierten Organen, in Deutschland mit dem/der BundesministerIn der Justiz. Jede Sitzung der Konferenz wird von Sonderausschüssen vorbereitet, die von der Konferenz oder der Staatskommission eingesetzt werden. Diese erarbeiten einen ersten Übereinkommensentwurf, zu dem die Stellungnahmen der Mitgliedsstaaten eingeholt werden. Auf der Sitzung selbst werden mehrere Kommissionen aus den Delegationen der Mitgliedstaaten gebildet, die diesen Entwurf überarbeiten. Verabschiedet wird der endgültige Übereinkommensentwurf dann auf einer abschließenden Vollsitzung. Dabei hat jeder Mitgliedstaat eine Stimme. Entscheidend ist die Mehrheit der abgegebenen Stimmen der in der Sitzung anwesenden Mitgliedstaaten.

---

[540] EuGH, Slg. 1994, I-5267, Tz. 95 – 98, Gutachten 1/94; Slg. 1995, I-521, Tz. 34/35, Gutachten 2/92.
[541] BGBl. 1959 Teil II 981 (982).
[542] Infosheet of the Hague Conference unter www.hcch.net/e/infosheet.html.; Siehr, § 48 S. 422.
[543] S. vorherige FN; zur Arbeitsweise der Konferenz auch Kropholler, Internationales Einheitsrecht, § 4 III, S. 61/62.

Durch den Erlass der EuGVVO und den diesbezüglichen Kompetenzzuwachs der Gemeinschaft nach außen stellt sich ganz aktuell die Frage, wem die Verhandlungskompetenz zur Ausarbeitung des weltweiten Haager Übereinkommens über die gerichtliche Zuständigkeit und ausländische Entscheidungen in Zivil- und Handelssachen zukommt und wie sich diese realisieren lässt. Zuerst soll jedoch kurz die Entwicklung dieses Übereinkommens dargestellt werden.

a) Das weltweite Haager Zuständigkeits- und Vollstreckungsübereinkommen

Bereits im Februar 1971 verabschiedete die Konferenz das Haager Übereinkommen über die Anerkennung und Vollstreckung von Urteilen in Zivil- und Handelssachen[544]. Im Gegensatz zum Brüsseler EuGVÜ handelt es sich dabei jedoch nicht um eine *convention double*, die sowohl die direkte als auch die indirekte Zuständigkeit erfasst. Das Haager Übereinkommen von 1971 regelt lediglich die Anerkennungszuständigkeit. Bisher ist es auch nur von den Niederlanden und Zypern im Jahre 1979 und von Portugal im Jahre 1983 ratifiziert worden. Grund für die geringe Akzeptanz des Übereinkommens war hauptsächlich, dass das EuGVÜ im Jahre 1973 für die damaligen Mitgliedstaaten der Gemeinschaft ungefähr zeitgleich in Kraft getreten ist und auch gegenüber den damaligen EFTA-Staaten als Grundlage für das Luganer-Übereinkommen Modellcharakter entwickelt hat. Das Interesse dieser europäischen Staaten galt somit diesen Übereinkommen. Sie konzentrierten sich damit vorrangig auf die innereuropäische Urteilsanerkennung[545].

Nachdem aufgrund der ungünstigen Behandlung von Drittstaatenangehörigen infolge der Regelungen der Art. 4 Abs. 1 iVm Art. 3 Abs. 2 EuGVÜ insbesondere die USA Kritik an den europäischen Übereinkommen übten, äußerten diese im Jahr 1992 Interesse an der Ausarbeitung eines neuen weltweiten Anerkennungs- und Vollstreckungsübereinkommens[546]. Es sollten vor allem die Anerkennung und Vollstreckung amerikanischer Entscheidungen im Ausland gefördert werden. Von europäischer Seite wurde darüber hinaus auch die Vereinheitlichung der direkten internationalen Zuständigkeit angestrebt[547]. Die Arbeiten an dem Projekt haben sich jedoch vor allem wegen der großen Unterschiede in den verschiedenen Rechtssystemen in die Länge gezogen. Im Oktober 1999 verabschiedete die Spezialkommission einen vorläufigen Entwurf des weltweiten Übereinkommens[548].

Insbesondere im Bereich der Entscheidungszuständigkeit konnte man sich wegen der Rechtsunterschiede nur auf eine begrenzte Zahl vereinheitlichter Gerichtsstände einigen. Im Übrigen sind die Entscheidungszuständigkeiten dem nationalen Recht überlassen. Insofern handelt es sich bei dem Entwurf von 1999 um eine *convention mixte*. Während die Europäer dem Entwurfsvorschlag weitgehend positiv gegenüberstanden, weil er sich relativ eng am EuGVÜ ausrichtete, übten Delegationen anderer Länder Kritik. Mit Brief an den Generalsekretär der Konferenz äußerten nicht nur die USA umfassende Bedenken gegen den Entwurf

---

[544] www.hcch.net/e/conventions/menu16e.html.
[545] Coester-Waltjen, RabelsZ 57 (1993), 263 (288); Juenger GS Lüderitz, S. 330.
[546] Kritisch hinsichtlich des Nutzens eines solchen weltweiten Übereinkommens: Juenger, GS Lüderitz, S. 329 ff.
[547] Wagner, IPRax 2001, 533 (535).
[548] http://www.hcch.net/e/conventions/draft36e.html.

und den Zeitplan der Konferenz, die nächste Regierungskonferenz bereits im Herbst 2000 durchzuführen. Auch Australien, die Volksrepublik China, die Republik Korea und Japan befürworteten eine Verschiebung der Konferenz[549]. Aufgrund dieser Kontroversen wurde die 19. diplomatische Sitzungsperiode vom Herbst 2000 auf den 6. bis 22. Juni 2001 und auf das Jahr 2002 vertagt.

Gleichzeitig einigte man sich darauf, den ersten Teil der Konferenz im Juni 2001 nicht wie üblich aufgrund von Abstimmungen nach dem Mehrheitsprinzip, sondern aufgrund des Konsensprinzips abzuhalten. Dadurch wird zugleich das Problem der etwaigen Verhandlungszuständigkeit der Gemeinschaft im Rahmen der Konferenz neben der der Mitgliedstaaten umgangen. Das System „ein Staat, eine Stimme" wird nämlich bei einer etwaigen Beteiligung sowohl der Gemeinschaft als auch der Mitgliedstaaten in Frage gestellt[550].

Trotz dieser Einigungen und der Verhandlungen auf der diplomatischen Sitzung im Juni 2001 sind die Verhandlungen im Herbst 2001 ins Stocken geraten. Es wird mittlerweile nicht ausgeschlossen, dass die USA sich an einer künftigen Konvention nicht mehr beteiligen[551]. Teilweise[552] wird dieses Scheitern der Aushandlung eines weltweiten Zuständigkeits- und Vollstreckungsübereinkommens in Den Haag befürwortet. Würde das Übereinkommen mit Rücksicht auf die USA als eine Kompromisslösung mit weiten Graubereichen verabschiedet, so bestünde die nicht unwahrscheinliche Gefahr, dass die USA ein solches Abkommen dennoch aufgrund der dadurch drohenden Änderungen ihres Zivilverfahrensrechts nicht ratifizierten, so dass die anderen Vertragsstaaten letztlich nur einen „von den USA geschmiedeten Klotz am Bein hätten"[553].

aa) Inhalt des Übereinkommensentwurfs

Der Entwurf des Übereinkommens, der im ersten Teil der diplomatischen Konferenz im Juni 2001 erarbeitet wurde[554], umfasst in seinem sachlichen Anwendungsbereich, wie die EuGVO, grundsätzlich alle Zivil- und Handelssachen mit einem Katalog von Ausnahmen. Nicht erfasst sind grundsätzlich steuer-, zoll und verwaltungsrechtliche Angelegenheiten. Darüber hinaus sind nach Art. 1 Abs. 2 des Entwurfs insbesondere familien-, erb- und unterhaltsrechtliche Streitigkeiten, seerechtliche Angelegenheiten, die soziale Sicherheit, Insolvenz- und Vergleichsverhandlungen sowie die Schiedsgerichtsbarkeit vom Anwendungsbereich des Übereinkommens ausgenommen.

Der räumliche Anwendungsbereich der Zuständigkeitsregeln des Übereinkommens ist in Art. 2 des Entwurfs festgelegt. Danach haben die Gerichte der Vertragsstaaten diese Zuständigkeitsregeln grundsätzlich nur dann anzuwenden, wenn nicht beide Parteien ihren gewöhnlichen Aufenthalt in diesem Gerichtsstaat haben. Das Übereinkommen beinhaltet dabei drei

---

[549] v Mehren, IPRax 2000, 465.
[550] Basedow, FS Lorenz, S. 477; van Loon, in Baur/Mansel, S. 193 (194); s. auch unten Punkt unter III.4.b).
[551] IPRax 2002, Heft 2 S. VII neueste Informationen.
[552] Schack, Internationales Zivilverfahrensrecht, § 3 Rz 111b.
[553] Schack, Internationales Zivilverfahrensrecht, § 3 Rz 111b.
[554] Summary of the Outcome of the Discussion in Commission II of the First Part of the Diplomatic Conference 6 – 20 June 2001, Interim Text, abrufbar unter www.hcch.net/doc/jdgm2001draft_e.doc.

Arten von Zuständigkeiten, die unterschiedliche Auswirkungen auf die Anerkennung und Vollstreckung haben[555]:

In der „weißen Liste" befinden sich vereinheitlichte Regeln über die internationale Zuständigkeit. Entscheidungen eines Gerichts eines Vertragsstaates, die aufgrund einer solchen vereinheitlichten Zuständigkeit ergangen sind, werden gem. Art. 25 Abs. 1 des Entwurfs unter den Voraussetzungen des Übereinkommens anerkannt und vollstreckt. Dagegen sind bestimmte nationale Zuständigkeitsregeln, die internationalen Standards widersprechen, im Anwendungsbereich des Übereinkommens nach Art. 18 des Entwurfs als Zuständigkeiten der „schwarzen Liste" verboten. Auf der Grundlage einer solchen Zuständigkeit ergangene Entscheidungen werden auch gemäß Art. 26 des Entwurfs in anderen Vertragsstaaten nicht anerkannt oder vollstreckt. Dazwischen liegt die vom Übereinkommen nicht geregelte „Grauzone", der sogenannte „graue Bereich", innerhalb dessen die Vertragsstaaten nach Art. 17 des Entwurfs die Zuständigkeit ihrer Gerichte autonom bestimmen können. Ergeht eine Entscheidung aufgrund einer solchen zulässigen nationalen Zuständigkeitsregel, so ist die Anerkennung und Vollstreckung nicht grundsätzlich ausgeschlossen. Sie richtet sich allerdings gemäß Art. 24 des Entwurfs nicht nach den Regeln des Übereinkommens, sondern ebenfalls nach dem nationalen Recht. Diese durchaus flexible Lösung, die den Vertragsstaaten den Spielraum zur Entwicklung weiterer Zuständigkeiten belässt, hinsichtlich derer bislang noch keine Einigung erzielt werden konnte, darf jedoch nicht als bequeme Möglichkeit für „faule Kompromisse"[556] missbraucht werden. Der praktische Wert des Übereinkommens sinkt in dem Maße, wie seine Grauzone wächst.

Im Bereich der „weißen Liste" werden die direkten Zuständigkeiten der Gerichte der Vertragsstaaten festgelegt. Neben dem allgemeinen Beklagtengerichtsstand (Art. 3 des Entwurfs) werden auch besondere Gerichtsstände, wie der Vertragsgerichtsstand (Art. 6 des Entwurfs), der Gerichtstand für Verbraucherverträge (Art. 7 des Entwurfs), der Gerichtstand für Einzelarbeitsverträge (Art. 8 des Entwurfs) oder der Deliktsgerichtsstand (Art. 10 des Entwurfs) vereinheitlicht. Des Weiteren enthält der Entwurf in diesem Bereich der Zuständigkeitsvorschriften Regelungen über die ausschließliche Zuständigkeit der Gerichte nach dem Übereinkommen (Art. 12 des Entwurfs), worunter auch die Zuständigkeiten für Immaterialgüterrechte fallen, sowie Vorschriften über die Zuständigkeit kraft Gerichtsstandsvereinbarung (Art. 4 des Entwurfs) und über das Recht des Beklagten, die Zuständigkeit des Gerichts zu bestreiten (Art. 5 des Entwurfs).

Im Bereich der Anerkennung und Vollstreckung von Entscheidungen trifft das Übereinkommen nur Regelungen über die Anerkennung und Vollstreckung von Entscheidungen, die aufgrund dieser vereinheitlichten Zuständigkeiten der „weißen Liste" ergangen sind. Entscheidungen, die trotz des Verbots in Art. 18 des Entwurfs auf einer „schwarzen Zuständigkeit" beruhen, werden nach Art. 26 des Entwurfs nicht anerkannt und solche aus dem Bereich der „grauen Liste" werden nach nationalem Recht anerkannt und vollstreckt.

Ungeklärt ist das Verhältnis des Übereinkommens zu anderen Rechtsakten mit allgemeinen Vorschriften zur Zuständigkeit, Anerkennung und Vollstreckung, wie zum Beispiel dem Lu-

---

[555] S. Nachweis bei Wagner IPRax 2001, 533 (537).
[556] Schack, ZEuP 1993, 306 (332).

ganer-Übereinkommen oder der EuGVO. Eine Schwierigkeit der Abgrenzung besteht insbesondere darin, dass das Übereinkommen und diese anderen „allgemeinen" Rechtsinstrumente unterschiedliche Anwendungsvoraussetzungen statuieren. So ist die EuGVO anwendbar, wenn der Beklagte seinen Wohnsitz innerhalb eines Gemeinschaftsmitgliedstaates hat. Das Übereinkommen dagegen verlangt in Art. 2 des Entwurfs, dass Kläger und Beklagter ihren gewöhnlichen Aufenthaltsort nicht beide im Gerichtsstaat haben.

Angesichts dieser Problematik bei der Angrenzung wurde keine abschließende Entscheidung bezüglich des Verhältnisses zu anderen Übereinkommen getroffen. Vielmehr enthält Anhang I des Entwurfs vier Vorschläge:

Der erste Vorschlag räumt dabei den allgemeinen Rechtsinstrumenten absoluten Vorrang ein. Diese Regelung benachteiligt allerdings die Vertragsstaaten des Übereinkommens, die nicht durch den betreffenden allgemeinen Rechtsakt gebunden sind. Insbesondere im Bereich der EuGVO ergeben sich Bezüge zu Drittstaaten, die die Anwendbarkeit der EuGVO nicht verhindern, so dass diese Drittstaaten insofern den Wirkungen der EuGVO unterliegen, obwohl für sie das Übereinkommen günstiger wäre[557].

Der zweite Vorschlag enthält dagegen ausdifferenzierte Abgrenzungsregeln betreffend das Verhältnis des Übereinkommens zum EuGVÜ, dem LugÜ und der EuGVO, die deren Anwendungsbereich zugunsten des Übereinkommens leicht einschränken.

Der dritte Vorschlag bezieht sich nur auf die Abgrenzung im Bereich der Anerkennung und Vollstreckung. Entscheidungen aus anderen Vertragstaaten des Übereinkommens, die auf Zuständigkeitsvorschriften eines allgemeinen Rechtsinstruments beruhen, an das auch der Anerkennungsstaat gebunden ist, werden nach den Regeln des Übereinkommens anerkannt und vollstreckt. Etwas anderes gilt lediglich dann, wenn der Anerkennungs- und Vollstreckungsstaat eine gegenteilige Erklärung abgegeben hat.

Der vierte Vorschlag betrifft schließlich den räumlichen Anwendungsbereich des Übereinkommens. Dessen Zuständigkeitsregeln sollen von vornherein auch dann nicht anwendbar sein, wenn Kläger und Beklagter ihren gewöhnlichen Aufenthaltsort beide im gleichen Staat haben, für den ein allgemeines Rechtsinstrument in Kraft ist.

Die Regelungsbereiche des Haager Gerichtsstands- und Vollstreckungsübereinkommens sind mit denen der EuGVO in großen Teilen deckungsgleich. Da, wie erläutert, nach vorliegender Auffassung die Außenzuständigkeit im Bereich der Anerkennung und Vollstreckung von Entscheidungen nach der EuGVO zwischen den Mitgliedstaaten und der Gemeinschaft geteilt ist, steht ihnen insofern auch eine geteilte Verhandlungskompetenz im Rahmen der Haager Konferenz bei der Ausarbeitung dieses weltweiten Vollstreckungsübereinkommens zu.

Fraglich ist lediglich, wie diese geteilte Verhandlungskompetenz zu koordinieren ist. Diese Frage bleibt auch trotz der bestehenden Gefahr des Austritts der USA aus den Verhandlungen relevant. Solange die Ausarbeitung nicht generell abgebrochen wird, bleibt fraglich, wie die Gemeinschaft an den Verhandlungen beteiligt wird.

---

[557] Wagner, IPRax 2001, 533 (546).

bb) Zusammenarbeit zwischen den Mitgliedstaaten und der Gemeinschaft bei der Ausarbeitung des Übereinkommens

Bezüglich der Verhandlungen zum WTO – Abkommen hat der EuGH in seinem Gutachten 1/94 betont, dass eine enge Zusammenarbeit zwischen den Mitgliedstaaten und den Gemeinschaftsorganen sowohl bei der Aushandlung und dem Abschluss eines Übereinkommens als auch bei dessen Durchführung sicherzustellen sei, wenn sein Gegenstand teils in die Zuständigkeit der Gemeinschaft, teils in diejenige der Mitgliedstaaten falle. Diese Pflicht zur Zusammenarbeit ergebe sich dabei aus der Notwendigkeit zu einer geschlossenen völkerrechtlichen Vertretung der Gemeinschaft[558].

Diese Forderung nach Zusammenarbeit durch den Gerichtshof ist allerdings auf Kritik gestoßen:

(1) Kritik an der Pflicht zur Zusammenarbeit

Teilweise[559] wird diese geschlossene völkerrechtliche Vertretung der Gemeinschaft im Rahmen der engen Zusammenarbeit als Umweg bezeichnet, denn das gleiche Ergebnis ließe sich viel einfacher durch Kompetenzzuweisung an die Gemeinschaftsorgane im konkreten Fall erreichen. Auch die Kommission[560] hat hinsichtlich des WTO-Abkommens auf die Schwierigkeiten hingewiesen, die sich bei der Durchführung des Abkommens aus der Anerkennung einer geteilten Zuständigkeit der Gemeinschaft und der Mitgliedstaaten zum Abschluss des Abkommens ergäben. Die Mitgliedstaaten würden unweigerlich verlangen, sich im Rahmen der Verhandlungen individuell zu den in ihre Zuständigkeit fallenden Fragen zu äußern, wenn ein Konsens nicht erzielt werden könne. Zudem würde es endlose Diskussionen darüber geben, ob eine bestimmte Frage in die Zuständigkeit der Gemeinschaft fiele oder in die Zuständigkeit der Mitgliedstaaten. Ersteres würde zur Anwendung der entsprechenden, vertraglich vorgesehenen gemeinschaftlichen Mechanismen führen, während eine Zuständigkeit der Mitgliedstaaten die Anwendung des Konsensprinzips nach sich ziehen würde. Das einheitliche Auftreten der Gemeinschaft nach außen würde dadurch untergraben und ihre Verhandlungsmacht erheblich geschwächt.

Dem ist jedoch entgegenzuhalten, dass, worauf der EuGH selbst in seinem Gutachten 1/94 hingewiesen hat, die Nützlichkeit bzw. Einfachheit gerade im Hinblick auf den sensiblen Bereich der Außenkompetenzen der Mitgliedstaaten nicht ausschlaggebend sein kann: „Als Antwort auf diese völlig legitime Besorgnis [der Kommission] ist zunächst hervorzuheben, daß die Schwierigkeiten, die bei der Durchführung des WTO - Abkommens und seiner Anhänge hinsichtlich der notwendigen Koordinierung zur Sicherstellung des einheitlichen Auftretens im Falle der gemeinsamen Teilnahme der Gemeinschaft und der Mitgliedstaaten auftreten würden, die Beantwortung der Zuständigkeitsfrage nicht ändern können. ... Wie der Rat betont hat, kann das Problem der Verteilung der Zuständigkeit nicht nach Maßgabe eventueller Schwierigkeiten geregelt werden, die bei der Durchführung auftreten können"[561].

---

[558] EuGH, Slg. 1994 I-5267 Tz. 108 - Gutachten 1/94; so auch schon in Slg. 1993 I-1061 Tz. 12 und 36 – Gutachten 2/91.
[559] Gilsdorf, EuR 1996, 145 (158).
[560] EuGH, Slg. 1994 I-5267 Tz. 106 – Gutachten 1/94.
[561] EuGH, Slg. 1994 I-5267 Tz. 107 - Gutachten 1/94.

Auch in diesem Zusammenhang ist, wie bereits erläutert[562], zu berücksichtigen, dass die Gemeinschaft inzwischen einen Stand erreicht hat, bei dem es nicht mehr um die Ausweitung ihrer Befugnisse unter gleichzeitiger Einschränkung des Einflusses der Mitgliedstaaten geht. Vielmehr steht mittlerweile eine angemessene Kompetenzverteilung zwischen Gemeinschaft und Mitgliedstaaten und deren Zusammenwirken im Vordergrund. Diese Entwicklung verdeutlicht zum Beispiel auch die Verankerung des Subsidiaritätsprinzips durch den Vertrag von Maastricht.

Allerdings stellt sich die Frage, wie diese Zusammenarbeit zwischen der Gemeinschaft und den Mitgliedstaaten rechtlich konkretisiert und notfalls erzwungen werden kann.

(2) Grundlage der Zusammenarbeit

Nach Meinung des Rates sowie der EG-Mitgliedstaaten Frankreich, den Niederlanden, Spanien, Griechenland und Vereinigtes Königreich[563] könnte dies durch die Einhaltung des in Art. C Abs. 2 a.F. (Art. 3 Abs. 2 EUV n.F.) niedergelegten Grundsatzes der Kohärenz der außenpolitischen Maßnahmen der Union, des Art. 5 EGV a.F. (Art. 10 EGV n.F.) und der vom Gerichtshof im Gutachten 2/91 aufgestellten Voraussetzungen erfolgen.

Teilweise[564] wird diesbezüglich angeführt, das Kohärenzgebot des Art. C EUV a.F. (Art. 3 EUV n.F.) sei nicht ausreichend, um eine Verpflichtung zur Zusammenarbeit zu begründen, da dieser Grundsatz außerhalb des EG-Vertrages liege und somit nur schwer durchsetzbar sei. Diese Auffassung wird dadurch gestützt, dass der Unionsvertrag als völkerrechtlicher Vertrag zwischen seinen Unterzeichnerstaaten Verpflichtungen nur zwischen diesen begründet. Die Gemeinschaft als solche hat den EU-Vertrag jedoch nicht unterzeichnet.

Nach anderer Auffassung[565] ist dagegen das Kohärenzgebot des Unionsvertrages als ungeschriebener Bestandteil des Gemeinschaftsrechts anzusehen. Die Bindung der Gemeinschaft an dieses Gebot des Unionsvertrags lasse sich bereits daraus erschließen, dass Art. 3 Abs. 2 EUV sowohl den Rat als auch die Kommission „jeweils in ihrem Zuständigkeitsbereich" für die Kohärenz der betreffenden Maßnahmen verantwortlich macht. Damit könne nur die Kommission als Organ der Gemeinschaft gemeint sein, denn eigenständige Zuständigkeitsbereiche habe diese nur innerhalb der Gemeinschaftsverträge. Sofern der Unionsvertrag somit eindeutig ein EG-Organ in die Pflicht nehme, binde er damit allerdings auch die Gemeinschaft, da der Organverpflichtung des Organs, das für seinen Verband handelt, die Verbandsverpflichtung notwendig vorausgehen müsse. Adressat des Kohärenzgebots des Unionsvertrages sei daher auch die Gemeinschaft. Dieses Verständnis entspreche auch Sinn und Zweck des Kohärenzgebotes. Dessen Funktion, vor allem die Vermeidung widersprüchlichen Handelns, würde unterlaufen, wenn die Gemeinschaft nicht an das Kohärenzgebot des Unionsvertrages gebunden wäre und nicht verpflichtet wäre, auf die Kohärenz ihrer Maßnahmen mit den Entscheidungen in den beiden anderen Säulen zu achten. Diese Bindung an das Kohärenzgebot beziehe sich dabei auch auf die äußere Kohärenz, das gemeinsame Auftreten der Gemeinschaft und der Mitgliedstaaten gegenüber Drittstaaten.

---

[562] S.o. unter Punkt III.3.a)cc)2.2.
[563] EuGH, Slg. 1994 I-5267 (5347 - 5349) – Gutachten 1/94.
[564] Gilsdorf, EuR 1996, 145 (159); Nakanishi, S. 168; ed. Comments, CML Rev. 1995, 385 (388/389).

Der EuGH begründet die Pflicht zur Zusammenarbeit zwischen Mitgliedstaaten und Gemeinschaft dagegen lediglich mit der Notwendigkeit einer geschlossenen völkerrechtlichen Vertretung der Gemeinschaft, ohne Art. 10 EGV oder Art. C EUV a.F. (Art. 3 EUV n.F.) zu zitieren. Er verweist in seinem Gutachten 1/94 jedoch auf sein früheres Gutachten 2/91 und seinen Beschluss 1/78[566]. In letzterem wird die Pflicht zur Zusammenarbeit auf Art. 192 EAGV gestützt, der Art. 10 EGV entspricht. In seinem Gutachten 2/91 legte der Gerichtshof dann fest, dass die Pflicht zur Zusammenarbeit im Rahmen der EAG auf den Bereich der EG übertragbar ist[567]. Damit hat er mittelbar für die Zusammenarbeit von Mitgliedstaaten und Gemeinschaft auf Art. 10 EGV als Rechtsgrundlage Bezug genommen[568].

Im Rahmen der Zusammenarbeit von Gemeinschaft und Mitgliedstaaten im Rahmen der Konferenz stellt sich darüber hinaus die Frage, nach der Mitgliedschaft der Gemeinschaft in dieser internationalen Organisation: Ist eine solche Mitgliedschaft überhaupt möglich? Ist sie notwendige Voraussetzung, um eine Zusammenarbeit von Gemeinschaft und Mitgliedstaaten zu garantieren?

cc) Mitgliedschaft der Gemeinschaft in der Haager Konferenz für Internationales Privatrecht

Im Hinblick auf die geteilte Zuständigkeit von Gemeinschaft und Mitgliedstaaten zur Ausarbeitung des Haager Gerichtsstands- und Vollstreckungsübereinkommens und die daraus resultierende Pflicht zur Zusammenarbeit bleibt zu beachten, dass gemäß Art. 2 der Satzung der Haager Konferenz[569] nur Staaten Mitglieder der Konferenz sein können und folglich auch nur Staaten an den Verhandlungen zur Ausarbeitung der Übereinkommen im Rahmen der Konferenz teilnehmen können. Daher sieht auch Art. 42 des Entwurfs sowohl in seiner Alternative A als auch in seiner Alternative B die Möglichkeit der Ratifikation und des Beitritts zum Haager Zuständigkeits- und Vollstreckungsübereinkommen nur für Staaten vor[570].

Insbesondere aufgrund der Tatsache, dass bei Verabschiedung der EuGVO die Verhandlungen für das Haager Übereinkommen bereits seit langem durch die Mitgliedstaaten geführt wurden, waren es daher die Mitgliedstaaten alleine, ohne mitgliedschaftliche Beteiligung der Gemeinschaft, die auf der diplomatischen Sitzung im Juni 2001 an den Verhandlungen teilnahmen. Gegenüber den Verhandlungspartnern bestand ein Vertrauen dahingehend, dass jeder EG- Mitgliedstaat selbständig verhandeln würde.

Insofern war die Situation vergleichbar mit derjenigen, die dem AETR-Urteil des EuGH zugrunde lag[571]. Dort hatte der Gerichtshof zwar eine ausschließliche Kompetenz der Gemeinschaft zum Abschluss des Verkehrsübereinkommens bejaht, jedoch zugleich betont,

---

[565] Callies/Ruffert-*Blanke*, Art. 3 EUV Rz 16; Pechstein/Koenig, Kap. 2 Rz 107.
[566] EuGH, Slg. 1978, 2151 Tz. 33.
[567] EuGH, Slg. 1993, I-1061 Tz. 36 – Gutachten 2/91.
[568] Nakanishi, S. 169; im Ergebnis ebenso: Callies/Ruffert-*Kahl*, Art. 10 EGV Rz 39, wonach die „dogmatischen Wurzeln" der Zusammenarbeit primär in Art. 10 EGV zu suchen sind.
[569] BGBl. 1959 Teil II, 981 (982).
[570] Allerdings wird in FN 189 des Entwurfs auf S. 29 darauf hingewiesen, dass gefordert wurde, über Methoden nachzudenken, die es der Gemeinschaft ermöglichen, Vertragspartei des Übereinkommens zu werden.
[571] EuGH, Slg. 1971, 263 Rs. 22/70 Tz. 81/90 – Kommission/Rat – AETR.

dass diese Kompetenzverteilung nur für solche Übereinkommensverhandlungen von Bedeutung sein könne, die eingeleitet wurden, nachdem die Zuständigkeit auf die Gemeinschaft übergegangen sei. Für die Verhandlungen zum Verkehrsübereinkommen war jedoch kennzeichnend, dass ihr Beginn und ein beachtlicher Teil ihrer Arbeiten vor dem Übergang der Vertragsschlusskompetenz auf die Gemeinschaft lagen. Wären die beteiligten dritten Staaten in diesem Verhandlungsstadium mit der neuen Zuständigkeit der Gemeinschaft konfrontiert worden, so hätte dies möglicherweise den Erfolg der Verhandlungen gefährden können. Insofern waren es die Mitgliedstaaten in Koordination mit den Gemeinschaftsorganen, die die Verhandlungen, trotz des ausschließlichen Kompetenzübergangs auf die Gemeinschaft, fortsetzten und das Abkommen gemeinsam abschlossen.

Allerdings ist diese Situation nicht völlig identisch mit der jetzigen Verhandlungssituation zum Haager Zuständigkeits- und Vollstreckungsübereinkommen. Zum einen wurde der Entwurf von 1999 auf der ersten Sitzung im Juni 2001 vollständig neu verhandelt. Dies geschah zu einem Zeitpunkt, zu dem die EuGVO zwar noch nicht in Kraft getreten aber bereits erlassen war, die Gemeinschaftsorgane also bereits den Willen zum Kompetenzübergang und zur einheitlichen gemeinschaftlichen Regelung zum Ausdruck gebracht hatten. Aufgrund dieser Neuverhandlungen kann nicht, wie bei dem AETR-Übereinkommen, davon gesprochen werden, dass ein Großteil der Arbeiten bereits vor dem Kompetenzübergang auf die Gemeinschaft stattgefunden hat, was im Fall des AETR-Übereinkommens rechtfertigte, die Mitgliedstaaten auch den Rest der Ausarbeitungen verhandeln zu lassen.

Zum anderen besteht hinsichtlich des vorliegenden Haager Übereinkommens nach der hier vertretenen Auffassung keine ausschließliche Gemeinschaftszuständigkeit für alle Bereiche des Übereinkommens. Vielmehr liegt im Bereich der Anerkennung und Vollstreckung von Entscheidungen eine geteilte Abschlusskompetenz von Mitgliedstaaten und Gemeinschaft vor. Die Mitgliedstaaten bleiben also diesbezüglich weiter verhandlungsbefugt, so dass ohnehin nicht die Gefahr für die übrigen beteiligten dritten Staaten bestünde, wie im Fall des AETR-Übereinkommens, mit einem „Austausch" der Verhandlungspartner rechnen zu müssen. Eine vollständige Kompetenzübertragung auf die Gemeinschaft hat vorliegend nicht stattgefunden.

Insofern ist die Gemeinschaft an den Verhandlungen zu beteiligen – was ihre Teilnahme als Mitglied an den Tagungen der Konferenz voraussetzt. Unter dem jetzigen Statut der Konferenz ist das jedoch nicht möglich. Der ständige Zuwachs der Außenkompetenzen der Gemeinschaft kann auf Dauer jedoch nicht ohne Einfluss auf die Art und Weise der Mitwirkung der Gemeinschaft in internationalen Organisationen bleiben[572]. Durch die Außenkompetenz der Gemeinschaft, die seit der Einführung des Art. 65 EGV auch für Bereiche der Arbeiten der Haager Konferenz besteht, stellt sich daher die Frage nach der Möglichkeit der eigenen Teilnahme der Gemeinschaft im Rahmen der Konferenz. Auch die Gemeinschaft selbst sieht sich dadurch veranlasst, ihre Stellung im Rahmen der Konferenz zu überdenken und die Möglichkeit einer Beteiligung als ein mit allen Rechten ausgestattetes Mitglied zu prüfen[573].

---

[572] GTE-*Schröder*, Vor Art. 229 EGV (in der Fassung von Maastricht) Rz 5; Sack, S. 633/634.
[573] Pressemitteilung 9118/01 von der Tagung des Rates am 28./29. Mai 2001.

(1) Grundlage der Mitgliedschaft der Gemeinschaft

Ein Anspruch der Gemeinschaft auf Beteiligung an der Konferenz besteht dabei nicht. Solch ein Anspruch hat sich bis heute nicht einmal für Staaten durchgesetzt, da es das souveräne Recht eines jeden Staates ist, also auch der in der Konferenz organisierten, zu entscheiden, mit welchem Vertragspartner er ein völkerrechtliches Übereinkommen abschließen will[574].

Auch der EG-Vertrag enthält keine ausdrücklichen, besonderen Regeln für den Beitritt der Gemeinschaft zu internationalen Organisationen. Art. 300 EGV bestimmt lediglich das Verfahren für den Abschluss von Abkommen der Gemeinschaft mit internationalen Organisationen. Der Beitritt zu inter-nationalen Organisationen erfolgt jedoch nicht durch einen gegenseitigen Vertrag, sondern, wie zum Beispiel im Rahmen der Haager Konferenz nach Art. 2 Abs. 2 ihres Statuts, durch die einseitige Zulassung seitens der Mehrheit der Teilnehmerstaaten der Konferenz. Dennoch findet nach allgemeiner Ansicht[575] Art. 300 EGV in Verbindung mit den entsprechenden materiellen Vertragsschlusskompetenzen der Gemeinschaft auch auf den Beitritt der EG zu internationalen Organisationen Anwendung. Zudem ist nach der Rechtsprechung des Gerichtshofs der Begriff des Abkommens in Art. 300 Abs. 1 Satz 1 EGV als „jede von Völkerrechtssubjekten eingegangene bindende Verpflichtung ungeachtet ihrer Form"[576] weit auszulegen, so dass auch der Beitritt und die daraus resultierende Mitgliedschaft in internationalen Organisationen von Art. 300 EGV geregelt werden. Insbesondere die materiellen Vertragsschließungskompetenzen der Gemeinschaft, seien sie ausdrücklich im Gemeinschaftsvertrag enthalten oder auf Grundlage der Rechtsprechung des EuGH zu den Außenkompetenzen entwickelt, beschränken sich nicht auf den Abschluss von Verträgen. Sie sind vielmehr als *„policy making power"* weitergehend so zu verstehen, dass auch Beziehungen zu und Beteiligungen an internationalen Organisationen von den Vertragsschließungskompetenzen der Gemeinschaft erfasst sind. Die Tätigkeit internationaler Organisationen besteht ohnehin oft darin, in ihrem Rahmen Abkommen auszuhandeln[577]. Insoweit hat auch der EuGH anerkannt, dass die Gemeinschaft im Rahmen ihrer Kompetenzen an der Errichtung internationaler Organisationen teilnehmen und auch Mitglied solcher Organisationen werden kann[578]. Dementsprechend ist die Gemeinschaft mittlerweile bereits in mehreren internationalen Organisationen, wie zum Beispiel der FAO (*Food and Agriculture Organization*), dem GATT (*General Agreement on Tariffs and Trade*) oder der WTO (*World Trade Organization*), Mitglied[579].

Für die Mitgliedschaft der EG in der Haager Konferenz spricht neben der ihr zustehenden Zuständigkeit zur Aushandlung der entsprechenden Abkommen auch die mit einer Mitgliedschaft verbundene Möglichkeit, diese Zuständigkeit effektiv auszuüben. Die Mitgliedschaft in internationalen Organisationen beinhaltet unter anderem Teilnahme-, Rede- und Stimmrechte in den Beschlussorganen, ein aktives und passives Wahlrecht zu anderen Organen, Teil-

---

[574] GTE-*Tomuschat*, Art. 210 EGV (in der Fassung von Maastricht) Rz. 34.
[575] Callies/Ruffert-*Schmalenbach*, Art. 300 EGV Rz 21, Art. 302 EGV Rz 3; Sack, S. 653/654.
[576] EuGH, Slg. 1975, 1355 Tz. 2 – Gutachten 1/75 – lokale Kosten.
[577] Grabitz/Hilf-*Vedder*, Art. 228 EGV (in der Fassung von Maastricht) Rz 26; Grabitz, KSE Band 25, 47 (76/77).
[578] EuGH, Slg. 1977, 741 Tz. 5 – Gutachten 1/76.
[579] Nachweise über die Mitgliedschaft der Gemeinschaft bei Sack, S. 631 ff; MacLeod/Hendry/Hyett, S. 176 ff.

nahme- und Rederechte in Ausschüssen sowie Vorschlagsrechte für die Tagesordnung des Beschlussorgans[580].

Zur Zeit kommt der Gemeinschaft dagegen lediglich ein Beobachterstatus in Den Haag zu[581]. Diese abgeschwächte Form der Teilnahme, die zwar, wenn auch eingeschränkt, durchaus in Form des aktiven Beobachters Rede- und Verhandlungsrechte in der Organisation beinhalten kann, bleibt dennoch aufgrund des fehlenden Stimmrechts und der verfahrensrechtlichen Absicherung der sonstigen Rechte unzureichend für die effektive Kompetenzwahrnehmung[582]. Insofern erscheint es sinnvoll, der Entwicklung der zunehmenden Außenkompetenz der Gemeinschaft im Bereich der Arbeiten der Konferenz durch eine entsprechende Satzungsänderung Rechnung zu tragen, so dass auch die EG an der Konferenz teilnehmen kann[583].

Dies könnte etwa durch die Aufnahme von Beteiligungs- oder Beitrittsklauseln geschehen, die die Gemeinschaft entweder namentlich bezeichnen oder, falls das gewollt ist, internationalen Organisationen generell die Beteiligung ermöglichen. So enthält beispielsweise das Internationale Olivenöl – Übereinkommen von 1963 in der Fassung des Verlängerungsprotokolls von 1973 in dessen Art. 1 Abs. 2 Satz 2 eine namentliche EG-Beteiligungsklausel, wonach „jede Bezugnahme in diesem Protokoll auf den Ausdruck ‚Regierung' auch als Bezugnahme auf die Europäische Wirtschaftsgemeinschaft gilt"[584]. Dagegen bestimmt Art. 54 lit. a des fünften Internationalen Zinn - Übereinkommens[585]: „Jede Bezugnahme auf Regierungen ... ist so auszulegen, als schlösse sie eine Bezugnahme auf zwischenstaatliche Organisationen mit Verantwortung hinsichtlich der Aushandlung, des Abschlusses und der internationaler Übereinkünfte ... ein".

Im Fall einer solchen Satzungsänderung müsste allerdings auch die Ausübung der Mitgliedschaftsrechte im Fall einer gemeinsamen Zuständigkeit von Gemeinschaft und Mitgliedstaaten geregelt werden.

(2) Schwierigkeiten einer Mitgliedschaft der Gemeinschaft

Natürlich werden die anderen Vertragsstaaten nicht bereit sein, die EG neben ihren Mitgliedstaaten als ein zusätzliches Mitglied mit eigenen Rechten, wie zum Beispiel Rede- und Stimmrechten aufzunehmen. Dadurch würde den EU-Staaten mehr Einfluss eingeräumt als den übrigen Staaten, da sie in doppelter Weise auf die Entscheidungsfindung einwirken könnten[586]. Dies liefe auch auf eine Verletzung des Gleichbehandlungsgebotes in Bezug auf die anderen Mitglieder der Organisation hinaus. Es müsste also festgelegt werden, wie bei gleichzeitiger Teilnahme die jeweiligen Stimmen zu werten sind. Generell nach dem Konsensprinzip zu verhandeln, wie das auf der diplomatischen Sitzung im Juni 2001 der Fall war, ist im Hinblick auf die Flexibilität und die Erfolgschancen der Haager Übereinkommen

---

[580] Grabitz, KSE Bd. 25, 47 (54); GTE-*Schröder*, Art. 229 EGV (in der Fassung von Maastricht) Rz 6.
[581] Jayme, IPRax 2000, 165 (167).
[582] Sack, S. 636.
[583] So ausdrücklich die Empfehlung Basedows, FS Lorenz, S. 477; Wagner, IPRax 2001, 533 (535).
[584] BGBl. 1973 Teil II, 1340.
[585] BGBl. 1976 Teil II, 1581 (1634).
[586] Krück, S. 101; Sack, S. 640.

keine zu favorisierende Lösung. Wie gerade das Haager Zuständigkeits- und Vollstreckungsübereinkommen bestätigt, entstehen dabei nur Abkommen nach dem kleinsten gemeinsamen Nenner mit weiten Grauzonen, die weiterhin auf das nationale Recht der Vertragsstaaten verweisen.

Eine Lösungsmöglichkeit bestünde zum Beispiel darin, der Gewichtung der Stimmen der Gemeinschaft ein System zugrunde zu legen, in dem die Gemeinschaft genauso viele Stimmen hat wie die Gesamtheit ihrer in der Organisation beteiligten Mitgliedstaaten. So bestimmt zum Beispiel Art. 15 Abs. 3 lit. b WIPO – Urheberrechtsvertrag von 1996[587], dass eine Vertragspartei, die eine zwischenstaatliche Organisation ist, anstelle ihrer Mitgliedstaaten an der Abstimmung teilnehmen kann und hierzu über eine Anzahl von Stimmen, die der Anzahl ihrer Mitgliedstaaten entspricht, die Vertragspartei des Vertrages sind, verfügt. Allerdings ist diese Mitgliedschaft alternativ und nicht komplementär, da die zwischenstaatliche Organisation nicht an der Abstimmung teilnehmen kann, wenn einer ihrer Mitgliedstaaten sein Stimmrecht ausübt und umgekehrt.

Auch Art. II Abs. 8 der FAO-Verfassung bestimmt ebenfalls eine alternative Ausübung der Mitgliedschaftsrechte der Gemeinschaft oder der Mitgliedstaaten. Dabei muss bei jeder FAO-Sitzung vorab eine Erklärung abgegeben werden, ob die Angelegenheit in die Zuständigkeit der Gemeinschaft oder der Mitgliedstaaten fällt, und wer ggf. das Stimmrecht ausübt (Art. XLI Abs. 2 der FAO-Verfahrensordnung). Diese interne Koordinierung zwischen der Gemeinschaft und den Mitgliedstaaten wirft insbesondere in Fällen geteilter Zuständigkeiten Schwierigkeiten auf. Nach Art. XVI Abs. 3 der FAO-Verfahrensordnung können zwar beide an der Diskussion teilnehmen und zu dem jeweiligen Punkt sprechen. Berücksichtigt wird jedoch nur die Stellungnahme desjenigen, dem das Stimmrecht nach der jeweils abgegebenen Zuständigkeitserklärung zusteht. Die internen Richtlinien von Rat und Kommission von 1991[588] zur Koordinierung dieser Zuständigkeitserklärungen sehen in einem solchen Fall geteilter Zuständigkeit vor, dass das Stimmrecht demjenigen zusteht, dessen Zuständigkeitsbereich den Schwerpunkt des jeweiligen Verhandlungspunktes ausmacht. Erfolgt keine Erklärung, wird bezüglich der betreffenden FAO-Sitzung die Zuständigkeit der Mitgliedstaaten vermutet (Art. II Abs. 6 FAO-Verfassung).

Die Abgabe dieser Zuständigkeitserklärungen stellt daher nicht nur einen unverhältnismäßigen Verwaltungsaufwand dar, sondern sie wirft die schwierige Abgrenzung der Zuständigkeiten, die insbesondere nationale Souveränitätsvorbehalte betreffen, auf, so dass eine Erklärungsabgabe, die notwendige Voraussetzung für die Ausübung des EG-Stimmrechts im Rahmen der FAO ist, in vielen Fällen unmöglich zu sein scheint. Insbesondere werden diese Zuständigkeitslisten der dynamischen Entwicklung der Gemein-schaftskompetenzen nicht gerecht.

Insoweit ist in der Literatur[589] vorgeschlagen worden, den Beitritt der Gemeinschaft zu einer internationalen Organisation nur in den Fällen anzustreben, in denen die Gemeinschaft über eine ausschließliche Kompetenz verfügt, so dass eine solche Konditionierung zur Wahrung

---

[587] ABl. EG 2000 L 89, 8.
[588] Unveröffentlicht, Nachweis und Inhalt bei MacLeod/Hendry/Hyett, S. 178/179.
[589] Sack, S. 652.

der Rolle der Mitgliedstaaten nicht notwendig ist. Vielmehr sollte in Betracht gezogen werden, den Beobachterstatus der Gemeinschaft auszubauen und ihre Beobachterrechte zu verstärken, anstatt in einer Organisation die förmliche Mitgliedschaft anzustreben, die unverhältnismäßige Bürden mit sich bringe. Bezogen auf das Haager Zuständigkeits- und Vollstreckungsübereinkommen, das nicht in die ausschließliche Kompetenz der Gemeinschaft fällt, wäre nach dieser Ansicht die Mitgliedschaft der Gemeinschaft nicht erstrebenswert.

Allerdings muss dieses unverhältnismäßige und zwischen der Gemeinschaft und den Mitgliedstaaten nur schwer durchzusetzende Erfordernis der Abgabe einer Zuständigkeitserklärung nicht notwendige Voraussetzung für die Mitgliedschaft der Gemeinschaft in einer Organisation, und damit auch für die Ausübung ihrer Mitgliedschaftsrechte sein.

Zum einen stellt eine solche Verpflichtung der Gemeinschaft eine Einmischung in ihre inneren Angelegenheiten dar. So hat auch schon der Gerichtshof in seinem 1/78 - Beschluss, in dem er den Abschluss und die Aushandlung des Übereinkommens über den Objektschutz von Kernmaterial, das in die Zuständigkeit der EAG und der Mitgliedstaaten fiel, zu beurteilen hatte, hervorgehoben, „dass es nicht erforderlich ist, den anderen Parteien des Übereinkommens gegenüber die Verteilung der einschlägigen Zuständigkeiten zwischen der Gemeinschaft und den Mitgliedstaaten aufzuzeigen und festzulegen, zumal sich diese Zuständigkeitsverteilung im Laufe der Zeit weiterentwickeln könnte. Es genügt, den anderen Vertragsparteien gegenüber festzustellen, dass in der Materie die Zuständigkeiten innerhalb der Gemeinschaft verteilt sind, wobei die genaue Beschaffenheit dieser Verteilung eine interne Frage ist, in die sich die dritten Länder nicht einzumischen haben"[590].

Zum anderen besteht kein schutzwürdiges Interesse der dritten Staaten an der Abgabe solcher Zuständigkeitserklärungen. Nach Art. 46 Abs. 2 des Wiener Übereinkommens über das Recht der Verträge zwischen Staaten und internationalen Organisationen oder zwischen internationalen Organisationen von 1986 (WVKIO)[591] kann sich eine internationale Organisation nicht darauf berufen, dass eine Vertragsbindung nicht bestehe, weil ihre internen Vorschriften über die Zuständigkeit zum Abschluss von Verträgen verletzt worden seien. Nach Art. 46 Abs. 2 WVKIO ist in einem solchen Fall die Zustimmung der internationalen Organisation zur Vertragsbindung nicht ungültig. Etwas anderes gilt nur dann, wenn die Verletzung der internen Zuständigkeitsvorschriften der Organisation offenkundig ist und eine Vorschrift von grundlegender Bedeutung betrifft. Diese Konvention ist zwar noch nicht in Kraft getreten, ihr Ziel ist es aber, die Bestimmungen des Wiener Übereinkommens über das Recht der Verträge von 1969 (WVK)[592], das nicht für Verträge von und mit internationalen Organisationen gilt, sinngemäß auch auf diese Verträge anzupassen[593]. Insofern entspricht die Regelung des Art. 46 Abs. 2 WVKIO derjenigen des Art. 46 Abs. 1 WVK.

Zu Art. 46 Abs. 1 des Wiener Übereinkommens von 1969 wurde früher die Auffassung vertreten[594], dass Handlungen einer internationalen Organisation, mit denen sie ihren Zuständigkeitskreis überschreitet, nichtig sein sollen, da es insoweit aufgrund der partiellen Rechts-

---

[590] EuGH, Slg. 1978, 2151 Tz. 35 – Beschluss 1/78.
[591] BGBl. 1990 Teil II, 1415 (1437).
[592] BGBl. 1985 Teil II, 927.
[593] Ipsen, Völkerrecht, Vor § 9 Rz. 5; Seidl-Hohenveldern/Loibl, Rz. 315.
[594] Arnold, ArchVR 19 (1980/1981), 419 (433); Geiger, ZaÖRV 37 (1977), 640 (650).

fähigkeit von internationalen Organisationen bereits an der Fähigkeit, dem rechtlichen „Können" der internationalen Organisation, fehle, sich vertraglich zu verpflichten. Dagegen spricht, dass schon die Kommission für Völkerrecht bezüglich der Wiener Vertragsrechtskonvention für Staaten von 1969 beschlossen hat, sich bei Abkommen, an denen internationale Organisationen teilnehmen, so weit wie möglich an diese Konvention anzulehnen[595]. Durch die nunmehr eindeutige Regelung des Art. 46 Abs. 2 des Wiener Übereinkommens von 1986 ist die Frage, wem die nachteiligen Folgen eines Handelns *ultra vires*, also eines kompetenzüberschreitenden Handelns, zur Last fallen sollen, zugunsten der drittstaatlichen Vertragspartner der internationalen Organisationen beantwortet. Dieses Risiko liegt bei der internationalen Organisation, der Gemeinschaft und nicht bei deren Vertragspartner, dem bei einer Nichtigkeit des Vertrages aufgrund der Zuständigkeitsüberschreitung die Negativfolgen aufgebürdet würden. Eine solche Entscheidung ließe sich auch rechtspolitisch kaum rechtfertigen[596].

Die umfassende völkerrechtliche Bindung der Gemeinschaft trotz partiell fehlender völkerrechtlicher Handlungsfähigkeit, ist dabei Ausdruck des allgemeinen Vertrauensgrundsatzes *venire contra factum proprium* im internationalen Rechtsverkehr. Wenn sich die Gemeinschaft gegenüber Dritten als zuständig geriert, dann muss sich der Dritte darauf verlassen können[597].

Somit trägt die Gemeinschaft das Risiko des Vertragsabschlusses in Überschreitung ihres Kompetenzbereiches, es sei denn, diese Überschreitung war für den Vertragspartner ohne weiteres erkennbar. Aufgrund der schwierigen Abgrenzung der externen Zuständigkeitsbereiche der Gemeinschaft und der Mitgliedstaaten wird eine solche Erkennbarkeit jedoch generell ausgeschlossen werden können.

Trifft die drittstaatlichen Vertragspartner somit kein Risiko hinsichtlich der Kompetenzüberschreitung der Gemeinschaft, so ist auch nicht ersichtlich, warum die Darlegung der jeweiligen Zuständigkeitsbereiche durch entsprechende Erklärungen der Gemeinschaft Voraussetzung für die Mitgliedschaft der Gemeinschaft im Rahmen multilateraler Konventionen, auch in internationalen Organisationen, sein soll. Dennoch ist zu berücksichtigen, dass die Abgabe einer Zuständigkeitserklärung, auch wenn sie rechtlich nicht zwingende Voraussetzung für die Mitgliedschaft der Gemeinschaft ist, dennoch der politische Preis für die Möglichkeit der eigenen Mitgliedschaft der Gemeinschaft neben ihren Mitgliedstaaten sein kann. Insbesondere kann dadurch den Bedenken der dritten Staaten gegenüber einer Gemeinschaftsmitgliedschaft Rechnung getragen werden. So legte die Gemeinschaft auch bei dem bereits erwähnten Übereinkommen über Objektschutz von Kernmaterial trotz des Beschlusses des EuGH eine Erklärung vor, in der sie die Kompetenzen nannte, die sie im Bereich der fraglichen Vertragsgegenstände hatte[598].

---

[595] Groux/Manin, S, 105.
[596] So auch Tomuschat in Hilf/Tomuschat, S. 139 (144).
[597] Callies/Ruffert-*Schmalenbach*, Art. 300 EGV Rz. 26; so auch schon Bothe, ZaöVR 37 (1977), 122 (136).
[598] Auf diese politische Notwendigkeit weisen insbesondere auch Groux/Manin, S. 86 hin.

Diesbezüglich wird allerdings zugleich darauf hingewiesen[599], dass diese von den Drittstaaten geforderten „Zuständigkeitslisten" auch die Sicherheiten, die das Gemeinschaftssystem vorsieht, einschränken könnten. Enthalte nämlich zum Beispiel ein gemischtes Abkommen keine Erklärung hinsichtlich der Zuständigkeitsverteilung zwischen Gemeinschaft und Mitgliedstaaten, so könnten die Drittstaaten die Erfüllung des Abkommens entweder bei der Gemeinschaft oder den Mitgliedstaaten einklagen. Enthalte das Abkommen dagegen eine Zuständigkeitsaufteilung, so könne von den Mitgliedstaaten nicht die ordnungsgemäße Erfüllung des Gemeinschaftsteils des Abkommens verlangt werden und von der Gemeinschaft umgekehrt nicht diejenige des nichtgemeinschaftlichen Teils. Dies stelle einen eindeutigen Sicherheitsverlust für Drittstaaten dar, so dass auch von deren Seite die Forderung nach „Zuständigkeitslisten" der Gemeinschaft überdacht werden sollte.

Von anderen[600] dagegen werden die Schwierigkeiten bezüglich einer Satzungsänderung vielmehr auf Seiten der Mitgliedstaaten der Gemeinschaft selbst gesehen. Insbesondere sei politischer Widerstand der Mitgliedstaaten, die dadurch einen weiteren Souveränitätsverlust ihrerseits befürchten könnten, nicht auszuschließen. Zu berücksichtigen sei vor allem auch, dass in der Rechtsprechung des Gerichtshofs zu den Außenkompetenzen der Gemeinschaft keine Verpflichtung der Mitgliedstaaten gegenüber der Gemeinschaft dahingehend erwähnt werde, auf eine Mitgliedschaft der EG in einer internationalen Organisation hinzuwirken[601].

Dem widerspricht jedoch schon das Kramer-Urteil des Gerichtshofs, in dem der EuGH ausdrücklich bestimmt, dass, sobald sich die Gemeinschaft zur Ausübung ihrer Kompetenz anschickt, die Mitgliedstaaten dazu verpflichtet sind, alle ihr zur Verfügung stehenden rechtlichen und politischen Mittel einzusetzen, um die Teilnahme der Gemeinschaft an dem Übereinkommen und ähnlichen Abkommen sicherzustellen[602].

Des Weiteren ist zu bedenken, dass eine Ablehnung oder Verhinderung der Teilnahme der Gemeinschaft von Seiten der Mitgliedstaaten für diese keinerlei Vorteile mit sich bringt. Der teilweise Verlust der Außenkompetenz der Mitgliedstaaten, und somit auch ihrer eigenständigen und unabhängigen, von etwaigen Verhandlungsrichtlinien der Gemeinschaft unbeeinflussten Verhandlungsmöglichkeiten im Rahmen der Haager Konferenz findet bereits durch den Erlass eines internen Gemeinschaftsrechtsaktes statt. Der Ausschluss der Gemeinschaft von der Teilnahme an den Arbeiten der Konferenz hat demnach lediglich zur Folge, dass diese dort nicht selbständig ihre Positionen vertreten und somit ihre Außenkompetenz nicht selbständig im Rahmen der Konferenz ausüben kann. Er bedeutet jedoch nicht, dass zugleich das uneingeschränkte Verhandlungsmandat der Mitgliedstaaten wieder auflebt. Insoweit wird auch von verdeckter komplementärer Mitgliedschaft der Gemeinschaft gesprochen[603]. Dementsprechend bejaht auch die überwiegende Auffassung in der Literatur[604] gemäß Art. 10 Abs. 1 EGV einen Anspruch der Gemeinschaft bei geteilter Kompetenzlage auf ein Hinwirken der Mitgliedstaaten auf eine Beitrittsmöglichkeit der Gemeinschaft. Die Mit-

---

[599] Groux/Manin, S. 133.
[600] Close, YEL 1981, 45 (49) zur Satzungsänderung im allgemeinen.
[601] Darauf weist Sack, GS Grabitz, S. 633 FN 11 hin.
[602] EuGH, Slg. 1976, 1279 verb. Rs. 3,4 und 6/76 Tz. 44/45 – Kramer.
[603] Vedder, S. 161.

gliedstaaten sind danach verpflichtet, der Gemeinschaft nach außen mit allen rechtlichen und politischen Mitteln einen kompetenzgerechten Status zu verschaffen. Dies gilt allerdings nur in dem Umfang, in dem der Gemeinschaft die Verhandlungskompetenz aufgrund des Erlasses interner Rechtsakte zukommt. Für Gegenstände, die über diesen internen Rechtsakt hinausgehen, wie im Fall der EuGVO die Anerkennung und Vollstreckung drittstaatlicher Entscheidungen, bleiben die Mitgliedstaaten weiterhin nach außen zuständig und somit auch im Rahmen der internationalen Organisation, vorliegend der Haager Konferenz, verhandlungsbefugt. Dem steht auch eine etwaige eigene und selbständige Mitgliedschaft der Gemeinschaft in der Konferenz nicht entgegen. Die Vertragsbestimmungen der Art. 174 Abs. 4 EGV und Art. 181 EGV verdeutlichen, dass eine gemeinsame, komplementäre Mitgliedschaft von Gemeinschaft und Mitgliedstaaten in internationalen Organisationen nicht dem EG-Vertrag widerspricht. So sind zum Beispiel in der FAO sowohl die Mitgliedstaaten als auch die Gemeinschaft Mitglieder (vgl. Art. II Abs. 8 der FAO –Verfassung).

Diese komplementäre Mitgliedschaft von Mitgliedstaaten und Gemeinschaft, jeder für seinen Zuständigkeitsbereich, entspricht vor allem der Zuständigkeitsverteilung in der Gemeinschaft. Zudem ist diese Form der Mitgliedschaft flexibel genug, der dynamischen Entwicklung der Gemeinschaftskompetenzen Rechnung zu tragen[605].

Trotz dieser dargestellten Schwierigkeiten und Bedenken, die eine Satzungsänderung mit sich bringt, wird der Haager Konferenz eine solche Änderung von manchem[606] als generelle Empfehlung ausgesprochen. Sie sollte nicht nur die Europäische Gemeinschaft als supranationale Organisation berücksichtigen, sondern so flexibel formuliert sein, dass auch andere Formen von internationalen Organisationen, wie etwa der Südamerikanische Gemeinsame Markt (Mercado Común del Sur – MERCOSUR) in Zukunft als Mitglieder aufgenommen werden könnten. Dadurch bestünde für die Haager Konferenz die Möglichkeit, sich zukünftig auch als Forum für Gespräche zwischen regionalen Organisationen über Fragen betreffend das Internationale Privatrecht zu etablieren.

Sollte eine Satzungsänderung erfolgen, die eine selbständige Mitgliedschaft der Gemeinschaft in der Konferenz ermöglicht, so ergeben sich daraus ebenso Konsequenzen hinsichtlich der Zusammenarbeit zwischen der Gemeinschaft und den Mitgliedstaaten wie im Fall des Unterbleibens einer solchen Satzungsänderung.

dd) Zusammenarbeit bei selbständiger Mitgliedschaft der Gemeinschaft in der Haager Konferenz – gemischte Abkommen

Aufgrund der geteilten Zuständigkeit von Mitgliedstaaten und Gemeinschaft hinsichtlich der Anerkennung und Vollstreckung von Urteilen würde bei selbständiger Mitgliedschaft der Gemeinschaft in der Konferenz auch eine geteilte Verhandlungsposition mit den ebenfalls verhandelnden Mitgliedstaaten für diesen Bereich des Haager Abkommens bestehen. Das Haager Zuständigkeits- und Vollstreckungsabkommen würde als sogenanntes „gemischtes

---

[604] Callies/Rufert-*Kahl*, Art. 10 EGV Rz 36; Grabitz/Hilf-*Vedder*, Art. 228 EGV (in der Fassung von Maastricht) Rz 26; Streinz, § 10 II 1 Rz 597.
[605] Vedder, S. 159.
[606] Basedow, FS Lorenz, S. 477.

Abkommen" geschlossen. Vertragsparteien sind –neben den Drittstaaten – nicht nur die Gemeinschaft, sondern auch die Mitgliedstaaten.

Obwohl der EG-Vertrag zu diesem Typus von Abkommen, im Gegensatz zu Art. 102 EAGV, keine ausdrückliche Regelung trifft, besteht heute an der Zulässigkeit gemischter Abkommen kein Zweifel mehr[607]. Sie sind grundsätzlich zulässig, wenn die zu regelnde Materie des Abkommens nicht in die alleinige Kompetenz der Gemeinschaft oder der Mitgliedstaaten fällt, wenn nach der Rechtsprechung des EuGH die Materie des Abkommens durch die Gemeinschaft nicht abschließend geregelt ist und die Ausübung der Außenkompetenz nicht untrennbar mit der Erreichung des Gemeinschaftsziels verbunden ist[608]. Insoweit bleibt auch zu beachten, dass sich durch den Abschluss eines solchen gemischten Abkommens an der Kompetenzverteilung zwischen Gemeinschaft und Mitgliedstaaten nichts ändert. Die Gemeinschaft aktualisiert dadurch nicht eine gegebene Binnenkompetenz, so dass ihre Außenkompetenz im Sinne des 1/94 Gutachtens zu einer ausschließlichen erstarken könnte. Dies geschieht nach dieser Rechtssprechung nur durch die Setzung von internem Recht[609]. Etwas anderes gilt nur für den Fall, dass, im Sinne der Rechtsprechung des EuGH im 1/76 – Gutachten, die interne Rechtsetzungskompetenz erst wirksam mit dem völkerrechtlichen Vertragschluss ausgeübt werden kann, da sie mit diesem untrennbar verbunden ist. Im Bereich des Internationalen Zivilverfahrensrechts ist das jedoch nicht der Fall[610].

Völkerrechtlich sind sowohl die Gemeinschaft als auch die Mitgliedstaaten an das gesamte Abkommen, ungeachtet der gemeinschaftsrechtlichen Kompetenzzuordnung, gebunden. Dieser Grundsatz dient insbesondere der Rechtssicherheit dritter Vertragspartner, die sich dadurch nicht die schwierige interne Kompetenzverteilung zwischen Mitgliedstaaten und Gemeinschaft entgegenhalten zu lassen brauchen, es sei denn die Trennung der Zuständigkeiten zur Erfüllung des Abkommens tritt nach außen durch sogenannte Trennungsklauseln offenkundig hervor. Sie kann sich zum Beispiel aus dem Abkommen selbst, einer späteren Vereinbarung oder einer förmlichen Erklärung der Gemeinschaft ergeben[611].

Wird auf eine solche „Vertragsaufteilung" verzichtet, so stellt sich die Frage nach der Zulässigkeit der Bindung von Gemeinschaft und Mitgliedstaaten an das gesamte Abkommen, auch bezüglich der Teile, die nicht in ihre Vertragsabschlusskompetenz fallen, bei denen der Umfang der zu übernehmenden Verpflichtung ihre Kompetenzen jeweils übersteigt.

(1) Gemeinschaftsrechtliche Bindung an gemischte Abkommen

Teilweise[612] wird die Bindung der Mitgliedstaaten an Bestimmungen, die unter die Gemeinschaftskompetenz fallen, dabei als unbedenklich eingestuft. Als Staaten hätten sie durch die Übertragung von Hoheitsbefugnissen auf die Gemeinschaft die eigene Ausübung dieser Befugnisse zwar eingeschränkt, aber nicht verloren. Ihre Staatenqualität und damit ihre

---
[607] Grabitz/Hilf-*Vedder*, Art. 228 EGV (in der Fassung von Maastricht) Rz 18.
[608] Gilsdorf, EuR 1996, 145 (160).
[609] Neuwahl, CML Rev. 1991, 717 (731); Oppermann, § 26 Rz 1712; a.A. Geiger, JZ 1995, 973 (977 insbes. FN 46).
[610] S.o. unter Punkt III.3.a)cc)(2.2).
[611] Arnold, ArchVR 19 (1980/1981), 419 (421); Callies/Ruffert-*Schmalenbach*, Art. 300 EGV Rz 26; Grabitz/Hilf-*Vedder*, Art. 228 EGV (in der Fassung von Maastricht) Rz 19; Oppermann, § 26 Rz 1713.

Pflichtfähigkeit durch multilaterale, völkerrechtliche Abkommen auch auf Gebieten, die der Gemeinschaft übertragen wurden, gebunden zu sein, hätten sie dadurch nicht eingebüßt. Völkerrechtlich stehe daher der Bindung der Mitgliedstaaten an das gesamte Abkommen nichts entgegen. Aber auch gemeinschaftsrechtlich ergäben sich keine Bedenken, da die Gemeinschaft durch den Abschluss des Abkommens unter der Beteiligung der Mitgliedstaaten als selbständige Vertragsparteien deren Bindung auch in Bereichen der Gemeinschaftszuständigkeit hingenommen hätte.

Zweifel bestehen nach dieser Ansicht lediglich hinsichtlich der Frage, ob die Gemeinschaft auch in den Bereichen gebunden werden kann, die in die nationalen Vertragsabschlusskompetenzen fallen. Allerdings sei in der Mitwirkung der Mitgliedstaaten beim Abschluss dieser gemischten Abkommen sowohl deren Zustimmung zum Vertragsschluss durch die Gemeinschaft auf den Gebieten, die in die nationalen Kompetenzen fallen, zu sehen, als auch die punktuelle Ermächtigung der Gemeinschaft zum innergemeinschaftlichen Vollzug des gesamten Abkommens. Dabei handele es sich, trotz der Nichtbeachtung der vertraglich festgelegten Verfahrensweisen zur Vertragsänderung nach Art. 48 EUV, nicht um eine unzulässige Vertragsdurchbrechung. Vertragsänderungen im Sinne des Art. 48 EUV seien grundsätzlich genereller Natur. Zusätzliche, nur für einen bestimmten Fall geltende Sonderermächtigungen könnten durch sie nicht erteilt werden. Die Existenz der Änderungsklauseln in den Gründungsverträgen stünde daher der nur punktuellen Vertragsdurchbrechung durch gemischte Verträge in den Bereichen, in denen der Gemeinschaft nur eine sektorielle Kompetenz zusteht, nicht entgegen, zumal an den gemischten Verträgen sowohl Rat und Kommission und die Regierungen und Parlamente der Mitgliedstaaten beteiligt seien. Dass das Verfahren des Art. 48 EUV bei diesen Vertragsdurchbrechungen nicht ganz eingehalten werde, dürfe demgegenüber nicht von Bedeutung sein. Als Folge seien die Gemeinschaften zur Durchführung des gesamten Abkommens zuständig, ohne dass über die konkrete Einzelermächtigung hinaus eine generelle Befugnis zum Handeln auf diesem Gebiet geschaffen würde[613]. Insoweit beeinflusse die völkerrechtliche Bindung der Gemeinschaft an das gesamte Abkommen nicht die interne, gemeinschaftsrechtliche Zuständigkeitsaufteilung.

Nach anderer Auffassung[614] ist eine Vertragsbindung dagegen nur entsprechend den jeweiligen Kompetenzbereichen möglich. Die Aufspaltung des Vertrages nach Kompetenzlagen sei unumgänglich.

Diese Lösung ist zwar gemeinschaftsrechtlich am besten zu rechtfertigen. Sie lässt sich aber in der Praxis nicht immer strikt durchführen. Gerade bei Übereinkommen wie dem Haager Zuständigkeits- und Vollstreckungsübereinkommen, in denen sich die Kompetenzen von Gemeinschaft und Mitgliedstaaten nach vorliegender Ansicht überschneiden – für die Anerkennung und Vollstreckung von Urteilen der Mitgliedstaaten ist die Gemeinschaft alleine zuständig, für solche aus Drittstaaten dagegen die Mitgliedstaaten zusammen mit der Gemeinschaft - ist eine klare Trennung nicht möglich, da das Haager Übereinkommen diesbe-

---

[612] Krück, S. 103 und S. 141/142.
[613] Bleckmann, EuR 1976, 301 (305) zu Art. 236 EGV in der Fassung der EEA; kritisch dagegen zur Zulässigkeit dieser Vertragsdurchbrechung, Arnold, ArchVR 181 (1980/1981), 419 (438 ff).
[614] Arnold, ArchVR 181 (1980/1981), 419 (454); Conze, S. 74/75; Ehlermann, in O'Keefe/Schermers, S. 18.

züglich nicht differenziert. Darüber hinaus ist zu bedenken, dass eine gemeinsame völkerrechtliche Bindung an das gesamte Abkommen nicht notwendigerweise auch die interne Umsetzung des Abkommens betrifft. Diese kann durchaus in Übereinstimmung mit der gemeinschaftsrechtlichen Zuständigkeitsverteilung erfolgen. Das einheitliche Auftreten von Gemeinschaft und Mitgliedstaaten gegenüber den drittstaatlichen Vertragspartner bei gemischten Abkommen betrifft nicht zwingend auch die interne Durchführung des Abkommens[615].

Trotz dieser rechtlichen Unsicherheiten hinsichtlich der Vertragsbindung und internen Durchführung von gemischten Abkommen ist zu berücksichtigen, dass gemischte Abkommen heute keine Seltenheit mehr in der gemeinschaftlichen Tagesordnung darstellen und ihre praktische Durchführung bislang erfolgreich und effektiv gelungen ist[616]. Insofern sollte nicht zu viel Gewicht auf diese theoretischen Schwierigkeiten gelegt werden, zumal auch die Tatsache, dass diese Probleme hauptsächlich in der wissenschaftlichen Diskussion erörtert werden, nicht jedoch in gleichem Ausmaß auch in der Rechtsprechung des EuGH, darauf hindeutet, dass die Probleme in der Theorie bezüglich gemischter Abkommen größer ist als in der Praxis. Auch wenn die vorliegende Arbeit sich auf die Erörterung rechtlicher Probleme konzentriert, so sollte dieser praktische Aspekt gerade im Hinblick auf die Relevanz der teilweise theoretischen Schwierigkeiten nicht unterbewertet werden.

Kompliziert gestaltet sich auch die Aushandlung gemischter Abkommen.

(2) Aushandlung gemischter Abkommen

Der Natur der gemischten Abkommen entspricht es, dass die Gemeinschaft durch eine gemeinsame Delegation von Vertretern der Kommission und der Mitgliedstaaten repräsentiert wird. Diese kann „*bicephal*", d.h. aus Vertretern der Kommission und der jeweiligen Ratspräsidialmacht, oder „*multicephal*", d.h. aus Vertretern der Kommission und allen Mitgliedstaaten zusammengesetzt sein. Dabei besteht bei gemischter Mitgliedschaft von Gemeinschaft und Mitgliedstaaten entweder die Möglichkeit, die Gemeinschaftsdelegation neben denen der Mitgliedstaaten auftreten zu lassen oder eine gemeinsame Delegation der Gemeinschaft und der Mitgliedstaaten, bestehend aus Vertretern der Kommission und der Mitgliedstaaten, zu entsenden. Die erste Möglichkeit birgt allerdings das Problem einer doppelten Repräsentation der Mitgliedstaaten durch ihre eigenen Delegationen und zusätzlich in der Gemeinschaftsdelegation

Nach außen kann die Kommission dabei Sprecherin für das gesamte Abkommen sein (sogenannte „Rom-Formel"), nachdem die Mitgliedstaaten sich intern für ihren Bereich abgestimmt haben[617]. Üblicherweise nimmt die EG in ihren Zuständigkeitsbereichen die numerischen oder ponderierten Stimmen ihrer Mitgliedstaaten gebündelt wahr.

Die Aushandlung eines gemischten Abkommens verlangt daher nach einer verstärkten Koordinierung der Zusammenarbeit von Gemeinschaft und Mitgliedstaaten durch interne Ab-

---

[615] So aber Bleckmann, in O'Keefe/Schermers, S. 155 (158).
[616] MacLeod/Hendry/Hyett, S. 144.
[617] Grabitz/Hilf-*Vedder*, Art. 228 EGV (in der Fassung von Maastricht) Rz 29.

stimmungen. In seinem Urteil[618] betreffend die Tätigkeiten der Mitgliedstaaten und der Gemeinschaft im Rahmen der bereits erwähnten FAO hat der Gerichtshof diese Zusammenarbeit von Mitgliedstaaten und Gemeinschaft konkretisiert. Der Gerichtshof stellte in diesem Fall fest, dass eine Vereinbarung zwischen Rat und Kommission, die die Vorbereitung der FAO-Sitzungen, die Abgabe von Stellungnahmen sowie die Stimmabgabe betrifft, die Erfüllung der Pflicht zur Zusammenarbeit zwischen Mitgliedstaaten und Gemeinschaft im Rahmen der FAO darstellte[619]. Dabei betonte der Gerichtshof die Verbindlichkeit dieser Koordinierungsvereinbarung. Rat und Kommission haben sich durch diese Vereinbarung gegenseitig binden wollen, so dass sie zur Beachtung derselben verpflichtet seien[620]. Indem der EuGH durch dieses Urteil einen Beschluss des Rates, der gegen diese Vereinbarung mit der Kommission verstieß, für nichtig erklärte, setzte er die Pflicht zur Zusammenarbeit auch durch.

Als minimale Vorgaben an die enge Zusammenarbeit lassen sich dabei gegenseitige Informationspflichten, die Pflicht zur Aushandlung gemeinsamer Standpunkte hinsichtlich der durch das Abkommen betroffenen Gebiete und die Vereinbarung gemeinsamer Vertretungen, die auch gemeinsam handeln, ansehen. Insbesondere zur Ausarbeitung solcher gemeinsamen Standpunkte bedarf es „Koordinierungssitzungen" zwischen den Mitgliedstaaten und der Gemeinschaftsorgane, üblicherweise der Kommission, die im Rahmen des Rates stattfinden[621].

Aufgrund dieses größeren Verfahrensaufwandes und der dadurch bedingten längeren Dauer der Verhandlungen werden gemischte Abkommen teilweise nicht befürwortet. Auch die rechtlichen Bedenken, die vertragliche Kompetenzverteilung würde durch den Abschluss gemischter Abkommen verwischen, gehen so weit, dass diese Abkommen von manchem sogar als „rechtliches Übel"[622] angesehen werden. Dem ist jedoch entgegenzuhalten, dass das Bedürfnis nach Zeit- und Verfahrensökonomie, wie bereits mehrfach unter Hinweis auf die diesbezüglich eindeutige EuGH-Rechtsprechung dargelegt wurde, nicht ausschlaggebend ist für die Zuständigkeitsverteilung zum Abschluss eines völkerrechtlichen Übereinkommens.

Gerade aufgrund der großen praktischen Relevanz von gemischten Abkommen, deren Häufigkeit und deren praktischer Effektivität sollten diese nicht in rechtlich puristischer Perspektive verkannt und verdammt werden, sondern, in Übereinstimmung gerade mit der englischen Literatur, in einer stärker politisch akzentuierten Sichtweise bewertet werden: *„In my view, mixed agreements though not resulting in further exclusive building of the centre may – by virtue of their capacity to eliminate tensions and by constituting a growing network whereby Community and Member States gain in international strength simultaneously and become among themselves even further inextricably linked – be regarded as a contibution to the strengthening of the overall framework of European integration"*[623]. Der politische Konsens,

---

[618] EuGH, Slg. 1996, I-1467, Rs. C-25/94 – FAO.
[619] EuGH, Slg. 1996, I-1467, Rs. C-25/94 Tz. 49 – FAO.
[620] EuGH, Slg. 1996, I-1467, Rs. C-25/94 Tz. 49/50 – FAO.
[621] MacLeod/Hendry/Hyett, S. 148.
[622] Tomuschat, in Hilf/Tomuschat, S. 139 (146).
[623] Weiler, in O'Keefe/Schermers, S. 35 (83).

der durch die unmittelbare Beteiligung der Mitgliedstaaten bei gemischten Abkommen erreicht werden kann, stellt somit einen möglichen Ausgleich für die administrativ-technischen Schwierigkeiten bei der Aushandlung dieser Abkommen dar.

Gerade auch im Hinblick auf die Zusammenarbeit im Rahmen der Haager Konferenz für Internationales Privatrecht wird der Abschluss eines gemischten Abkommens von manchen[624] auch insoweit bevorzugt, als dadurch der Erfahrungsmangel der Gemeinschaft auf dem Gebiet des Internationalen Privatrechts mit Hilfe der Mitgliedstaaten ausgeglichen werden könnte. Teilweise wird nämlich befürchtet, die Mitgliedstaaten und insbesondere ihre Rechtswissenschaftler würden von einer sachverständigen Weiterentwicklung des internationalen Zuständigkeits- und Anerkennungsrechts endgültig abgekoppelt. Der praxisfernen Bürokratisierung und sachfremden Politisierung seien kaum mehr Grenzen gesetzt, sobald die Vorschlagsinitiative nach Ablauf der Fünfjahresfrist des Art. 67 EGV vollständig der Kommission zustehe[625]. Deshalb wird teilweise schon der Untergang der Konferenz, die Weltkriege überstanden hat, vorausgesehen[626]. Der Abschluss eines gemischten Abkommens, der nach vorliegender Ansicht aufgrund der bestehenden Zuständigkeitsverteilung zwischen Mitgliedstaaten und Gemeinschaft bezüglich des Haager Übereinkommens ohnehin zur Wahrung dieser jeweiligen Zuständigkeiten nach außen notwendig ist, würde somit auch diesen Bedenken Rechnung tragen.

Solange jedoch keine Satzungsänderung hinsichtlich einer selbständigen Mitgliedschaft der Gemeinschaft in der Haager Konferenz vorgenommen wird, stellt sich auch für die nächste diplomatische Sitzung der Konferenz die Frage: Wie kann die Gemeinschaft bei Nichtteilnahme an der Ausarbeitung dennoch ihre Verhandlungszuständigkeit nach außen ausüben?

ee) Keine Mitgliedschaft der Gemeinschaft in der Konferenz

Der EuGH hat zwar in seiner Rechtsprechung festgestellt, dass er Hindernisse, die der Ausübung der Zuständigkeit der Gemeinschaft aufgrund von Verfassungsbestimmungen internationaler Organisationen entgegenstehen könnten, nicht zu beurteilen habe. Soweit diese Bestimmungen aber dem Abschluss eines Übereinkommens durch die Gemeinschaft selbst entgegenstehen sollten, so könnte deren auswärtige Zuständigkeit gegebenenfalls durch die Mitgliedstaaten ausgeübt werden, die im Interesse der Gemeinschaft gemeinsam handelten[627]. In einem solchen Fall ist eine Zusammenarbeit zwischen der Gemeinschaft und den Mitgliedstaaten unumgänglich. Diese müssen daher alle Maßnahmen treffen, um eine solche Zusammenarbeit sowohl bei der Vorlage und der Ratifizierung des Übereinkommens als auch bei seiner Durchführung sicherzustellen[628].

Ließe man dieses „stellvertretende" Handeln der Mitgliedstaaten für die Gemeinschaft in den Fällen, in denen das entsprechende Abkommen zwar (auch) in die ausschließliche Kompetenz der Gemeinschaft fällt, diese ihre Zuständigkeit aufgrund mangelnder Mitgliedschaft in der entsprechenden internationalen Organisation jedoch nicht ausüben kann, nicht zu, so

---

[624] Basedow, CML Rev. 2000, 687 (704); Kotuby, NILR 2001, 1 (29).
[625] Schack, ZEuP 1999, 803 (808).
[626] Jayme, IPRax 2000,165 (169).
[627] EuGH, Slg. 1993 I-1061 Tz. 4/5 – Gutachten 2/91.
[628] EuGH, Slg. 1993 I-1061 Tz. 37/38 – Gutachten 2/91 zum IAO-Übereinkommen.

hätte das zur Folge, dass das betreffende Übereinkommen nicht abgeschlossen werden könnte. Eine solche Lücke bedeutet eine Schwächung der Stellung sowohl der Mitgliedstaaten als auch der Gemeinschaft im internationalen Rechtsverkehr sowie die Gefährdung der Verwirklichung der Integrationsziele der Gemeinschaft[629]. Es müssen daher pragmatische Kompromisse gefunden werden zwischen der von den Verträgen intendierten selbständigen Beteiligung der Gemeinschaft an internationalen Organisationen und der vollständigen Abstinenz der Gemeinschaft.

Nach der Rechtsprechung des Gerichtshofs kann die fehlende Möglichkeit einer selbständigen Beteiligung der Gemeinschaft nur dadurch ausgeglichen werden, dass die handlungsfähigen, aber (teilweise) kompetenzlosen Mitgliedstaaten für die kompetente, aber handlungsunfähige Gemeinschaft tätig werden. Dieser Tatbestand kann als Handeln der Mitgliedstaaten für die Gemeinschaft oder als kommunitäre Aktion der Mitgliedstaaten (*actio pro communitate*) bezeichnet werden. Diese treten treuhänderisch auf der Grundlage eines Gemeinschaftsrechtsakts gemeinsam und im Interesse der Gemeinschaft für diese auf, wobei die jeweilige Gemeinschaftsposition zum Beispiel durch die betreffende Ratspräsidentschaft vorgetragen werden kann[630].

Dementsprechend hat die niederländische Delegation dem Ausschuss für Zivilrecht zu den Vorverhandlungen über das Haager Übereinkommen Vorschläge bezüglich der Verhandlungskompetenz unterbreitet[631]. Dieser Entwurf von Leitlinien für einen Beschluss des Rates über die Aushandlung des weltweiten Haager Zuständigkeits- und Vollstreckungsübereinkommens sieht vor, dass die Gemeinschaft während der zukünftigen Verhandlungen von den Mitgliedstaaten vertreten wird. Denn die Annahme der Brüssel-I-Verordnung (EuGVO) werde zu einer Übertragung von Zuständigkeiten von den Mitgliedstaaten auf die Gemeinschaft führen. Das bedeute, dass viele der auf der weltweiten Konferenz behandelten Themen unter die neuen Zuständigkeiten der Gemeinschaft fallen werden. Das könnte jedoch die laufenden Verhandlungen über das Übereinkommen stören oder gefährden, weil zum einen die Verhandlungen zu einem Zeitpunkt begonnen haben, zu dem die Zuständigkeit für diese Verhandlungen allein bei den Mitgliedstaaten lag; zum anderen weil eine Übertragung von Zuständigkeiten von den Mitgliedstaaten auf die Gemeinschaft und die sich daraus ergebenden institutionellen Auswirkungen den harmonischen Abschluss des Übereinkommens zwangsläufig in Gefahr bringen würden. Insbesondere hätte dies auch Auswirkungen auf die Verhandlungsbeziehungen zu anderen Staaten. Insofern schlägt die niederländische Delegation eine Arbeitsmethode vor, mit deren Hilfe die Verhandlungen durchgeführt werden könnten, ohne dass das Ergebnis der Konferenz in Frage gestellt werde. Danach führen die Mitgliedstaaten weiterhin die Verhandlungen und werden das Haager Übereinkommen über die gerichtliche Zuständigkeit sowie die Anerkennung und Vollstreckung von Urteilen in Zivil- und Handelssachen unterzeichnen. Dabei handeln die Mitgliedstaaten in den Bereichen, die von ihrer Zuständigkeit in die Zuständigkeit der Gemeinschaft übergehen, im Namen und im Interesse der Gemeinschaft. Außerdem tauschen sie Gedanken aus und koordinieren ihre

---

[629] Dauses, EuR 1979, 138 (164).
[630] Grabitz/Hilf-*Vedder*, Art. 228 EGV (in der Fassung von Maastricht) Rz 24 und 26; MacLeod/Hendry/Hyett, S. 172; Dauses, EuR 1979, 138 (165).

Haltung auf der Diplomatischen Konferenz. Die Kommission wird an diesem Vorgehen beteiligt.

Letzteres Vorgehen betrifft auch den Bereich, in dem die Verhandlungskompetenz von Mitgliedstaaten und Gemeinschaft geteilt ist. Diesbezüglich ist es zur Erreichung eines gemeinsamen Standpunktes und dadurch auch einer gemeinsamen Verhandlungsposition erforderlich, dass die Mitgliedstaaten und die Kommission sich im Vorfeld der Diskussion innerhalb der Organisation treffen, um das gemeinsame Vorgehen zu koordinieren.

Die niederländische Delegation orientiert sich damit an der AETR-Rechtsprechung des Gerichtshofs, nach der die nachträgliche Zuständigkeitsverschiebung zugunsten der Gemeinschaft keine Auswirkungen auf die Abschlusskompetenz für ein bereits verhandeltes Übereinkommen hat. Die Situation hinsichtlich des Haager Zuständigkeits- und Vollstreckungsübereinkommens ist jedoch, wie erläutert[632], anders zu beurteilen. Dennoch kommen die Vorschläge der niederländischen Delegation zum Tragen, falls der Gemeinschaft die selbständige Mitgliedschaft in der Haager Konferenz nicht ermöglicht wird.

Im Hinblick darauf haben auch Rat und Kommission in ihrer Gemeinsamen Erklärung zu den Verhandlungen im Rahmen der Haager Konferenz für Internationales Privatrecht[633] folgendes Arbeitsverfahren beschlossen, das erstmals während der Diplomatischen Sitzung der Konferenz im Juni 2001 beachtet worden ist:

„Die Arbeiten zur Erstellung des Haager Übereinkommens über die gerichtliche Zuständigkeit und ausländische Entscheidungen in Zivil- und Handelssachen haben vor einigen Jahren begonnen; die Verhandlungen wurden bisher von den Mitgliedstaaten geführt. Zur Fortsetzung der Verhandlungen über diese Übereinkommen nach der Annahme der Verordnung kommen der Rat und die Kommission überein, das nachstehend dargelegte Arbeitsverfahren zu befolgen. Mit diesem Arbeitsverfahren, das in keiner Weise das Ausmaß der externen Zuständigkeit der Gemeinschaft präjudiziert, wird bezweckt, die Kontinuität der laufenden Verhandlungen sicherzustellen und zugleich die Kohärenz der Standpunkte der Gemeinschaft und die effiziente Beteiligung der Mitgliedstaaten zu wahren.

Dieses Arbeitsverfahren gestaltet sich wie folgt:

- Die vorab vom Rat festgelegten Verhandlungsrichtlinien der Gemeinschaft können im Verhandlungsverlauf nach Maßgabe des Stands der Arbeiten angepasst und ergänzt werden; zu diesem Zweck finden so oft wie nötig Koordinierungssitzungen statt, die vom amtierenden Vorsitz des Rates auf Initiative eines Mitgliedstaates oder der Kommission einberufen werden.

- Der amtierende Vorsitz des Rates und die Kommission vertreten die in den Verhandlungsrichtlinien enthaltenen Gemeinschaftsstandpunkte; sie können zu diesem Zweck insbesondere Textvorschläge unterbreiten. Die Mitglied-

---

[631] Vermerk der niederländischen Delegation vom 06. März 2000 an den Ausschuss für Zivilrecht (Allgemeine Fragen) 6554/00 LIMITE JUSTCIV 19.
[632] S.o. unter Punkt III.4.a)cc).
[633] Vermerk des Generalsekretariats des Rates der EU vom 20.12.2000, abgedruckt in IPrax 2001, 259 (260/261), der nach Mitteilung des Rates mit der EuGVVO angenommen wurde.

staaten können ihre eigenen Auffassungen zum Ausdruck bringen, wenn diese mit den vom Rat festgelegten Verhandlungsrichtlinien nicht unvereinbar sind. Sie können Vorschläge machen und auf Vorschläge antworten, die von anderen Staaten im Verhandlungsverlauf unterbreitet werden. Schriftliche Vorschläge der Mitgliedstaaten werden vorab dem amtierenden Vorsitz des Rates und der Kommission vorgelegt.

- Im Falle ernsthafter Schwierigkeiten, die insbesondere darauf beruhen, dass kein Einvernehmen besteht oder dass neue Orientierungen festgelegt werden müssen, die von den Verhandlungsrichtlinien der Gemeinschaft abweichen, ist der Rat mit der betreffenden Frage zu befassen."

Nach dieser Erklärung koordinieren Gemeinschaft und Mitgliedstaaten ihre Verhandlungspositionen gemeinsam, um ein kohärentes Vorgehen bei den Verhandlungen zu gewährleisten und um sicherzustellen, dass die angenommenen Standpunkte mit dem Gemeinschaftsrecht vereinbar sind. Darüber hinaus macht diese Erklärung auch deutlich, dass die Gemeinschaft weiterhin, trotz des Erlasses der EuGVO, an der Ausarbeitung und Vollendung des Haager Übereinkommens interessiert ist. Eine Abkehr von dieser Haager Ausarbeitung aufgrund der eigenen europäischen Regelung, wie das beim EuGVÜ hinsichtlich des Haager Übereinkommens von 1971 der Fall gewesen ist[634], ist demnach, entgegen mancher Befürchtungen[635], nicht zu erwarten.

Die Frage nach den Auswirkungen des Tätigwerdens der Gemeinschaft nach Art. 65 EGV auf die Arbeiten der Haager Konferenz stellt sich jedoch nicht nur hinsichtlich der EuGVO auf das Haager Zuständigkeits- und Vollstreckungsübereinkommen, sondern auch hinsichtlich der EheVO und dem Haager KSÜ von 1996.

b) Das Haager Übereinkommen über die Zuständigkeit, das anzuwendende Recht, die Anerkennung, Vollstreckung und Zusammenarbeit auf dem Gebiet der elterlichen Verantwortung und der Maßnahmen zum Schutz von Kindern (KSÜ)

Das Haager Übereinkommen über die Zuständigkeit, das anzuwendende Recht, die Anerkennung, Vollstreckung und Zusammenarbeit auf dem Gebiet der elterlichen Verantwortung und der Maßnahmen zum Schutz von Kindern von 1996 (KSÜ)[636], das gemäß seines Art. 51 im Verhältnis zwischen den Vertragsstaaten das Haager Minderjährigenschutzabkommen von 1961 (MSA) ersetzt, ist am 01. Januar 2002 in Kraft getreten, nachdem es von Monaco im Jahre 1997, von Tschechien im März 2000, von der Slowakei im September 2001 und zuletzt von Marokko am 22.August 2002 ratifiziert wurde. Estland und Ecuador sind dem Übereinkommen im Jahre 2002 beigetreten. Unterzeichnet, aber noch nicht ratifiziert, wurde das KSÜ darüber hinaus von Polen im November 2000 und von Lettland am 15. Mai 2002.

---

[634] S. o. unter III. 4.a).
[635] Jayme, IPRax 2000, 165 (169) sieht in der europäischen Entwicklung die Gefahr einer Verdrängung der Hager Übereinkommen und die Gefahr des Untergangs der Haager Konferenz; Drappatz, S. 200 dagegen, rät im Interesse einer akzentuierteren internen gemeinschaftlichen Regelung zur Distanz zu den globalen Arbeiten der Haager Konferenz.

Die Niederlande haben das Übereinkommen bereits vor Inkrafttreten des Vertrages von Amsterdam am 01. September 1997 unterzeichnet.

Aufgrund des Erlasses der EheVO durch die Gemeinschaft stellt sich die Frage, ob die Mitgliedstaaten noch selbständig darüber entscheiden können, das KSÜ zu ratifizieren. Nach Art. 1 Abs. 1 KSÜ regelt das Übereinkommen die internationale Zuständigkeit für Maßnahmen zum Schutz der Person oder des Vermögens des Kindes, das auf Schutzmaßnahmen und das auf die elterliche Verantwortung anzuwendende Recht, die Anerkennung und Vollstreckung der Schutzmaßnahmen anderer Vertragsstaaten sowie die internationale Zusammenarbeit zwischen den Vertragsstaaten. Insoweit, als durch das KSÜ auch Fragen des anzuwendenden Rechts und der Zusammenarbeit der Vertragsstaaten geregelt werden, geht das KSÜ über den Regelungsbereich der EheVO hinaus. Aber auch dadurch, dass die EheVO die Zuständigkeit und die Anerkennung der elterlichen Verantwortung nur in Zusammenhang mit Ehescheidungen bzw. –auflösungen für Kinder mit gewöhnlichem Aufenthalt in einem Mitgliedstaat der Gemeinschaft behandelt, ist das KSÜ in seinem Anwendungsbereich weiter als die EheVO. Allein schon deshalb besteht keine ausschließliche, alleinige Abschlusskompetenz der Gemeinschaft für das KSÜ, da sie durch die EheVO nicht alle Bereiche, die durch das KSÜ geregelt werden, innerhalb der Gemeinschaft vollständig harmonisiert hat. Hinzu kommt, dass die EheVO sich bezüglich der Anerkennung und Vollstreckung von Entscheidungen nur auf Entscheidungen der Mitgliedstaaten der Gemeinschaft erstreckt. Auch insofern bleiben die Mitgliedstaaten nach vorliegender Ansicht neben der Gemeinschaft für den Abschluss des KSÜ zuständig, da dieses auch die Anerkennung und Vollstreckung von Maßnahmen anderer Vertragsstaaten, die nicht Mitgliedstaaten der Gemeinschaft sind, regelt.

Aufgrund dieser geteilten Zuständigkeit von Gemeinschaft und Mitgliedstaaten im Bereich des KSÜ haben, entgegen der Ansicht Großbritanniens[637], weder die Mitgliedstaaten noch die Gemeinschaft das Recht, unabhängig voneinander darüber zu entscheiden, ob sie das Haager Übereinkommen von 1996 ratifizieren. Insofern ist nach der Rechtsprechung des EuGH in seinem 1/94 - Gutachten eine Zusammenarbeit zwischen Mitgliedstaaten und Gemeinschaft auch beim Abschluss und bei der Durchführung eines Abkommens erforderlich.

Auch die Kommission ist der Ansicht, dass sich die Gemeinschaft und die Mitgliedstaaten die Zuständigkeit in dem Bereich, in dem Regelungen der EheVO betroffen sind, teilen. Es stehe den Mitgliedstaaten daher nicht länger frei, das KSÜ zu ratifizieren. Vielmehr könnte nur noch ein gemeinsamer Beitritt von Gemeinschaft und Mitgliedstaaten erfolgen[638].

Allerdings lässt das Übereinkommen, wie auch schon die Haager Konferenz selbst, einen Beitritt der Gemeinschaft nicht zu. Insoweit ist auch im KSÜ nur von „Vertragsstaaten" die Rede. Die Zusammenarbeit zwischen Gemeinschaft und Mitgliedstaaten realisiert sich in

---

[636] Abgedruckt bei Jayme/Haussmann, Nr. 55.
[637] Erklärungen zu Art. 16 EheVO, abgedruckt in IPRax 2001, 62 (63).
[638] Vorschlag für eine Entscheidung des Rates zur Ermächtigung der Mitgliedstaaten vom 20.11.2001, KOM (2001) 680 endg. S. 3; Arbeitsunterlage der Kommission vom 27.03.01 u.a. zu den Implikationen eines etwaigen Beitritts der Gemeinschaft zum KSÜ, KOM (2001) 166 endg. S. 10.

solchen Fällen jedoch zum Beispiel in Empfehlungen des Rates an die Mitgliedstaaten, bestimmte Abkommen zu schließen[639].

Dementsprechend hat auch der Rat auf einen Vorschlag der Kommission hin[640], die Mitgliedstaaten in seiner Entscheidung vom 12. Dezember 2002[641] ermächtigt, das Übereinkommen im Interesse der Gemeinschaft zu unterzeichnen. Das Übereinkommen wurde daher am 01. April 2003 auch von den übrigen Mitgliedstaaten der Gemeinschaft (neben den Niederlanden) unterzeichnet. Bei der Unterzeichnung gaben die Mitgliedstaaten dabei eine Erklärung ab, der zufolge die in einem Mitgliedstaat ergangen gerichtlichen Entscheidungen in Angelegenheiten, die einen Bezug zum Übereinkommen aufweisen, nach Maßgabe der einschlägigen internen Vorschriften des Gemeinschaftsrechts in den anderen Mitgliedstaaten anerkannt und vollstreckt werden. Diese Regelung des Verhältnisses zwischen Übereinkommen und Gemeinschaftsrecht soll gewährleisten, dass der Beitritt der Gemeinschaft zum KSÜ, bzw. die Ermächtigung der Mitgliedstaaten zu dessen Ratifikation, weiterreichende künftige Gemeinschaftsregelungen in diesem Bereich nicht ausschließt.

Am 17.06.2003 hat die Kommission einen Vorschlag für einen Beschluss des Rates vorgelegt, wonach der Rat die Mitgliedstaaten auch dazu ermächtigt dem Übereinkommen beizutreten oder es zu ratifizieren[642]. Inhaltlich entspricht dieser Vorschlag der bereits erlassenen Entscheidung des Rates zur Unterzeichnungsermächtigung er Mitgliedstaaten vom 19.12.2003.

Allerdings soll nach Auffassung der Kommission die Gemeinschaft so bald wie möglich im Rahmen der Konferenz Verhandlungen aufnehmen, um den Beitritt der Gemeinschaft selbst zu dem Übereinkommen zu ermöglichen. Dies wäre nicht nur aus gemeinschaftlicher Sicht die sachgerechteste Lösung, sondern die Gemeinschaft würde dadurch auch international deutlich machen, welchen Wert sie dem Übereinkommen beimisst[643].

c) Abschließende Stellungnahme

Das Tätigwerden der Gemeinschaft im Bereich der justitiellen Zusammenarbeit in Zivilsachen seit dem Vertrag von Amsterdam hat somit zur Folge, dass die Mitgliedstaaten nicht mehr selbständig an den Arbeiten der Haager Konferenz auf diesem Gebiet teilnehmen können. Eine Abstimmung mit der Gemeinschaft ist erforderlich – unabhängig davon, ob diese in der Konferenz selbst als Mitglied verhandeln kann oder durch ihre Mitgliedstaaten „vertreten" wird. Insoweit scheint eine Satzungsänderung nicht zwingend erforderlich, jedenfalls nicht, solange die Zuständigkeiten der Mitgliedstaaten in deren Zuständigkeitsbereich nicht verdrängt.

Dennoch sollte das Statut der Konferenz diesbezüglich überdacht werden. Eine selbständige Mitgliedschaft der Gemeinschaft neben der ihrer Mitgliedstaaten trägt vor allem der tatsäch-

---
[639] Grabitz/Hilf-*Simma/Vedder*, Art. 281 EGV Rz. 33.
[640] S. FN 635.
[641] ABl. EG L 48 S. 1.
[642] KOM (2003) 348 endg.
[643] Vorschlag für eine Entscheidung des Rates zur Ermächtigung der Mitgliedstaaten vom 20.11.2001, KOM (2001) 680 endg. S. 6; so auch eine Presseerklärung des Rates vom 28./29.11.2003, 14817/02 (Presse 375) 2469th Council meeting.

lichen Zuständigkeitsentwicklung innerhalb der Gemeinschaft Rechnung. Eine Zusammenarbeit zwischen der Haager Konferenz und der Gemeinschaft direkt ist für eine abgestimmte Rechtsentwicklung wichtig. Die Position der Gemeinschaft würde gestärkt, insbesondere kommt der Kommission nach der bereits erwähnten Rom-Formel bei der Aushandlung gemischter Abkommen häufig die Rolle als Sprecherin auch für die Mitgliedstaaten für das gesamte Abkommen zu.

Die Konferenz sollte sich nicht vor dieser neuen Rolle der Gemeinschaft im Bereich des Internationalen Zivilverfahrensrechts verschließen.

Wie bereits erörtert, nimmt Dänemark an Rechtsakten der Gemeinschaft unter Titel IV des Amsterdamer Vertrages nicht teil. Auch insoweit stellt sich die Frage, wem bezüglich der völkerrechtlichen Einbeziehung Dänemarks die Kompetenz zum Vertragsschluss zusteht.

d) Die Einbeziehung Dänemarks

Hinsichtlich der justitiellen Zusammenarbeit in Zivilsachen nach Art. 65 EGV hat Dänemark seine Bereitschaft angezeigt, durch inhaltsgleiche völkerrechtliche Abkommen den Regelungsgehalt der gemeinschaftlichen Rechtsakte auf Dänemark zu erstrecken. Insoweit ist die Gemeinschaft allein abschlussbefugt, denn die entsprechenden parallelen Übereinkommen gingen nicht über die gemeinschaftlich geregelten Bereiche, vorliegend die EuGVO und die EheVO, hinaus. Vielmehr soll durch den Abschluss der Parallelübereinkommen mit Dänemark gerade erreicht werden, dass zumindest inhaltsgleiche Regeln innerhalb aller Mitgliedstaaten der Gemeinschaft Anwendung finden. Es besteht somit kein Raum für gemischte Übereinkommen unter Einbeziehung der Mitgliedstaaten, da die Übereinkommen mit Dänemark keine Bereiche enthalten werden, die in eine verbleibende Kompetenz der Mitgliedstaaten fallen. Dementsprechend wird auch in der Literatur[644] ganz einstimmig davon ausgegangen, dass diese Übereinkommen, die Dänemark inhaltlich in den europäischen Justizraum einbeziehen sollen, zwischen der Gemeinschaft und Dänemark geschlossen werden müssen.

Ein solches Übereinkommen zwischen der Gemeinschaft und Dänemark wird jedoch nicht auf der Grundlage des Art. 293 EGV geschlossen[645]. Art. 293 EGV richtet sich an die Mitgliedstaaten der Gemeinschaft, nicht an diese selbst. Ermächtigungsgrundlage für diese ist daher Art. 65 EGV.

Allerdings hat die Kommission betont[646], dass diese parallelen Übereinkommen mit Dänemark nur von vorübergehender Natur sein könnten. Es solle weiterhin das Ziel verfolgt werden, dass Dänemark entsprechend Art. 7 des Protokolls über die Position Dänemarks den anderen Mitgliedstaaten mitteilt, von diesem Protokoll keinen Gebrauch zu machen.

---

[644] Boele-Woelki, FS Siehr, S. 67; Geimer, IPRax 2002, 69 (70).
[645] Zu den dazu vertretenen Auffassungen s.o. unter Punkt 3.5.3.
[646] European Commission Press Releases, IP/02/643 vom 30.04.02 „Commission defines a framework for the relations between the EU and Denmark".

C. Schlussbetrachtung

Die Einführung des Art. 65 EGV durch den Amsterdamer Vertrag, die unter anderem zur Vergemeinschaftung der internationalen Zuständigkeit, Anerkennung und Vollstreckung von Entscheidungen sowohl in Zivil- und Handelssachen als auch in Ehesachen geführt hat, hat somit durchaus Auswirkungen auf die Außenbeziehungen der Gemeinschaft und der Mitgliedstaaten. Zwar verdrängt nach vorliegender Ansicht die Gemeinschaft die Mitgliedstaaten dadurch weder bei der Ausarbeitung des Haager Zuständigkeits- und Vollstreckungsübereinkommens noch bei der Ratifizierung des KSÜ. Doch die Mitgliedstaaten sind in ihren Handlungen nach außen diesbezüglich nicht mehr ungebunden. Vielmehr besteht gemäß Art. 10 EGV eine Abstimmungspflicht mit der Gemeinschaft, um ein einheitliches Auftreten nach außen und damit auch eine weiterhin effektive Arbeitsweise zu gewährleisten.

Allerdings besteht dieser Zustand nach der hier vertretenen Auslegung der Rechtsprechung des EuGH zu den Außenkompetenzen der Gemeinschaft nur solange, bis die Gemeinschaft in dem betreffenden Gebiet eine vollständige interne Rechtsangleichung erreicht hat. Es ist demnach durchaus möglich, dass die Gemeinschaft mit fortschreitendem Tätigwerden im Bereich des Art. 65 EGV, und damit auch in Tätigkeitsfeldern der Haager Konferenz, eine ausschließliche Kompetenz nach außen erlangen kann. Angesichts der Aktionspläne des Rates[647] erscheint das auch nicht allzu fernliegend. Danach wird die Abschaffung des Exequaturverfahrens nicht nur im Bereich des Handels- und Ehescheidungsrechts angestrebt, sondern auch für das Ehegüter- und Erbrecht. Auch die Vorschläge der Kommission zur Neufassung der EheVO, die Sorgerechtssachen unabhängig von der damit zusammenhängenden Ehescheidung regeln soll, weist darauf hin, dass die Tätigkeiten der Gemeinschaft sich im Bereich des Art. 65 EGV weiter ausdehnen werden – was wiederum einen Zuwachs ihrer Außenkompetenzen zur Folge hat.

Zusammenfassend lassen sich folgende Ergebnisse festhalten:

(1) Die – zumindest übergangsweise – Beibehaltung intergouvernementaler Elemente im Bereich der justitiellen Zusammenarbeit in Zivilsachen nach Art. 65 EGV stellt zwar gegenüber Art. 95 EGV einen integrativen Rückschritt dar. Ohne diesen Kompromiss wäre die Vergemeinschaftung des Internationalen Zivilverfahrensrechts aber nicht erreicht worden.

(2) Art. 65 EGV ist somit eine tragfähige Kompetenzgrundlage sowohl für die EuGVO als auch für die EheVO. Weder der Zusatz „Maßnahmen betreffend den freien Personenverkehr" in der Überschrift des Titels IV des Amsterdamer Vertrages noch das Erfordernis des Binnenmarktbezuges in Art. 65 EGV schränken den inhaltlichen Anwendungsbereich der unter dieser Gemeinschaftskompetenz zu erlassenden Maßnahmen ein. Sowohl die systematische Stellung innerhalb des Titels IV des Vertrages von Amsterdam als auch die Entstehungsgeschichte von

---

[647] S. zuletzt: Maßnahmenprogramm zur Umsetzung des Grundsatzes der gegenseitigen Anerkennung gerichtlicher Entscheidungen in Zivil- und Handelssachen, ABl. EG 2001, C 12, abgedruckt in IPRax 2001, 163.

Art. 65 EGV legen ein Binnenmarktverständnis nahe, wonach auch lediglich mittelbar binnenmarktfördernde Rechtsakte unter Art. 65 EGV erlassen werden können.

(3) Der vom EuGH in seiner Rechtsprechung begründete Grundsatz der ungeschriebenen Außenkompetenzen als Parallelität von Innen- und Außenzuständigkeiten ist dahingehend zu verstehen, dass die der Gemeinschaft durch den Vertrag ausdrücklich zugewiesenen internen Rechtsetzungsbefugnisse zugleich eine Zuständigkeitszuweisung nach außen beinhalten. Dadurch gelten für diese Außenkompetenz der Gemeinschaft jedoch auch die Schranken, denen die Gemeinschaft hinsichtlich ihrer internen Zuständigkeiten unterliegt: In sachlicher Hinsicht ist die Gemeinschaft auf eine Regelung der Materie gegenüber Drittstaaten in dem ihr intern zugewiesenen Umfang beschränkt. Bezüglich ihrer Kompetenzausübung finden auch bei einem Tätigwerden nach außen die Kompetenzausübungsschranken der Subsidiarität und der Verhältnismäßigkeit Anwendung.

(4) Die Frage des Bestehens der Außenkompetenzen der Gemeinschaft beurteilt sich allein nach dem Bestehen interner Regelungsbefugnisse. Der Erlass interner Rechtsakte durch die Gemeinschaft ist keine konstitutive Voraussetzung für eine etwaige gemeinschaftliche Außenkompetenz. Allerdings wird durch den Erlass interner Rechtsakte der Umfang der Außenkompetenzen bestimmt: Voraussetzung für eine ausschließliche Außenzuständigkeit der Gemeinschaft ist nach der Rechtsprechung des Gerichtshofs entweder eine vollständige Harmonisierung der Regelungsmaterie in der Gemeinschaft oder zumindest eine ausdrückliche ausschließliche Zuständigkeitszuweisung innerhalb des internen Gemeinschaftsrechtsakts für die Gemeinschaft nach außen.

(5) Obwohl diese Rechtsprechung des EuGH bezüglich der ungeschriebenen Außenkompetenzen der Gemeinschaft ausschließlich auf die Wirtschaftsunion und die wirtschaftliche Integration bezogen ist, ist sie auf den Bereich des Internationalen Zivilverfahrensrechts übertragbar. Die Parallelität des Bestehens von Innen- und Außenkompetenzen der Gemeinschaft setzt nach der Rechtsprechung des Gerichtshofes lediglich voraus, dass der Gemeinschaft intern eine Regelungsbefugnis zugewiesen ist, was im Bereich des Internationalen Zivilverfahrensrechts mit der Einführung des Art. 65 EGV durch den Amsterdamer Vertrag ausdrücklich geschehen ist. Zudem steht auch die Schaffung eines Justizraums, in dem die Urteilsfreizügigkeit gewährleistet wird, nicht außerhalb des Binnenmarkts, sondern vervollständigt diesen vielmehr durch eine umfassende Personenverkehrsfreiheit.

(6) Der Binnenmarktbezug des Art. 65 EGV stellt keine Beschränkung seines Anwendungsbereichs auf den Erlass von Maßnahmen dar, die lediglich das Verhältnis der Mitgliedstaaten untereinander betreffen. Eine einheitliche Regelung der Anerkennung und Vollstreckung drittstaatlicher Urteile sowie drittstaatlicher gerichtlicher Zuständigkeiten ist auch Voraussetzung für die innergemeinschaftliche Personenfreizügigkeit und damit zugleich für das Funktionieren des Binnenmarktes. Art. 65 EGV umfasst daher auch die gemeinschaftliche Außenkompetenz im

Bereich der justitiellen Zusammenarbeit in Zivilsachen zwischen der Gemeinschaft und Drittstaaten.

(7) Beide Verordnungen sind im Bereich ihrer Zuständigkeitsregeln auf Drittstaatensachverhalte, d.h. Sachverhalte mit Bezügen zu nur einem Mitgliedstaat und einem Drittstaat, anwendbar. Ein etwaiger Gemeinschaftsbezug dahingehend, dass der räumlich – persönliche Anwendungsbereich auf Sachverhalte mit Bezügen zu mehreren Mitgliedstaate reduziert sein sollte, ist abzulehnen.

(8) Diese uneingeschränkte Anwendung ergibt sich hinsichtlich der EuGVO zwar nicht eindeutig aus dem Urteil des EuGH zu der Anwendbarkeit des EuGVÜ (*Group Josi/UGIC*[648]). Dem Urteil kann keine eindeutige Absage an die ungeschriebene Voraussetzung des Vertragsstaatenbezugs zu mehreren Vertragsstaaten entnommen werden. Der vom EuGH zu beurteilende Fall erfüllte diese Voraussetzung des Bezugs zu mehreren Mitgliedstaaten, so dass diesbezüglich keine Entscheidung des Gerichtshofs erforderlich war.

Dennoch lässt sich die Reduktionstheorie nicht mehr aufrecht erhalten. Der achte Erwägungsgrund der EuGVO stellt ausdrücklich klar, dass Rechtsstreitigkeiten, die unter diese Verordnung fallen, einen Anknüpfungspunkt an das Hoheitsgebiet *eines* der Mitgliedstaaten aufweisen müssen, die durch diese Verordnung gebunden sind. Insofern scheinen auch die Verordnungsgeber eine möglichst weite Auslegung des Anwendungsbereichs der Verordnung, der schon durch den Bezug der Streitigkeit zu nur einem Mitgliedstaat und einem Drittstaat eröffnet sein soll, zu bevorzugen.

Auch bezüglich der EheVO entspricht nur ein möglichst weiter Anwendungsbereich, ohne Einschränkung aufgrund ungeschriebener Anwendungsvoraussetzungen, deren Zielsetzung „einen Raum der Freiheit, der Sicherheit und des Rechts" schaffen und damit den freien Personenverkehr innerhalb der Gemeinschaft zu gewährleisten.

(9) Aufgrund dieser umfassenden Regelung der internationalen Zuständigkeit durch die Verordnungen besteht, entsprechend der Kriterien des EuGH zu den Voraussetzungen für das Vorliegen einer ausschließlichen Außenkompetenz der Gemeinschaft, für diesen Bereich eine ausschließliche Zuständigkeit der Gemeinschaft nach außen.

(10) Die Verordnungen regeln jedoch nicht die Anerkennung und Vollstreckung drittstaatlicher Entscheidungen. Eine umfassende „Gebietsbesetzung" im Bereich der Anerkennung und Vollstreckung von Entscheidungen durch die Gemeinschaft ist somit nicht gegeben. Infolgedessen ist nach der Rechtsprechung des Gerichtshofs auch eine ausschließliche Außenkompetenz der Gemeinschaft in diesem Bereich abzulehnen. Vielmehr besteht eine geteilte Zuständigkeit zwischen der Gemeinschaft und den Mitgliedstaaten zum Abschluss von Abkommen mit Drittstaa-

---

[648] EuGH, Slg. 2000, I-5925 Rs C 412/98 – Group Josi.

ten betreffend die Anerkennung und Vollstreckung drittstaatlicher Entscheidungen in der Gemeinschaft.

(11) Hinsichtlich der EheVO besteht darüber hinaus nach deren Art. 16 ein Verhandlungsmandat der Mitgliedstaaten gegenüber Drittstaaten. Diese Vorschrift ist, insbesondere aufgrund ihres Wortlautes, dahingehend auszulegen, dass bezüglich der Anerkennung und Vollstreckung mitgliedstaatlicher Entscheidungen, die nach nationalem Zuständigkeitsrecht nach Art. 8 Abs. 1 EheVO ergangen sind, gegenüber Drittstaaten die Mitgliedstaaten verhandlungsbefugt sind.

(12) Diese geteilte Außenkompetenz führt sowohl hinsichtlich des Abschlusses eines Revisionsübereinkommens zum Luganer Übereinkommen als auch hinsichtlich der Ausarbeitung des weltweiten Haager Gerichtsstands- und Vollstreckungsübereinkommens, das weitgehend dem sachlichen Anwendungsbereich der EuGVO entspricht, zu einem geteilten Verhandlungsmandat von Gemeinschaft und Mitgliedstaaten. Bei einer völkerrechtlichen Einbeziehung Dänemarks dagegen ist die Gemeinschaft alleiniger Vertragspartner. Diese Parallelübereinkommen mit Dänemark werden nicht über die gemeinschaftlich geregelten Bereiche der EuGVO und der EheVO hinausgehen, da durch diese Parallelübereinkommen mit Dänemark lediglich erreicht werden soll, dass zumindest inhaltsgleiche Regeln innerhalb aller Mitgliedstaaten der Gemeinschaft Anwendung finden. Es besteht somit kein Raum für gemischte Übereinkommen unter Einbeziehung der Mitgliedstaaten, da diese Übereinkommen keine Bereiche betreffen wird, die in eine verbleibende Kompetenz der Mitgliedstaaten fallen.

(13) Durch den Erlass der EheVO besteht auch hinsichtlich des Haager Übereinkommens über die Zuständigkeit, das anzuwendende Recht, die Anerkennung, Vollstreckung und Zusammenarbeit auf dem Gebiet der elterlichen Verantwortung und der Maßnahmen zum Schutz von Kindern von 1996 (KSÜ) eine geteilte Kompetenz zwischen der Gemeinschaft und den Mitgliedstaaten, so dass weder die Mitgliedstaaten noch die Gemeinschaft unabhängig voneinander über die Ratifikation des Übereinkommens bzw. über einen Beitritt entscheiden können.

(14) Eine Teilnahme der Gemeinschaft als Mitglied an den Arbeiten der Konferenz bzw. ein Beitritt zu deren Übereinkommen ist allerdings unter dem jetzigen Statut der Konferenz nicht möglich. Insofern bleibt zur Zeit lediglich eine „Vertretung" der Gemeinschaft durch die Mitgliedstaaten nach vorheriger interner Abstimmung.

Der ständige Zuwachs der Außenkompetenzen der Gemeinschaft kann auf Dauer jedoch nicht ohne Einfluss auf die Art und Weise der Mitwirkung der Gemeinschaft in internationalen Organisationen bleiben. Durch die Außenkompetenz der Gemeinschaft, die seit der Einführung des Art. 65 EGV auch für Bereiche der Arbeiten der Haager Konferenz besteht, stellt sich daher die Frage nach der Möglichkeit der eigenen Teilnahme der Gemeinschaft im Rahmen der Konferenz. Eine Zusammenarbeit zwischen der Haager Konferenz und der Gemeinschaft direkt ist für eine abgestimmte Rechtsentwicklung wichtig. Die Konferenz sollte sich nicht vor der neuen Rolle der Gemeinschaft im Bereich des Internationalen Zivilverfahrensrechts verschließen.

Gemeinschaftsrechtlich bietet insbesondere der Abschluss gemischter Abkommen eine Möglichkeit, der Kompetenzverteilung zwischen Mitgliedstaaten und Gemeinschaft Rechnung zu tragen.

STUDIEN ZUM VERGLEICHENDEN UND INTERNATIONALEN RECHT

Herausgeber: Bernd von Hoffmann, Erik Jayme und Heinz-Peter Mansel

Band 1 Ferdinand Henke: Die Datenschutzkonvention des Europarates. 1986.

Band 2 Peter Czermak: Der express trust im internationalen Privatrecht. 1986.

Band 3 Peter Kindler: Der Ausgleichsanspruch des Handelsvertreters im deutsch-italienischen Warenverkehr. Eine rechtsvergleichende und kollisionsrechtliche Untersuchung. 1987.

Band 4 Wilhelm Denzer: Stellung und Bedeutung des Engineers in den FIDIC-Bauvertragsbedingungen. 1988.

Band 5 Marijan-Maximilian Lederer: Die internationale Enteignung von Mitgliedschaftsrechten unter besonderer Berücksichtigung der französischen Enteignungen 1982. 1989.

Band 6 Rainer Esser: Klagen gegen ausländische Staaten. 1990.

Band 7 Chang Jae-Ok: Auf dem Weg zu einer Materialisierung des Immateriellen ? Personen-, Persönlichkeitsschutz und Geldersatz des immateriellen Schadens in rechtsvergleichender Hinsicht am Beispiel des koreanischen und japanischen Zivilrechts unter besonderer Berücksichtigung des deutschen Rechts. 1990.

Band 8 Paul-Frank Weise: Lex mercatoria. Materielles Recht vor der internationalen Handelsschiedsgerichtbarkeit.1990.

Band 9 Werner Born: Der Auftrittsvertrag für Musikgruppen im Bereich der Rock- und Popmusik. 1990.

Band 10 Ralf Erich Jürgens: IPR und Verfassung in Italien und in der Bundesrepublik Deutschland. 1990.

Band 11 Rainer Gildeggen: Internationale Schieds- und Schiedsverfahrensvereinbarungen in Allgemeinen Geschäftsbedingungen vor deutschen Gerichten. 1991.

Band 12 Klaus Grabinski: Die kollisionsrechtliche Behandlung des Durchgriffs bei rechtlich verselbständigten Unternehmen in privater oder öffentlicher Hand. 1991.

Band 13 Dieter Stummel: Konkurs und Integration. Konventionsrechtliche Wege zur Bewältigung grenzüberschreitender Insolvenzverfahren. 1991.

Band 14 Joachim Güntzer: Die Rechtsstellung des Geschäftsführers im spanischen Aktienrecht. Die Neuregelung des spanischen Aktienrechts nach dem Beitritt Spaniens zur EG. 1991.

Band 15 Sabine Isenburg-Epple: Die Berücksichtigung ausländischer Rechtshängigkeit nach dem Europäischen Gerichtsstands- und Vollstreckungsübereinkommen vom 27.9.1968. Untersuchungen zum Anwendungsbereich von Art. 21 EuGVÜ unter schwerpunktmäßiger Behandlung der Frage nach der Bestimmung eines europäischen Streitgegenstandsbegriffs. 1992.

Band 16 Ulrich Nickl: Die Qualifikation der culpa in contrahendo im Internationalen Privatrecht. 1992.

Band 17 Theo Rauh: Leistungserschwerungen im Schuldvertrag. Eine rechtsvergleichende Untersuchung des englischen, US-amerikanischen, französischen und deutschen Rechts unter besonderer Berücksichtigung der gerichtlichen Praxis. 1992.

Band 18 Bernadette Chaussade-Klein: Vorvertragliche "obligation de renseignements" im französichen Recht. 1992.

Band 19 Josef Sievers: Verbraucherschutz gegen unlautere Vertragsbedingungen im französischen Recht. Vom Code civil zum "Code de la consommation" – die Entstehung eines Sonderprivatrechts für Verbraucher. 1993.

Band 20 Achim Schäfer: Grenzüberschreitende Kreditsicherung an Grundstücken, unter besonderer Berücksichtigung des deutschen und italienischen Rechts. 1993.

Band 21 Eugenio Hernández-Breton: Internationale Gerichtsstandsklauseln in Allgemeinen Geschäftsbedingungen. Unter besonderer Berücksichtigung des deutsch-südamerikanischen Rechtsverkehrs (dargestellt am Beispiel Argentinien, Brasilien und Venezuela). 1993.

Band 22 Ingo Reng: Unterhaltsansprüche aufgrund nichtehelicher Lebensgemeinschaft – Internationales Privatrecht und ausländisches materielles Recht. 1994.

Band 23 Stefanie Roloff: Die Geltendmachung ausländischer öffentlicher Ansprüche im Inland. 1994.

Band 24 Katharina Ludwig: Der Vertragsschluß nach UN-Kaufrecht im Spannungsverhältnis von Common Law und Civil Law. Dargestellt auf der Grundlage der Rechtsordnungen Englands und Deutschlands. 1994.

Band 25 Malte Diesselhorst: Mehrparteienschiedsverfahren. Internationale Schiedsverfahren unter Beteiligung von mehr als zwei Parteien. 1994.

Band 26 Manfred Kost: Konsensprobleme im internationalen Schuldvertragsrecht. 1995.

Band 27 Wolff-Heinrich Fleischer: Das italienische Wettbewerbsrecht und die Probleme des selektiven Parfümvertriebs unter Berücksichtigung der Rechtslage in Frankreich und Deutschland. 1995.

Band 28 Angelika Fuchs: Lateinamerikanische Devisenkontrollen in der internationalen Schuldenkrise und Art. VIII Abschn. 2 b) IWF-Abkommen. 1995.

Band 29 Jacques Matthias Aull: Der Geltungsanspruch des EuGVÜ: "Binnensachverhalte" und Internationales Zivilverfahrensrecht in der Europäischen Union. Zur Auslegung von Art. 17 Abs. 1 S. 1 EuGVÜ. 1996.

Band 30 Hartmut Ost: EVÜ und fact doctrine. Konflikte zwischen europäischer IPR-Vereinheitlichung und der Stellung ausländischen Rechts im angelsächsischen Zivilprozeß. 1996.

Band 31 Stefan Wagner: Die Testierfähigkeit im Internationalen Privatrecht. 1996.

Band 32 Wolfgang Jakob Hau: Positive Kompetenzkonflikte im Internationalen Zivilprozeßrecht. Überlegungen zur Bewältigung von *multi-fora disputes*. 1996.

Band 33 Markus Schütz: UN-Kaufrecht und *Culpa in contrahendo*. 1996.

Band 34 Volker Geyrhalter: Das Lösungsrecht des gutgläubigen Erwerbers. Ein "vergessener" Kompromiß und die Auswirkungen auf das heutige deutsche Recht unter besonderer Berücksichtigung des internationalen Sachenrechts. 1996.

Band 35 Andreas Kramer: Abwicklungsstörungen bei Kaufverträgen. Die Lieferung vertragswidriger Sachen im deutschen und italienischen Recht. 1996.

Band 36 Petra Krings: Erfüllungsmodalitäten im internationalen Schuldvertragsrecht. 1997.

Band 37 Tonja Gaibler: Der rechtsgeschäftliche Irrtum im französischen Recht. 1997.

Band 38 Dirk Otto: Rechtsspaltung im indischen Erbrecht. Bedeutung und Auswirkungen auf deutsch-indische Nachlaßfälle. 1997.

Band 39 Gregor W. Decku: Zwischen Vertrag und Delikt. Grenzfälle vertraglicher und deliktischer Haftung dargestellt am Beispiel der Berufs- und Expertenhaftung zum Schutze des Vermögens Dritter im deutschen und englischen Recht. 1997.

Band 40 Ulrike Höpping: Auswirkungen der Warenverkehrsfreiheit auf das IPR unter besonderer Berücksichtigung des Internationalen Produkthaftungsrechts und des Internationalen Vertragsrechts. 1997.

Band 41 Andreas Bartosch: Die vermögensrechtlichen Beziehungen der Ehegatten bei bestehender Ehe im englischen Recht – Eigentum, Besitz, Schuldvertrag. 1997.

Band 42 Helene Boriths Müller: Die Umsetzung der europäischen Übereinkommen von Rom und Brüssel in das Recht der Mitgliedstaaten. Dargestellt am Beispiel Deutschlands und Dänemarks. 1997.

Band 43 Bernd von Hoffmann / Myong-Chang Hwang (eds.): The Public Concept of Land Ownership. Reports and Discussions of a German-Korean Symposium held in Seoul on October 7-9, 1996. 1997.

Band 44 Oliver Heeder: Fraus legis. Eine rechtsvergleichende Untersuchung über den Vorbehalt der Gesetzesumgehung in Deutschland, Österreich, der Schweiz, Frankreich und Belgien unter besonderer Berücksichtigung des Internationalen Privatrechts. 1998.

Band 45 Heinrich Schütt: Deliktstyp und Internationales Privatrecht. Dargestellt an grenzüberschreitenden Problemen der Arzthaftung. 1998.

Band 46 Axel Steiner: Die stillschweigende Rechtswahl im Prozeß im System der subjektiven Anknüpfungen im deutschen Internationalen Privatrecht. 1998.

Band 47 Martina Schulz: Der Eigentumsvorbehalt in europäischen Rechtsordnungen. Rechtsvergleichende Untersuchung des deutschen, englischen und französischen Rechts unter besonderer Berücksichtigung von Erweiterungen und Verlängerungen. 1998.

Band 48 Karin Dreher: Die Rechtswahl im internationalen Erbrecht. Unter besonderer Berücksichtigung des italienischen IPR-Reformgesetzes N. 218 vom 31. Mai 1995. 1999.

Band 49 Giuliano Gabrielli: Das Verhältnis zwischen der Anfechtung wegen Eigenschaftsirrtums und den Gewährleistungsansprüchen im deutschen, österreichischen und italienischen Recht. 1999.

Band 50 Bernd von Hoffmann / Myong-Chan Hwang (eds.): Developments in Land Law. Reports and Discussions of a German-Korean Symposium held in Berlin and Trier on July 21-24, 1997. 1999.

Band 51 Volker Heidbüchel: Das UNCITRAL-Übereinkommen über unabhängige Garantien und Standby Letters of Credit. Vergleiche mit den Richtlinien der Internationalen Handelskammer, dem deutschen, englischen und US-amerikanischen Recht. 1999.

Band 52 Jan Christoph Nordmeyer: Pflichtteilsansprüche und Wiedervereinigung. Eine systematische Analyse der Ausgleichsansprüche nach BGB-Pflichtteilsrecht unter besonderer Berücksichtigung der durch den Wiedervereinigungsprozeß eingetretenen Wertveränderungen. 1999.

Band 53 Bettina Linder: Vertragsabschluß beim grenzüberschreitenden Verbraucherleasing. 1999.

Band 54 Almontasser Fetih: Die zivilrechtliche Haftung bei Vertragsverhandlungen. Eine rechtsvergleichende Studie zum deutschen, französischen, ägyptischen und islamischen Recht. 2000.

Band 55 Sona Rajani: Die Geltung und Anwendung des Gemeinschaftsrechts im Vereinigten Königreich von Großbritannien und Nordirland. Der Grundsatz der Parlamentssouveränität im Wandel. 2000.

Band 56 Joachim Kayser: Gegenmaßnahmen im Außenwirtschaftsrecht und das System des europäischen Kollisionsrechts. Eine Analyse der EU-Abwehrverordnung gegen die Auswirkungen extraterritorialer Rechtserstreckung eines Drittlandes. 2001.

Band 57 Albrecht Conrad: Qualifikationsfragen des Trust im Europäischen Zivilprozeßrecht. 2001.

Band 58 Bernd Borgmann: Die Entsendung von Arbeitnehmern in der Europäischen Gemeinschaft. Wechselwirkungen zwischen Kollisionsrecht, Grundfreiheiten und Spezialgesetzen. 2001.

Band 59 Aleksandar Jaksic: Arbitration and Human Rights. 2002.

Band 60 Islamisches und arabisches Recht als Problem der Rechtsanwendung. Symposium zu Ehren von Professor Emeritus Dr. iur. Omaia Elwan. Veranstaltet vom Institut für ausländisches und internationales Privat- und Wirtschaftsrecht der Universität Heidelberg und der Gesellschaft für Arabisches und Islamisches Recht e.v. Herausgegeben von Herbert Kronke, Gert Reinhart und Nika Witteborg. 2001.

Band 61 Patrick Fiedler: Stabilisierungsklauseln und materielle Verweisung im internationalen Vertragsrecht. 2001.

Band 62 Werner Mangold: Die Abtretung im Europäischen Kollisionsrecht. Unter besonderer Berücksichtigung des spanischen Rechts. 2001.

Band 63 Eike Dirk Eschenfelder: Beweiserhebung im Ausland und ihre Verwertung im inländischen Zivilprozess. Zur Bedeutung des US-amerikanischen discovery-Verfahrens für das deutsche Erkenntnisverfahren. 2002.

Band 64 Bernd Ehle: Wege zu einer Kohärenz der Rechtsquellen im Europäischen Kollisionsrecht der Verbraucherverträge. 2002.

Band 65 Heiko Lehmkuhl: Das Nacherfüllungsrecht des Verkäufers im UN-Kaufrecht. 2002.

Band 66 Jochen Nikolaus Schlotter: Erbrechtliche Probleme in der Société Privée Européenne. IPR-Harmonisierung im einheitlichen Europäischen Rechtsraum. 2002.

Band 67 Konrad Ost: Doppelrelevante Tatsachen im Internationalen Zivilverfahrensrecht. Zur Prüfung der internationalen Zuständigkeit bei den Gerichtsständen des Erfüllungsortes und der unerlaubten Handlung. 2002.

Band 68 Tobias Bosch: Die Durchbrechungen des Gesamtstatuts im internationalen Ehegüterrecht. Unter besonderer Berücksichtigung deutsch-französischer Rechtsfälle. 2002.

Band 69 Ursula Philipp: Form im amerikanischen Erbrecht. Zwischen Formalismus und harmless error. 2002.

Band 70 Christian Stefan Wolf: Der Begriff der wesentlich engeren Verbindung im Internationalen Sachenrecht. 2002.

Band 71 André Fomferek: Der Schutz des Vermögens Minderjähriger. Ein Vergleich des deutschen und des englischen Rechts unter Berücksichtigung des schottischen und irischen Rechts. 2002.

Band 72 Nicolas Blanchard: Die prozessualen Schranken der Formfreiheit. Beweismittel und Beweiskraft im EG-Schuldvertragsübereinkommen in deutsch-französischen Vertragsfällen. 2002.

Band 73 Markus Dreißigacker: Sprachenfreiheit im Verbrauchervertragsrecht. Der Verbraucher im Spannungsfeld zwischen kultureller Identität und Privatautonomie. 2002.

Band 74 Vassiliki Myller-Igknay: Auskunftsansprüche im griechischen Zivilrecht. Auswirkungen im deutsch-griechischen Rechtsverkehr sowie im deutschen internationalen Privat- und Verfahrensrecht. 2003

Band 75 Stefan Bruinier: Der Einfluss der Grundfreiheiten auf das Internationale Privatrecht. 2003.

Band 76 Nika Witteborg: Das gemeinsame Sorgerecht nichtverheirateter Eltern. Eine Untersuchung im soziologischen, rechtsgeschichtlichen, verfassungsrechtlichen, rechtsvergleichenden und internationalen Kontext. 2003.

Band 77 Peter Stankewitsch: Entscheidungsnormen im IPR als Wirksamkeitsvoraussetzungen der Rechtswahl. 2003.

Band 78 Jan Wilhelm Ritter: Euro-Einführung und IPR unter besonderer Berücksichtigung nachehelicher Unterhaltsverträge. Eine Untersuchung mit Blick auf das deutsche, französische und schweizerische Recht. 2003.

Band 79 Wolf Richard Herkner: Die Grenzen der Rechtswahl im internationalen Deliktsrecht. 2003.

Band 80 Ira Ditandy: Internationale Zuständigkeit. Neuregelung durch die LOPJ 1985. Vergleich mit dem europäischen Vorbild und Auswirkungen auf das spanische internationale Zivilverfahrensrecht. 2003.

Band 81 Andrea Verena Schefold: Werbung im Internet und das deutsche Internationale Privatrecht. 2003.

Band 82 Klaus Herkenrath: Die Umsetzung der Richtlinie 93/13/EWG über missbräuliche Klauseln in Verbraucherverträgen in Deutschland, dem Vereinigten Königreich, Frankreich und Italien. Auswirkungen nationaler Umsetzungstechniken auf dem Harmonisierungserfolg. 2003.

Band 83 Alexander Thünken: Das kollisionsrechtliche Herkunftslandprinzip. 2003.

Band 84 Barbara v. Daumiller: Die Rechtswahl im italienischen internationalen Erbrecht: und ihre Auswirkungen im deutsch-italienischen Rechtsverkehr. 2003.

Band 85 Robert Mödl: Macht, Verantwortlichkeit und Zurechnung im Konzern. Eine rechtsvergleichende Untersuchung auf der Grundlage des deutschen, spanischen und US-amerikanischen Rechts. 2003.

Band 86 Ursula Kerpen: Das Internationale Privatrecht der Persönlichkeitsrechtsverletzungen. Eine Untersuchung auf rechtsvergleichender Grundlage. 2003.

Band 87 Barbara Ploeckl: Umgangsrechtsstreitigkeiten im deutsch-französischen Rechtsverkehr. Bestehende internationale und nationale Regelungen und der geplante *europäische Besuchstitel*. 2003.

Band 88 Katrin Wannemacher: Die Außenkompetenzen der EG im Bereich des Internationalen Zivilverfahrensrechts. Der räumliche Anwendungsbereich des Art. 65 EGV am Beispiel der EuGVO und der EheVO. 2003.

Konrad Ost

Doppelrelevante Tatsachen im Internationalen Zivilverfahrensrecht

Zur Prüfung der internationalen Zuständigkeit bei den Gerichtsständen des Erfüllungsortes und der unerlaubten Handlung

Frankfurt am Main, Berlin, Bern, Bruxelles, New York, Oxford, Wien, 2002.
XX, 247 S.
Studien zum vergleichenden und internationalen Recht.
Herausgegeben von Bernd von Hoffmann und Erik Jayme. Bd. 67
ISBN 3-631-39229-X · br. € 45.50*

Die deutsche Rechtsprechung und h.L. hält es im Rahmen der Zuständigkeitsprüfung für ausreichend aber auch erforderlich, dass doppelrelevante Tatsachen, das heißt Tatsachen, deren Vorliegen für die Zulässigkeit wie für die Begründetheit einer Klage notwendig ist (z.B. Wirksamkeit des Vertrages, Vorliegen der unerlaubten Handlung), schlüssig durch den Kläger behauptet werden. Die Arbeit zeigt Argumentationsbrüche der h.M. auf und bietet Lösungswege zu deren Überwindung an. Sie untersucht neben dem autonomen auch das europäische IZVR und zeigt, dass das Vorgehen der h.M. zumindest im Fall der Beklagtensäumnis mit den Vorgaben des EuGVÜ bzw. der EuGV-VO nicht vereinbar ist. Rechtsvergleichend geht die Untersuchung auch auf die Zuständigkeitsprüfung nach englischem Prozessrecht ein.

Aus dem Inhalt: Prüfung der Zuständigkeit nach der „Schlüssigkeitstheorie" · Historische Betrachtung · Abgesonderte Verhandlung · Amtsprüfung · VU gegen den Beklagten · Gerichtsstand des Sachzusammenhangs · Rechtskraftfragen · Klagearten · Zuständigkeitsklarheit · Anerkennungszuständigkeit · Zuständigkeitsprüfung im EuGVÜ · Zuständigkeitsprüfung nach englischem Recht

Frankfurt am Main · Berlin · Bern · Bruxelles · New York · Oxford · Wien
Auslieferung: Verlag Peter Lang AG
Moosstr. 1, CH-2542 Pieterlen
Telefax 00 41 (0) 32 / 376 17 27

*inklusive der in Deutschland gültigen Mehrwertsteuer
Preisänderungen vorbehalten
Homepage http://www.peterlang.de